广州新型智库丛书（第1辑）

新引擎新动能

广州现代服务业的跃升

覃成林　贾善铭　杨　霞
张　震　葛志专　覃　剑　著

SPM 南方出版传媒　广东人民出版社
·广州·

图书在版编目（CIP）数据

新引擎新动能：广州现代服务业的跃升/覃成林等著. —广州：广东人民出版社，2021.10

ISBN 978-7-218-15308-7

Ⅰ.①新… Ⅱ.①覃… Ⅲ.①服务业—经济发展—概况—广州 Ⅳ.①F726.9

中国版本图书馆CIP数据核字（2021）第204402号

XIN YINQING XIN DONGNENG：GUANGZHOU XIANDAI FUWUYE DE YUESHENG
新引擎新动能：广州现代服务业的跃升
覃成林 等著

版权所有 翻印必究

出 版 人：肖风华

责任编辑：陈志强　王庆芳　方楚君
责任技编：吴彦斌　周星奎

出版发行：广东人民出版社
地　　址：广州市海珠区新港西路204号2号楼（邮政编码：510300）
电　　话：（020）85716809（总编室）
传　　真：（020）85716872
网　　址：http://www.gdpph.com
印　　刷：广东鹏腾宇文化创新有限公司
开　　本：787毫米×1092毫米　1/16
印　　张：14.5　字　　数：234千字
版　　次：2021年10月第1版
印　　次：2021年10月第1次印刷
定　　价：78.00元

如发现印装质量问题，影响阅读，请与出版社（020-85716849）联系调换。
售书热线：020-85716864

广州新型智库丛书（第1辑）编委会

主　　任：徐咏虹

执行主编：曾伟玉

编　　委：（按姓氏笔画排序）

　　　　　王世福　　杨　霖　　张　强　　陈万灵　　郭德焱

　　　　　梅声洪　　覃成林　　程焕文

编　　务：（按姓氏笔画排序）

　　　　　左　丽　　向宁陵　　吴　晴　　潘晓东　　滕　昊

■ 总 序

老城活力再迸发 出新出彩开新局

城市是文明的标志，是时代的精华。作为人类经济、政治、文化、社会活动的中心，城市伴随着人类文明进步而不断发展，而城市的发展又汇聚人流、物流、资金流、技术流、信息流，成为推动经济社会发展乃至人类文明进步、人的全面发展的强大驱动力。当今世界，城市化或城镇化已成为公认的衡量现代化水平的重要表征。全球城市化率在进入21世纪后快速提升，2008年已跨越50%的重要节点。自改革开放以来，我国经历了世界历史上规模最大、速度最快的城镇化进程，特别是党的十八大以来我国城镇化率从2012年的52.57%迅速提升到2020年的63.89%，实现从落后到显著反超世界平均城市化水平[①]，创造了世界城市发展史上的中国奇迹，也为当前全球城市化进程贡献了最大动力。

中心城市是区域和国家城市体系中的核心骨干，发挥着引领性和枢纽型的重要功能。中心城市发展关乎国家现代化建设和高质量发展，体现一个国家的国际竞争力。广州，作为具有2200多年建城史的历史文化名城、海上丝绸之路的

---

① 联合国人居署2020年10月发布《2020年世界城市报告》，该报告公布的当期世界城市化率为56.2%，并预测世界城市化率将在2030年突破60%，参见 https://unhabitat.org/World Cities Report 2020。

新引擎新动能：广州现代服务业的跃升

千年枢纽型商都，作为今日之国家中心城市、综合性门户城市、粤港澳大湾区核心城市，作为拥有国际商贸中心、综合交通枢纽和科技教育文化中心功能的超大城市，在全国大局中有着举足轻重的重要地位，是代表中国参与全球合作与竞争的一支重要力量。面向新时代新征程，广州如何才能不负国家重托，肩负起更光荣更艰巨的历史使命？在全球城市的竞合博弈中，广州又该如何脱颖而出，自强不息？

东风好作阳和使，逢草逢花报发生。2018年10月，习近平总书记视察广东，嘱托广州实现老城市新活力，在综合城市功能、城市文化综合实力、现代服务业、现代化国际化营商环境方面出新出彩。这一重要指示，为走过两千余年历史的广州，总结弘扬历史经验，坚定育新机开新局，更好担当时代使命，给出了清晰的努力方向和目标路径。

老，是城市的历史积淀，是城市的发展底蕴，是城市值得世代赓续的"精、气、神"；新，是城市的时代使命，是城市的发展愿景，是城市生命力的新的焕发。新故相推，日生不滞。"老城市"为"新活力"的萌发厚植根基，"新活力"为"老城市"的肌体注入新的能量。实现老城市新活力，本质上就要把习近平总书记提倡的"全生命周期"管理理念，贯穿于城市这个结构丰富、功能强大的有机体的全方位治理，在"老"与"新"的有机统一中，推动城市生命力在继承发展中不断升华。

何谓"出新"？何谓"出彩"？出新，是城市新旧活力的更替和新活力的迸发，是城市创新力的涌流。不论是在城市的营商环境、产业与文化发展、社会与生态环境建设和综合治理等各方面，都必须遵循城市发展规律，因势利导，在理念创新、技术创新、文化创新、治理体制机制创新等方面敢为人先。在当今全球城市竞争发展的百舸争流中，惟创新者进，惟创新者强，惟创新者胜！出彩，是令人喝彩的城市发展、自然风貌和气质神韵等城市特色的打造，是城市让生活更美好的体现，是具有强大吸引力和广泛美誉度的城市魅力的亮丽绽放。在当今世界城市布局如同满天星斗竞相争辉中，惟出彩者优，惟出彩者美，惟出彩者劲！

广州这样的老城市，欲实现高质量发展和现代化治理，必须贯彻习近平总书记的重要指示，既善于"盘活"自身的历史遗产，又善于在城市建设、更新和发展中谋新篇、开新局，如此才能让我们具有雄厚历史积淀的老城市，更好经受时代变迁的考验，更好承担起社会主义现代化强国建设赋予广州新的使命任务。广州要实现老城市新活力，重在深入挖掘广州丰厚的历史底蕴，把"老城市"历久弥新的活力基因挖掘出来，在与时俱进中赋予"新"的特点、"新"的优势，为城市注入"新"的时代内涵。而"四个出新出彩"，恰恰正是广州这个老城市焕发新活力的四个重要抓手：综合城市功能的出新出彩，讲的是发展定位，强调的是城市大要有大的样子、要发挥中心辐射作用，要求广州既要充分发掘特大城市经济规模、创新带动、人才集聚等方面的优势和集中力量办大事的能力，又要在解决特大城市治理体系和治理能力的问题上开拓创新，为全国全省加快构建新发展格局打造重要战略支点；城市文化综合实力的出新出彩，讲的是发展动力，强调的是城市发展要注重文明传承、文化延续，解决好传统文化与现代化的融合问题，要求广州根植悠久厚重的历史文化，创新培育建设具有时代内涵的红色文化、岭南文化、海丝文化、创新文化，交出物质文明和精神文明两份精彩答卷，为城市改革发展注入强大的文化支撑和不竭的精神动力；现代服务业的出新出彩，讲的是发展优势，强调的是厚植"千年商都"传统优势，增创"现代商都"特色优势，要求广州发挥高水平现代服务业对城市发展、区域和国家经济社会发展的服务带动功能，推动构建具有世界竞争力的现代产业体系，跻身具有卓越全球化服务功能的国际大都市行列；现代化国际化营商环境的出新出彩，讲的是发展环境，强调的是对接国际规则标准，对标

新引擎新动能：广州现代服务业的跃升

对表最优最好，要求广州推动形成全面深化改革、全面扩大开放新格局，持续推进市场化国际化法治化营商环境建设，进一步提升全球资源配置能力，增强粤港澳大湾区世界级城市群的核心引擎功能。

为科学总结广州近年来贯彻落实习近平总书记重要指示的进展和经验，更好引领各项工作全面出新出彩，进一步提升新时代城市发展境界、发展质量，中共广州市委宣传部、广州市社科联立项组织了系列重大研究课题，在深入研讨、多方论证基础上，成功推出了以"老城市新活力"为专题的"广州新型智库丛书"（第1辑）。丛书第1辑共5册，围绕一个主轴——老城市新活力，分别就激活广州这座城市在历史长河中积淀下来的"活力基因"，实现综合城市功能、城市文化综合实力、现代服务业、现代化国际化营商环境方面出新出彩进行深入探究，作出富有学理性和实践性的阐发。丛书第1辑坚持历史与现实相贯通、理论与实践相结合，注重总结广州在实现老城市新活力、"四个出新出彩"方面已有的良好基础和成功经验，深入提炼实现老城市新活力的五大活力基因、四大重要支撑体系，同时分析展示了今后的重点努力方向，提出了继续前行的发展路径和政策建议。而鉴于老城市新活力和出新出彩的时代命题具有普遍的现实意义，期待广州所作的探索和努力以及丛书第1辑的深入研究总结，能够为我国城市特别是众多老城市普遍迸发新活力提供可分享、交流的经验和认知，其中所蕴含的能够激发人们对现代城市建设与治理作深入思考、探讨的相关论述和实施方法，或可供所有研究城市发展、参与城市治理的各界读者以启迪。

新时代赋予新使命，新征程呼唤新作为。走过2200多年历史的广州，既闪耀着不朽的荣光，又有着向史而新、开拓前行的锐气。当习近平总书记在庆祝中国共产党成立100周年大会上向全党全国发出"踏上实现第二个百年奋斗目标新的赶考之路"的时代号令之际，广州在实现老城市新活力、"四个出新出彩"方面，已迎来良好的开局。时代的东风唤醒着花城的蓬勃生机，鼓舞着广州干部群众再振

总　序　老城活力再迸发　出新出彩开新局

"闯"的精神、"创"的劲头、"干"的作风，全面焕发老城市新活力，以"四个出新出彩"引领各项工作全面出新出彩，在全面建设社会主义现代化国家新征程中争当排头兵。我们相信，在习近平新时代中国特色社会主义思想指引下，在我们国家实现现代化、中华民族实现伟大复兴的宏图大业中，广州在新的赶考路上，一定能再向世界展示出一系列活力洋溢、不断出新出彩的漂亮答卷！

是为序。

丛书编委会

2021 年 10 月

■ 卷首语

广州素有"千年商都"之美誉。秦汉以来,以国际贸易为主的服务业引领广州演绎出一幅延绵两千多年、灿烂辉煌的城市发展画卷,创造了世界城市发展史上的"千年商都"奇迹。广州是中国古代海上丝绸之路发端之地。依托海上丝绸之路枢纽的区位优势,广州形成了从国际贸易到服务业再到制造业、农业等其他产业的经济生态。回望广州发展历程,我们不难发现,建立在国际贸易基础上的服务业始终是广州经济繁荣、城市发展的不竭动力源泉。

当前,我国进入了经济高质量发展,构建以国内大循环为主体、国内国际双循环相互促进的新发展格局阶段。在新发展阶段,如何续写"千年商都"奇迹,是广州需要回答的发展之问。

在广州面临未来发展方向和路径抉择的关键时刻,习近平总书记于2018年10月24日视察广州,对广州做出了实现老城市新活力,在综合城市功能、城市文化综合实力、现代服务业、现代化国际化营商环境方面出新出彩的重要指示。其中,现代服务业出新出彩是习近平总书记给广州指明的一条重要发展路径,是对广州发展现代服务业的总体要求。

我们认为,广州推动现代服务业出新出彩既是续写"千年商都"奇迹的重要路径,也是"十四五"及未来发展的重要任务。如何深刻认识、科学把握广州现代服务业出新出彩的要点?广州如何推动现代服务业出新出彩?对此,有关决策咨询机

新引擎新动能：广州现代服务业的跃升

构、学者、媒体、智库等做了积极探讨。我们因承担广州现代服务业出新出彩研究项目，得以有机会参加这场对广州现代服务业发展及整个城市经济社会发展都有着重要意义的研究。

广州"千年商都"奇迹昭示我们，服务业的兴衰事关广州经济社会发展的全局。因此，我们需要从广州城市发展战略的高度去思考推动现代服务业出新出彩的重要意义和总体思路。

广州经济发展仍处于转型升级阶段。以现代服务业为新引擎，重构产业结构，进而塑造新发展轨迹，是广州抓住新科技革命和新产业革命机遇的需要，也是广州作为粤港澳大湾区的核心城市参与更高层次的国际经济发展竞争的需要。现代服务业之所以承载着广州经济发展转型升级新引擎的功能，主要在于其自身的发展空间广阔，同时又有很强的促进产业融合发展的能力，与现代制造业服务化和现代农业服务化的内生演进趋势相耦合，通过产业链、供应链与制造业、都市农业等形成高度互联互动的产业生态，从而引领广州经济数字化转型和高质量发展。

就服务业自身发展来看，现代服务业是广州服务业转型升级的新动能。一方面，在互联网、大数据、人工智能、物联网等新技术的推动下，电子商务、网络购物、在线教育、在线医疗、在线娱乐、互联网金融、数字贸易、共享经济等现代服务业的新业态、新模式呈涌现之势，科技服务、创新创业服务、健康管理服务、高技术服务业等新产业的衍生和分化加快，因此成为服务业中最为活跃、最具活力的领域。另一方面，在发展方式上，现代服务业代表着服务业绿色、智慧的发展新方向，为传统服务业升级提供了示范。

由上述分析可知，现代服务业具备作为广州经济发展转型升级新引擎、广州服务业发展新动能的条件。因此，从战略层面来看，广州必须加快现代服务业发展，使之向着数字化、智慧化、绿色化的高质量发展层次跃升，促进其更好地发挥新引擎、新动能的作用。本书拟在此认识的基础上，重点探讨广州现代服务业出新出彩的要点和广州推动现代服务业出新出彩的战略谋划。

目录

第一章
出新出彩：广州现代服务业发展之路   1

第一节　现代服务业概述   1
第二节　广州推动现代服务业出新出彩的重大意义及行动   5
第三节　本书目的及结构安排   13

第二章
广州推动现代服务业出新出彩概述   15

第一节　广州推动现代服务业出新出彩的时代背景   15
第二节　广州推动现代服务业出新出彩的要点   50

第三章
广州推动现代服务业出新出彩的基础   65

第一节　广州现代服务业发展概览   66
第二节　广州现代服务业结构特征   81
第三节　广州现代服务业发展存在的问题   96

第四章
广州推动现代服务业出新出彩的战略谋划　　99

第一节　广州现代服务业发展的总体要求　　100
第二节　广州生产性服务业发展方向　　114
第三节　广州生活性服务业发展方向　　118
第四节　广州新兴服务业发展方向　　122

第五章
广州推动现代服务业出新出彩的路径　　126

第一节　推动广州现代服务业数字化转型　　126
第二节　健全广州现代服务业产业生态　　132
第三节　深化广州现代服务业开放合作　　142
第四节　增强广州现代服务业创新能力　　160

第六章
广州推动现代服务业出新出彩的策略　　173

第一节　优化现代服务业空间布局　　173
第二节　重点推动现代服务业集聚空间提升工程　　185
第三节　优化现代服务业发展营商环境　　196
第四节　深入推进现代服务业国际国内协同发展　　205

参考文献　　214

后　记　　217

第一章
出新出彩：广州现代服务业发展之路

第一节　现代服务业概述

一、现代服务业的概念及特点

现代服务业是一个生机勃勃的产业。这不仅表现在其增长速度快，而且还表现在其新业态、新模式和新行业不断涌现，产业领域不断扩大，在国民经济和社会发展中的地位日益提高。正是因为现代服务业是一个充满活力、动态发展的产业，所以，关于现代服务业的认识也在发生着变化。一般认为，现代服务业是技术、智力、知识和信息密集的服务业。相对于传统服务业，现代服务业有以下六个特点。一是广泛使用信息、网络、计算机等现代科学技术及设备作为生产手段，具有显著的技术密集特点。二是融合现代科学技术和现代管理理论，创新服务方式，形成新的业态和模式，具有很强的创新性、新兴性。三是以高素质、高智力的人力资源和知识、信息为主要生产要素，呈现出智力密集、知识密集、信息密集的特点，对高素质人力资源依赖性强。四是提供的服务专业性强、附加值高，具有很强的价值创造能力，不仅能满足市场需求，而且还能引导消费、创造需求。五是对第二产业和第一产业、人民生活和社会发展的渗透性强,成为国民经济和社会发展的重要支撑。六是空间集聚性强,主要服务于区域性、全国性市场及全球市场。

二、现代服务业构成

现代服务业的构成比较复杂,既包括随着现代技术发展、新服务需求产生而形成的新兴服务领域,也包括运用现代技术实现了技术升级、服务方式再造或创新的传统服务领域。所以,现代服务业涵盖了生产性服务业和生活性服务业。从行业划分来看,如何科学、清晰地将现代服务业与传统服务业区分开来,仍然是一个有待解决的学术问题。有学者认为,现代服务业是"依靠高新技术和现代管理方法、经营方式及组织形式发展起来的、主要为生产者提供中间投入的知识技术信息密集型服务的部门"[①]。现代服务业"既包括现代化进程中的新型服务业,如网络通信、数字影视、网络传媒、IT信息服务、现代物流、远程教育、电子商务等;也包括以现代化的新技术、新业态和新服务方式改造和提升的传统服务业如通信业、信息咨询、金融服务业等。现代服务业的本质是实现服务业的现代化,而其核心则是发展技术、信息和知识相对密集的现代生产性服务业"[②]。总的来看,多数学者认为,生产性服务业是现代服务业的主体,同时经过技术升级后生活性服务业也属于现代服务业。2019年,国家统计局发布了《生产性服务业统计分类(2019)》《生活性服务业统计分类(2019)》,对生产性服务业和生活性服务业做出了明确的行业分类。其中,生产性服务业包括研发设计与其他技术服务,货物运输、通用航空生产、仓储和邮政快递服务,信息服务,金融服务,节能与环保服务,生产性租赁服务,商务服务,人力资源管理与职业教育培训服务,批发与贸易经纪代理服务,生产性支持服务等10大类。生活性服务业包括居民和家庭服务、健康服务、养老服务、旅游游览和娱乐服务、体育服务、文化服务、居民零售和互联网销售服务、居民出行

[①] 刘志彪:《现代服务业的发展:决定因素与政策》,《江苏社会科学》2005年第6期,第207页。
[②] 潘海岚:《关于现代服务业内涵的思考》,《经济纵横》2007年第12期,第51—52页。

服务、住宿餐饮服务、教育培训服务、居民住房服务、其他生活性服务等12大类。比较而言，生产性服务业无疑属于现代服务业，生活性服务业中则既有现代服务业的成分，也有传统服务业的成分。

现代服务业发展的一个显著特征是其技术含量保持着持续快速增长趋势，与现代科学技术进步紧密相随，并为科学技术发展提供必不可少的服务。因此，现代服务业中的一些行业又具有高技术产业的性质，或者是专门为科学技术发展提供支撑的科技服务业。在国家统计局发布的《高技术产业（服务业）分类（2018）》《国家科技服务业统计分类（2018）》中，高技术服务业包括信息服务、电子商务服务、检验检测服务、专业技术服务业的高技术服务、研发与设计服务、科技成果转化服务、知识产权及相关法律服务、环境监测及治理服务、其他高技术服务等9大类；科技服务业包括科学研究与试验发展服务、专业化技术服务、科技推广及相关服务、科技信息服务、科技金融服务、科技普及和宣传教育服务、综合科技服务等7大类。毫无疑问，这9大类高技术服务业和7大类科技服务业均属于生产性服务业，它们是现代服务业的典型代表。

现代服务业发展的另一个显著特征是新产业、新业态、新模式快速衍生，呈现出活跃、多样、多彩的发展格局。在国家统计局发布的《新产业新业态新商业模式统计分类（2018）》中，涉及现代服务业的新产业、新业态和新模式和主要有互联网与现代信息技术服务、现代技术服务与创新创业服务、现代生产性服务活动、新型生活性服务活动、现代综合管理活动等5大类。其中，互联网与现代信息技术服务包括现代信息传输服务、互联网平台（互联网＋）、互联网信息及其他服务、软件开发生产、数字内容设计与制作服务、现代信息技术服务、网络与信息安全服务；现代技术服务与创新创业服务包括研发服务、技术推广服务、质量检验（测）技术服务、知识产权服务、相关专业技术服务、其他现代技术服务、创新创业服务、追溯技术服务；现代生产性服务活动包括先进制造业服务、现代贸易物流服务、现代互联网金融、其他现代金融服务、现代商务服务、人力资源服务；新型生活性服务活动包括现代医疗服务、健康管理与促进服务、现代养老服务、现代家庭服务、互联网教育、新型便民服务、新型住宿服务、新型餐饮服务、现代体育休闲服务、文化娱乐服务、现代旅游服务、现代零售服务；现代综合管理活动包括城市智能管理服务、现代城市商业综合管理服务、农林牧渔业跨行业融合服务。此外，在农林牧渔业、先进制造业、新型能源活动、节能环保活动等大类中也包含现代服务业，如在农林牧渔业中有农业生产托管服务、农林牧渔业智能管理服务、专业化农业服务等其他现代农林牧渔服务业，在节能环保活动中有高效节能活动、先进环保活动，以及高效节水活动中的节水认证服务等服务业。这说明，现代服务业在向制造业、农业等生产部门渗透，相互融合发展。

三、我国现代服务业发展

现代服务业的兴起和发展是人类经济社会发展、科学技术进步引致服务业内部分工种演进和产业升级的必然结果。我国高度重视发展现代服务业。1997 年 9 月，党的十五大报告首次提出了"现代服务业"概念。[①] 2007 年，国务院发布《关于加快发展服务业的若干意见》，提出要重点发展现代服务业，从行业和区域布局等方面对发展现代服务做出了总体部署，特别要求珠江三角洲、长江三角洲、环渤海地区等发达地区"要依托工业化进程较快、居民收入和消费水平较高的优势，大力发展现代服务业"。这为其后我国现代服务业的发展提供了方向指引和强有力的政策支持。2008 年，为了落实国务院《关于加快发展服务业的若干意见》，国务院办公厅发布《关于加快发展服务业若干政策措施的实施意见》，制定了加强规划和产业政策引导、深化服务领域改革、提高服务领域对外开放水平等八个方面共 23 条加快服务业发展的实施意见。鉴于现代服务业技术含量高、大量运用高新技术的特点，2011 年，国务院办公厅发布《关于加快发展高技术服务业的指导意见》，2012年，科技部发布《现代服务业科技发展"十二五"专项规划》，大力建设现代服务

---

① 江泽民：《高举邓小平理论伟大旗帜，把建设有中国特色社会主义事业全面推向二十一世纪》，人民出版社 1997 年版，第 17 页。

业共性关键技术支撑、标准规范、科技创新三大体系，推动现代服务业科技应用示范，着力提高现代服务业的科技发展水平，促进现代服务业的创新发展。2014年，国务院印发《关于推进文化创意和设计服务与相关产业融合发展的若干意见》，大力推进文化创意和设计服务与相关产业融合发展。同年，国务院发布《关于加快科技服务业发展的若干意见》，大力推动研究开发、技术转移、检验检测认证、创业孵化、知识产权、科技咨询、科技金融、科学技术普及等专业科技服务业和综合科技服务业发展。2017年，科技部出台《"十三五"现代服务业科技创新专项规划》，对我国"十三五"期间现代服务业科技创新做出了"142"体系框架部署。其中，"1"是指突破现代服务业发展的基础理论和共性技术，"4"是生产性服务业、新兴服务业、文化与科技深度融合发展、科技服务业4个重点领域，"2"是建立现代服务业的科技创新体系、产业发展支撑体系。

当前，我国已进入新发展阶段。现代服务业在我国构建现代产业体系、推动经济体系优化升级中占有重要的地位。2019年，国家发展改革委、市场监管总局联合印发《关于新时代服务业高质量发展的指导意见》，采取加强质量管理、完善服务标准、塑造服务品牌等措施，推动我国服务业高质量发展。2021年3月，《中华人民共和国国民经济和社会发展第十四个五年规划和2035年远景目标纲要》明确提出，要加快发展现代服务业，推动生产性服务业向专业化和价值链高端延伸，推动生活性服务业向高品质和多样化升级。这标志着我国现代服务业进入了高质量发展阶段。

第二节 广州推动现代服务业出新出彩的重大意义及行动

一、广州推动现代服务业出新出彩的重大意义

2018年10月24日，习近平总书记视察广州并做重要指示，明确要求广州要实现老城市新活力，在综合城市功能、城市文化综合实力、现代服务业、现代化国际

化营商环境方面出新出彩。习近平总书记关于现代服务业出新出彩的重要指示，为广州发展现代服务业指明了方向，定下了目标方位。

作为"千年商都"的广州，推动现代服务业出新出彩，具有重大意义。

（一）有利于广州打造国际一流的现代服务业

"千年商都"的美誉，彰显了广州服务业发展的历史基因，传递了服务业发展之于广州城市兴衰的重要性。当前，广州已经进入高质量发展的新时代。现代服务业在广州高质量发展中将扮演更加重要的角色，发挥更大作用。

《粤港澳大湾区发展规划纲要》要求广州"充分发挥国家中心城市和综合性门户城市引领作用，全面增强国际商贸中心、综合交通枢纽功能，培育提升科技教育文化中心功能，着力建设国际大都市"。不难理解，现代服务业是广州建设国际大都市的重要产业支柱。从纽约、伦敦、巴黎、东京等世界著名的国际大都市来看，都毫无例外地拥有国际一流的现代服务业。广州要建设成为与这些世界著名国际大都市比肩的国际大都市，建设具有全球影响力的现代服务经济中心，就必须着力打造国际一流的现代服务业。

广州推动现代服务业出新出彩，是打造国际一流现代服务业的必由之路。广州要充分把握现代服务业发展的特点和趋势，大力发展生产性服务业；善于运用高技术、新技术和高素质人力资源，改造提升传统服务业，使之转换为现代服务业；支持服务业的新产业、新业态、新模式发展。通过这些方面的努力，尽快完成服务业结构调整和升级，建立高质量、国际一流的现代服务业，显著增强现代服务业的国际竞争力。

（二）有利于广州高质量构建具有全球竞争力的现代产业体系

努力建设现代产业体系是广州经济发展的重要任务。党的十九大做出了建设现代化经济体系、推动经济高质量发展的战略部署。现代产业体系是现代化经济体系的重要支撑，是实现经济高质量发展的重要环节。2019年，中共中央、国务院印发

第一章 出新出彩：广州现代服务业发展之路

《粤港澳大湾区发展规划纲要》，要求粤港澳大湾区"构建具有国际竞争力的现代产业体系"。同年，广州市政府印发的《广州市协同构建粤港澳大湾区具有国际竞争力的现代产业体系行动计划》提出，到2035年广州要基本建成具有国际竞争力的现代产业体系。2021年，《广州市国民经济和社会发展第十四个五年规划和2035年远景目标纲要》提出，在"十四五"期间，广州要构建实体经济、科技创新、现代金融、人力资源协同发展的现代产业体系。

现代服务业在广州现代产业体系建设中占有重要的地位。改革开放以来，广州的产业结构演进大体经历了三个阶段：第一阶段，1978—1988年，以第二产业为主导；第二阶段，1989—2000年，第二产业和第三产业并重（见图1-1）；第三阶段，2001年至今，第三产业为主导，逐步完成了由工业型经济向服务型经济的升级。2020年，按可比价计算，广州第三产业占地区生产总值比重达到了72.51%，对经济增长的贡献率为57.5%，比第二产业高18.8个百分点。其中，现代服务业增加值为11801.21亿元，占服务业比重为65.1%。①

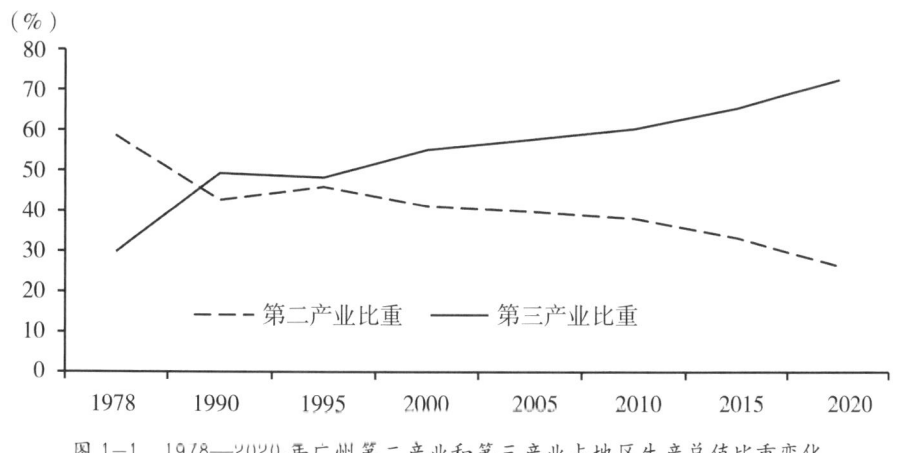

图1-1 1978—2020年广州第二产业和第三产业占地区生产总值比重变化

资料来源：《广州统计年鉴》（2020年）、《2020年广州市国民经济和社会发展统计公报》。

---

① 广州市统计局、国家统计局广州调查队：《2020年广州市国民经济和社会发展统计公报》，2021年3月28日，见 http://tjj.gz.gov.cn/tjgb/qstjgb/content/post_7177236.html。

广州推动现代服务业出新出彩，必将加快现代服务业发展步伐，有利于进一步巩固和增强现代服务业在全市现代产业体系中的地位，更好地发挥现代服务业对全市现代产业体系建设的支撑作用和引领作用，为到2035年全面建成具有国际竞争力的科技创新强市、先进制造业强市、现代服务业强市、人才强市做出贡献。

（三）有利于广州高质量推进实现老城市新活力和"四个出新出彩"

推动实现老城市新活力、"四个出新出彩"，是习近平总书记交给广州的政治任务。2021年3月15日，广州市召开传达贯彻习近平总书记重要讲话精神暨全国两会精神干部大会。会上，中共广州市委书记张硕辅强调，要"高质量推进实现老城市新活力、以'四个出新出彩'引领广州各项工作全面出新出彩"。

老城市新活力和"四个出新出彩"是一个有机、严密的体系，是一项战略性、全局性的系统工程（见图1-2）。其中，实现老城市新活力，是对广州建设具有经典魅力、时代活力国际大都市的方向指引，是对广州经济社会发展、生态文明建设、城市规划建设等的全面总体要求。在综合城市功能、城市文化综合实力、现代服务业、现代化国际化营商环境方面出新出彩，是实现老城市新活力的有力支撑。综合城市功能出新出彩、城市文化综合实力出新出彩、现代服务业出新出彩、现代化国际化营商环境出新出彩之间又是相互联系和相互支持的。例如，无论是发挥国家中

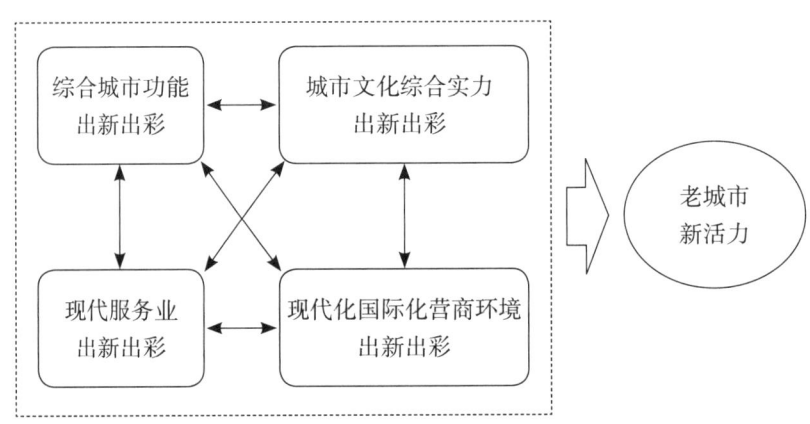

图1-2 老城市新活力和"四个出新出彩"的关系

心城市和综合性门户城市的引领作用，还是增强国际商贸中心和综合交通枢纽功能、提升科技教育文化中心功能，都离不开现代服务业。而这些城市功能的提升又对现代服务业发展产生牵引。由此可见，现代服务业出新出彩是广州实现老城市新活力和"四个出新出彩"系统工程中不可或缺的重要组成部分。由于现代服务业的需求广泛、与其他产业联系紧密且自我创新活跃，能够为经济社会发展、民生、城市竞争力等方方面面提供服务和支持，因此，广州推动实现老城市新活力、"四个出新出彩"，要充分发挥现代服务业在其中的重要作用。

（四）有利于广州增强服务国家和广东省重大战略的能力

广州是国家中心城市，在国家发展战略和广东省的重大区域发展战略中担负着多方面的重要职能。

一是根据国家发展改革委、外交部、商务部联合发布的《推动共建丝绸之路经济带和21世纪海上丝绸之路的愿景与行动》，在"一带一路"建设中，广州依托国际枢纽机场、港口和南沙自贸区等有利条件，成为"一带一路"特别是21世纪海上丝绸之路建设的排头兵和主力军之一。

二是在粤港澳大湾区建设重大国家战略中，广州是《粤港澳大湾区发展规划纲要》确定的大湾区4个核心引擎之一，与香港、澳门、深圳一道，担负着引领大湾区建设成为国际一流湾区和世界级城市群、打造高质量发展典范的重任。特别是在"双城"联动中，广州与深圳协同发展，成为大湾区高质量发展动力源。

三是在国家构建以国内大循环为主体、国内国际双循环相互促进的新发展格局中，广东省提出要打造新发展格局的战略支点。广州主动提出，要主动提高服务构建新发展格局能力和水平，为全省打造新发展格局的战略支点发挥重要支撑作用。

四是在广东省着力实施"一核一带一区"区域协调发展战略中，广州地处"一核"的关键位置。2019年，由中共广东省委、省政府印发的《关于构建"一核一带一区"区域发展新格局 促进全省区域协调发展的意见》提出，强化广州、深圳"双核"驱动作用，要求广州发挥广州国际产业服务中心的引领作用，在"一核一带一区"新格局建设中发挥核心引擎作用。

五是在广东省"十四五"发展中,广州将承担重要的发展任务。《广东省国民经济和社会发展第十四个五年规划和2035年远景目标纲要》提出,"充分发挥广州、深圳'双核联动、比翼双飞'作用,全力支持深圳建设中国特色社会主义先行示范区,以同等力度支持广州实现老城市新活力和'四个出新出彩',推动'双城'做优做强,共同打造全省发展核心引擎"。由此可知,国家和广东省都对广州发展寄予了厚望,提出了更高的要求。

广州所担负的上述重要战略职能均与现代服务业有着密切的关系。因此,推动现代服务业出新出彩,是广州提高服务国家和广东省重大战略能力的重要抓手。大力发展现代服务业,必将有力地提升广州服务国家和广东省重大战略的水平。

二、广州推动现代服务业出新出彩的行动

2018年以来,中共广州市委、市政府在中共广东省委、省政府的领导和大力支持下,坚定、扎实地推动现代服务业出新出彩。

(一)出台推动现代服务业出新出彩的政策措施

中共广东省委对广州推动包括现代服务业在内的"四个出新出彩"实现老城市新活力高度重视,给予广州以支持深圳建设中国特色社会主义先行示范区的同等力度支持。2019年,中共广东省委全面深化改革委员会印发的《广州市推动"四个出新出彩"行动方案》指出,"广州推动'四个出新出彩'实现老城市新活力是习近平总书记对广州、也是对广东的重要指示要求",要求"各地各部门要提高政治站位、深化思想认识,把支持广州'四个出新出彩'实现老城市新活力与支持深圳先行示范区建设紧密结合起来,以同等的力度,全力推动实施。省委办公厅、省政府办公厅要参照支持深圳建设先行示范区模式,牵头建立支持广州的工作机制和特事特办机制。省委改革办要强化督促指导,省有关改革专项小组要统筹推进,省

第一章　出新出彩：广州现代服务业发展之路

直有关部门要结合自身职能，主动协调解决广州遇到的困难和问题，推动各项改革任务落地见效"，要求"广州市要切实负起主体责任，调动全市资源，凝心聚力狠抓工作落实，充分发挥好粤港澳大湾区和深圳先行示范区'双区驱动效应'，不断强化广深'双核联动'，深化珠三角城市战略合作，加快推进'四个出新出彩'实现老城市新活力，为构建'一核一带一区'区域发展新格局提供有力支撑"。2021年，《广东省国民经济和社会发展第十四个五年规划和2035年远景目标纲要》做出了"以支持深圳同等力度支持广州实现老城市新活力和'四个出新出彩'"的战略部署。从具体内容看，《广东省国民经济和社会发展第十四个五年规划和2035年远景目标纲要》提出的广州提升国家中心城市和综合性门户城市发展能级，支持广州加快建设粤港澳大湾区国家技术创新中心和国家新型显示技术创新中心，提升现代物流、跨境电商、交易会展、绿色金融等服务业发展水平等，都是现代服务业出新出彩的重点所在。

2019年，中共广州市委按照中共广东省委"1+1+9"的工作部署，制定了广州市"1+1+4"工作举措。其中，第一个"1"指加强党的领导和党的建设，是广州实现老城市新活力"四个出新出彩"的根本政治保证。第二个"1"指深化改革开放，是广州实现老城市新活力"四个出新出彩"的根本路径和关键一招。"4"指要奋力推动包括现代服务业在内的"四个出新出彩"。推动现代服务业出新出彩成为广州各项工作的重点之一。

广州在2019年专门制定和实施了《广州市推动现代服务业出新出彩行动方案》，为全市大力推动现代服务业出新出彩、加快建设具有全球影响力的现代服务经济中心做出了具体工作部署。2020年10月20日，广州市召开干部大会，认真学习贯彻习近平总书记出席深圳经济特区建立40周年庆祝大会和视察广东重要讲话、重要指示精神，中共广州市委书记张硕辅强调，要对标对表习近平总书记赋予深圳经济特区新时代新使命，推动广州加快实现老城市新活力、"四个出新出彩"[1]，对推

---

[1] 《在更高起点上推进深化改革扩大开放　奋力推动广州加快实现老城市新活力》，《广州日报》2020年10月21日。

动现代服务业出新出彩提出了更高的要求。

2021年4月,《广州市国民经济和社会发展第十四个五年规划和2035年远景目标纲要》做出了加快建设现代服务业强市的战略部署,提出了全面建成具有国际竞争力的现代服务业强市目标,要求广州在"十四五"期间"加快建设国际大都市,奋力实现老城市、'四个出新出彩',为全省打造新发展格局的战略支点发挥重要支撑作用,在全省在全面建设社会主义现代化国家新征程中走在全国前列、创造新的辉煌中勇当排头兵",建设具有全球影响力的现代服务经济中心。这为广州在"十四五"期间推动现代服务业提供了方向指引和总体工作安排。

上述这些政策措施把推动现代服务业出新出彩摆在了事关广州发展全局、发展战略重点的位置,一脉相承,不断完善,是广州推动现代服务业出新出彩的强有力体制机制保障。

(二)广州推动现代服务业出新出彩取得了明显成效

根据《2021年广州市政府工作报告》,2020年广州现代服务业发展取得了突出的成绩。在遭受新冠肺炎疫情严重冲击下,2020年广州现代服务业增加值占服务业比重仍达到65.1%。广州的绿色金融改革创新试验区建设走在了全国前列,2020年广州的金融业增加值达到2234亿元,在"十三五"期间年均增长8%。从世界范围来看,广州现代服务业的亮点突出。广州的国际航运中心发展指数排名由2015年第28位提升到第13位,全球金融中心指数排名也由2017年第37位提升到第21位。现代服务业重大发展平台建设取得实效,初步形成了国际金融城、天河中央商务区、万博南站商务区、白鹅潭商务区、白云新城等多极支撑、协调发展现代服务业空间格局。

广州紧紧抓住国家和广东省推动国家数字经济创新发展试验区的新机遇,大力发展数字经济,大力推动服务业数字化转型。广东是2019年发布的《国家数字经济创新发展试验区实施方案》所确定的全国6个国家数字经济创新发展试验区之一。《广东省建设国家数字经济创新发展试验区工作方案》赋予广州加快建设数字经济创新发展的重任，主要包括：支持广州建设"城市大脑"；支持广州推进国家新一代人工智能创新发展试验区和国家人工智能创新应用先导区建设，打造人工智能技术创新策源地、集聚发展新高地、开放合作重点区和制度改革试验田；支持广州建设国家区块链发展先行示范区；支持建设国家工业机器人检测与评定中心（广州）等检测评价服务平台；加快国家超级计算广州中心升级改造；支持打造广州区块链产业集聚区；发挥广州国家文化出口基地以及龙头企业优势，促进粤港澳动漫游戏、网络文化、数字文化装备、数字艺术展示、数字印刷等数字创意产业合作；加快广州南沙国家级自动驾驶与智能交通示范区；加快推进广州天河中央商务区国家数字服务出口基地建设，打造数字贸易的重要载体和数字服务出口的集聚区；加快推进广州天河中央商务区国家数字服务出口基地建设，打造数字贸易的重要载体和数字服务出口的集聚区。2020年2月，广东省推进粤港澳大湾区建设领导小组印发《广州人工智能与数字经济试验区建设总体方案》，把广州人工智能与数字经济试验区作为广州实现老城市新活力和"四个出新出彩"的重要支撑区。2020年4月，广州市人民政府印发《广州市加快打造数字经济创新引领型城市若干措施》，大力推进现代服务业的数字化转型和数字经济发展。截至2020年3月31日，广州的人工智能与数字经济试验区集聚项目达240多个，总投资规模超5800亿元。

上述成绩为广州在"十四五"及未来发展中，推动生产性服务业高端化发展、生活性服务业品质化发展和服务业集聚集群集约发展，建设现代服务业强市，实现现代服务业出新出彩，提供了坚实基础和优良条件。

第三节 本书目的及结构安排

一、本书目的

本书旨在深入学习和领会习近平总书记关于广州现代服务业出新出彩的重要指示要求，以及广东省和广州市贯彻落实这一重要指示要求的政策和工作部署，分析广州推动现代服务业出新出彩的机遇和挑战，总结广州现代服务业发展基础及条件，在此基础上，研究和提出广州推动现代服务业出新出彩的战略谋划，进一步提出广州推动现代服务业出新出彩的路径和策略，为广州推动现代服务业出新出彩发挥咨政和宣传作用。

二、本书结构安排

本书除了卷首语外，共分六章。第一章是出新出彩：广州现代服务业发展之路，主要是对现代服务业作简要介绍，阐明广州推动现代服务业出新出彩的重大意义及行动，并介绍本书目的及结构安排。第二章是广州推动现代服务业出新出彩概述，主要从多个战略层面分析国内外形势变化，分析广州推动现代服务业出新出彩的时代背景，阐明广州推动现代服务业出新出彩的要点。第三章是广州推动现代服务业出新出彩的基础，重点分析广州现代服务业发展概览、结构特征及存在的问题。第四章是广州推动现代服务业出新出彩的战略谋划，包括广州现代服务业发展的总体要求，生产性服务业、生活性服务业和新兴服务业的发展方向。第五章是广州推动现代服务业出新出彩的路径，主要包括推动广州现代服务业数字化转型、健全广州现代服务业产业生态、深化广州现代服务业开放合作、增强广州现代服务业创新能力。第六章是广州推动现代服务业出新出彩的策略，主要包括优化现代服务业空间布局、重点推动现代服务业集聚空间提升工程、优化现代服务业发展营商环境、深入推进现代服务业国际国内协同发展。

第二章
广州推动现代服务业出新出彩概述

现代服务业具有高人力资本、高技术、高附加值等特点。发展现代服务业是我国建立现代产业体系、提高经济运行质量和效益的重要途径。党的十八大以来，广州坚持新发展理念，转变发展方式，经济由高速增长阶段转向高质量发展阶段，成为全国经济最具活力的地区之一。目前国内国际经济形势的新变化，为广州推动现代服务业出新出彩带来了新的机遇和挑战。本章将首先分析广州推动现代服务业出新出彩的时代背景，并将据此提出广州推动现代服务业出新出彩的要点。

第一节 广州推动现代服务业出新出彩的时代背景

广州是建设粤港澳大湾区的四大核心引擎之一，国家对广州城市发展的明确定位是着力建设国际大都市。2018年10月，习近平总书记在视察广东时要求广州加快实现老城市新活力，在综合城市功能、城市文化综合实力、现代服务业、现代化国际化营商环境方面出新出彩。以"四个出新出彩"引领广州各项工作全面出新出彩，为广东省打造新发展格局的战略支点发挥重要支撑作用。推动现代服务业出新出彩是习近平总书记在新时期对广州发展做出的重要指示之一。本节将从五个方面分析广州推动现代服务业出新出彩的时代背景。

新引擎新动能：广州现代服务业的跃升

一、我国经济进入高质量发展阶段

2017年10月18日，根据我国发展的国内国际环境、发展条件和发展阶段变化，党的十九大报告做出"我国经济已由高速增长阶段转向高质量发展阶段"的重大判断，对贯彻新发展理念、建设现代化经济体系做出一系列重要部署。虽然我国经济增长的速度有所放缓（如图2-1所示），但经济发展长期向好的基本面没有改变，继续发展具有多方面优势和条件。未来，我国发展仍将处于并将长期处于重要的战略机遇期。

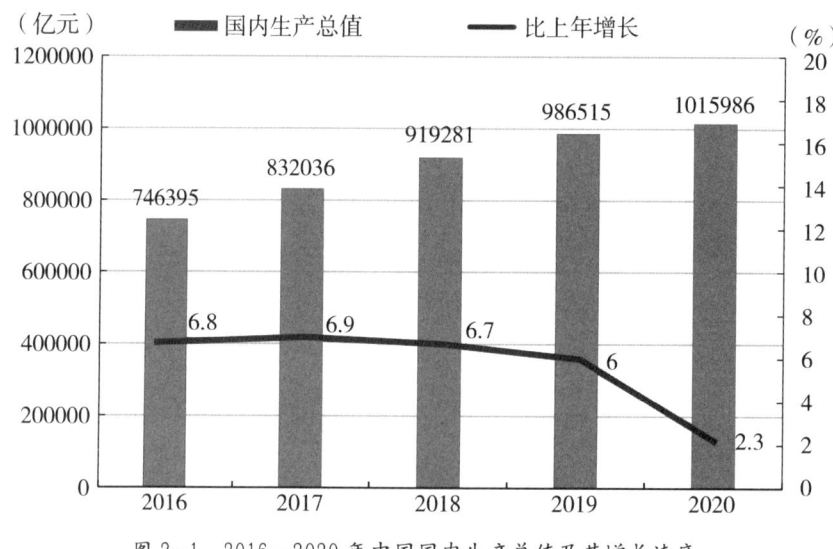

图2-1　2016—2020年中国国内生产总值及其增长速度

资料来源：《中华人民共和国2020年国民经济和社会发展统计公报》。

（一）经济高质量发展

经济高质量发展是我国进入新发展阶段的必然要求，也是顺应新一轮科技革命和产业变革的必然选择。

《习近平谈治国理政》第3卷收录的《我国经济已由高速增长阶段转向高质量发展阶段》指出："高质量发展，就是能够很好满足人民日益增长的美好生活需要的

第二章 广州推动现代服务业出新出彩概述

发展,是体现新发展理念的发展,是创新成为第一动力、协调成为内生特点、绿色成为普遍形态、开放成为必由之路、共享成为根本目的的发展。"① 推动经济高质量发展,就是要建设与社会主义现代化强国要求相适应的现代产业体系及其运行机制和管理体制。特别是要"建设创新引领、协同创新的产业体系,实现实体经济、科技创新、现代金融、人力资源协同发展,使科技创新在实体经济发展中的贡献份额不断提高,现代金融服务实体经济的能力不断增强,人力资源支撑实体经济发展的作用不断优化。"② "从供给看,高质量发展应该实现产业体系比较完整,生产组织方式网络化智能化,创新力、需求捕捉能力、品牌影响力、核心竞争力强,产品和服务质量高。从需求看,高质量发展应该不断满足人民群众个性化、多样化、不断升级的需求,这种需求又引领供给体系和结构的变化,供给变革又不断催生新的需求。"③

推动现代服务业发展是构建现代产业体系的重要内容,是实现经济高质量发展的重要手段。关于现代服务业发展,《中华人民共和国国民经济和社会发展第十四个五年规划和2035年远景目标纲要》进一步提出,要以服务制造业高质量发展为导向,推动生产性服务业向专业化和价值链高端延伸;以提升便利度和改善服务体验为导向,推动生活性服务业向高品质和多样化升级,构建优质高效、结构优化、具有全球竞争力的服务业产业新体系。这为广州推动现代服务业出新出彩、加快迈向高质量发展阶段指明了方向。

广州是我国改革开放的前沿阵地,2018年获批全国首批服务型制造示范城市。截至2020年,广州第三产业增加值占地区生产总值的比重高达72.51%(如图2-2所示),超过全国的平均水平(54.5%),已率先进入服务型经济发展阶段。同年,广州现代服务业增加值达到11801.21亿元,占第三产业增加值比重为65.05%,比

---

① 《习近平谈治国理政》第3卷,外文出版社2020年版,第238页。
② 《深刻认识建设现代化经济体系重要性 推动我国经济发展焕发新活力迈上新台阶》,《人民日报》2018年2月1日。
③ 《习近平谈治国理政》第3卷,外文出版社2020年版,第238页。

2019年的61.5%提高了3.55个百分点[①]。现代服务业已经成为支撑广州经济发展的重要力量。在新时代，经济高质量发展对现代服务业发展的要求，将从聚焦产业转型升级和居民消费升级需要、优化现代服务业结构、提升现代服务业质量、推动现代服务业与其他产业融合发展等方面为广州推动现代服务业出新出彩，构建以现代服务业为引领的现代产业体系提供新的发展机遇。

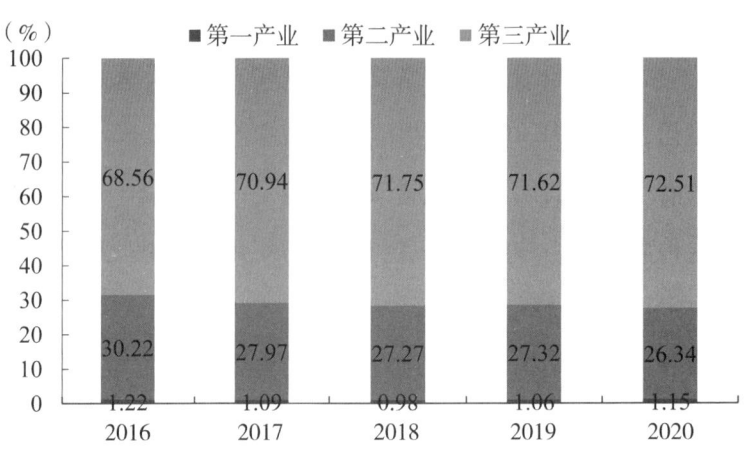

图 2-2　2016—2020 年广州三次产业增加值占地区生产总值的比重

资料来源：2016—2020 年《广州市国民经济和社会发展统计公报》。

（二）构建新发展格局

构建新发展格局是我国经济进入高质量发展阶段的必然选择。

改革开放以来，我国利用劳动力低成本优势，以市场和资源"两头在外"的方式积极参与国际分工和国际经济大循环，深度融入了全球价值链和生产链，成为"世界工厂"。但是，随着单边主义和保护主义上升、全球经济衰退，加上新冠肺炎疫情全球蔓延的冲击，我国外部发展环境的不稳定性、不确定性大大增加。国外需求大幅下降，市场和资源"两头在外"的国际大循环动能减弱甚至受阻，国内需

---

① 广州市统计局、国家统计局广州调查队：《2020 年广州市国民经济和社会发展统计公报》，2021 年 3 月 28 日，见 http://tjj.gz.gov.cn/tjgb/qstjgb/content/post_7177236.html。

求潜力则不断释放,国内大循环日益强劲,中国经济向国内大循环为主转变成为必然趋势。如图2-3所示,2011年来,我国最终消费支出、资本形成总额对GDP增长的贡献率之和保持在90%以上。如图2-4所示,国内最终消费支出和资本形成总额对GDP增长的拉动作用之和大大超过了货物和服务净出口对GDP增长的拉动作用。

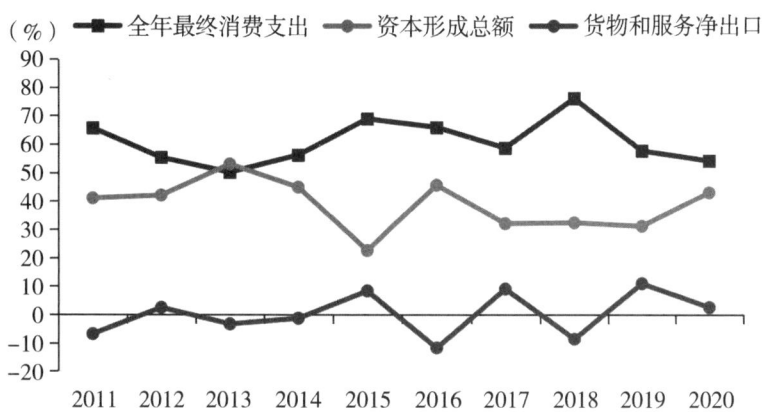

图2-3 2011—2020年中国全年最终消费支出、资本形成总额、货物和服务净出口对GDP增长的贡献率
资料来源:2012—2020年《中华人民共和国国民经济和社会发展统计公报》、国家统计局。

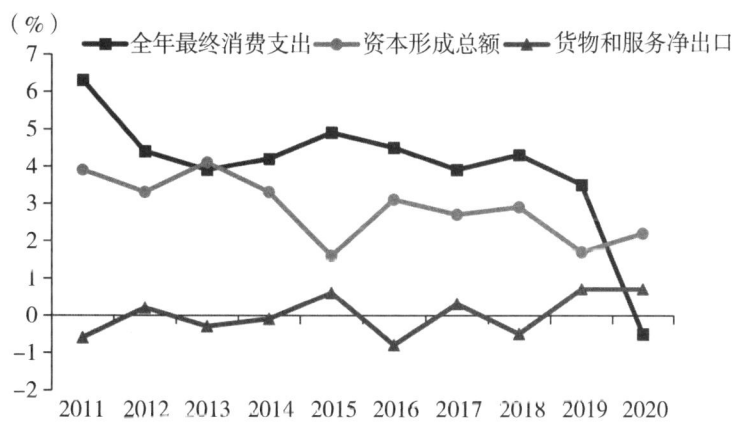

图2-4 2011—2020年中国最终消费支出、资本形成总额、货物和服务净出口对GDP增长的拉动作用
资料来源:2012—2020年《中华人民共和国国民经济和社会发展统计公报》。

新引擎新动能：广州现代服务业的跃升

根据新时代我国发展阶段、环境、条件的新变化，2020年5月14日，中共中央政治局常委会会议首次提出了"要深化供给侧结构性改革，充分发挥我国超大规模市场优势和内需潜力，构建国内国际双循环相互促进的新发展格局"。2021年3月11日，十三届全国人大四次会议表决通过的《中华人民共和国国民经济和社会发展第十四个五年规划和2035年远景目标纲要》将构建新发展格局作为我国长远发展和长治久安的重大战略部署，强调要强化国内大循环的主导作用，以国内经济循环体系形成对全球要素资源的强大引力场，以国际循环提升国内循环效率和水平，实现国内国际双循环互促互进。

我国构建新发展格局成为广州推动现代服务业发展出新出彩、培育竞争新优势的重要机遇。

第一，为广州现代服务业发展提供广阔的市场空间。构建新发展格局要求坚持扩大内需这个战略基点，加快培育完整的内需体系，将实施扩大内需战略同深化供给侧结构性改革有机结合，适应国内不断增加的个性化、差异化、品质化消费需求。并且，以创新驱动、高质量供给引领和创造新的需求，推动生产模式和产业组织方式创新，优化供给结构，提升供给体系的韧性和对国内需求的适配性。我国拥有世界四分之一的人口，人均可支配收入大幅增加（如图2-5所示），消费能力大大提升，多样化消费需求正在加速形成（如图2-6与图2-7所示）。可以预测，在构建发展新格局的过程中，国内巨大的消费潜力将不断得到释放，为广州现代服务业发展提供巨大的市场空间。

第二，推动广州加速构建以现代服务业为引领的现代产业体系，引领全国产业转型升级。构建新发展格局要求推动生产要素循环流转和生产、分配、流通、消费各环节的有机循环，构建自主可控的产业链、供应链、服务链、价值链，畅通国内经济大循环。其中，建立现代产业体系是构建新发展格局的重要支撑。经过改革开放40多年的发展，以现代服务业和先进制造业为主的现代产业体系已经成为支撑广州经济发展的重要动力。如表2-1所示，2020年，广州先进制造业增加值占地区生产总值的比重为10.45%，现代服务业增加值占地区生产总值的比重则高达

47.17%，2018—2020年广州现代服务业与先进制造业增加值之和占地区生产总值的比重均在57%以上。可以预测，在未来畅通国内经济大循环过程中，商品服务流动渠道畅通、资源要素流动顺畅、供需体系适配性提升等将推动广州率先形成以现代服务业为主导的现代产业体系，引领全国产业转型升级。

图2-5　2016—2020年中国居民人均可支配收入及其增长速度

资料来源：《中华人民共和国2020年国民经济和社会发展统计公报》。

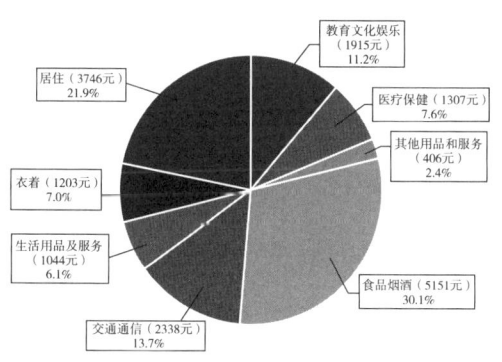

图2-6　2016年中国居民人均消费支出及其构成

资料来源：《中华人民共和国2016年国民经济和社会发展统计公报》。

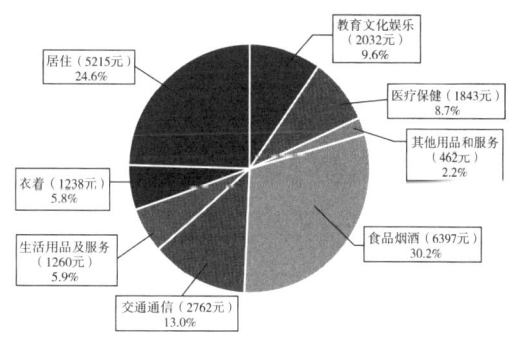

图2-7　2020年中国居民人均消费支出及其构成

资料来源：《中华人民共和国2020年国民经济和社会发展统计公报》。

表 2-1　2018—2020 年广州现代服务业与先进制造业的基本情况

变量名称	2018 年	2019 年	2020 年
地区生产总值（亿元）	21002.44	23628.60	25019.11
服务业增加值（亿元）	14663.31	16923.23	18127.82
现代服务业增加值（亿元）	9467.43	11150.25	11801.21
规模以上工业增加值（亿元）	4209.48	4347.79	4456.48
先进制造业增加值（亿元）	2531.34	2466.38	2614.36
高技术制造业增加值（亿元）	576.44	592.87	630.22
现代服务业增加值占地区生产总值比重（%）	45.08	47.19	47.17
先进制造业增加值占地区生产总值比重（%）	12.05	10.42	10.45
现代服务业增加值占服务业增加值比重（%）	64.57	65.89	65.1
先进制造业增加值占规模以上工业增加值的比重（%）	60.13	57.03	59.7
高技术制造业增加值占规模以上工业增加值的比重（%）	13.69	13.71	14.14

资料来源：根据《2020 年广州市国民经济和社会发展统计公报》和 2021 年广州市政府工作报告整理所得。

第三，推动广州以现代服务业为引领塑造国际合作与竞争的新优势。构建新发展格局要求依托国内经济循环体系形成对全球资源要素的强大引力场，加快培育参与国际合作和竞争的新优势，促进国内国际双循环。广州是我国对外开放程度最高的城市之一，经过 40 多年的开放发展，在深度融入国际分工的同时，现代服务业发展迅速。如表 2-2 所示，2019 年，广州市规模以上服务业企业数量达到 10546 家，营业收入总额为 13630.8072 亿元，比上一年增长 17.5%。其中，交通运输、仓储和邮政业的营业收入最高,信息传输、软件和信息技术服务业,租赁和商务服务业的营业收入分别位居第二和第三位。与2018年相比,每一类服务业行业的增长率均在两位数以上,其中,信息传输、软件和信息技术服务业增长率达到20.7%,科学研究和技术服务业增长率则达到22.1%。可以预测,构建新发展格局,将促使广州的现代服务业优势转化为参与国际合作与竞争的新优势。

表2-2 2019年广州规模以上服务业企业营业收入（按行业分）

	企业单位数（个）	营业收入（亿元）	营业收入2019年比2018年增长（%）
交通运输、仓储和邮政业	1382	4464.0777	14.0
#铁路运输业	7	736.7257	16.5
#道路运输业	575	1004.9693	13.5
#水上运输业	73	420.5528	9.7
#航空运输业	12	1250.0297	14.2
#管道运输业	1	9.2056	15.2
#装卸搬运和运输代理业	492	568.6049	18.2
#仓储业	160	112.4282	6.5
#邮政业	62	361.5615	11.0
信息传输、软件和信息技术服务业	1965	3603.4703	20.7
#电信、广播电视和卫星传输服务	56	486.0834	0.2
#互联网和相关服务	282	1077.2463	33.7
#软件和信息技术服务业	1627	2040.1406	20.4
房地产业（不含房地产开发）	1539	900.3400	17.0
租赁和商务服务业	2934	2535.6357	17.5
#租赁业	177	88.9046	33.5
#商务服务业	2757	2446.7311	17.0
科学研究和技术服务业	1343	1278.2999	22.1
#研究和试验发展	220	200.2577	40.0

新引擎新动能：广州现代服务业的跃升

（续表）

	企业单位数（个）	营业收入（亿元）	营业收入2019年比2018年增长（％）
#专业技术服务业	935	958.5000	18.6
#科技推广和应用服务业	188	119.5423	25.5
水利、环境和公共设施管理业	102	141.1635	13.9
#水利管理业	3	1.8076	98.1
#生态保护和环境治理业	28	23.9570	19.6
#公共设施管理业	69	114.5169	11.8
#土地管理业	2	0.8820	49.1
居民服务、修理和其他服务业	377	109.4497	18.2
#居民服务业	91	32.5407	18.8
#机动车、电子产品和日用产品修理业	136	34.0097	14.6
#其他服务业	150	42.8993	20.9
教育	271	148.4057	16.3
卫生和社会工作	178	135.3250	23.8
#卫生	141	126.9940	22.9
#社会工作	37	8.3310	39.1
文化、体育和娱乐业	455	314.6396	17.2
#新闻和出版业	64	64.4187	7.7
#广播、电视、电影和影视录音制作业	155	107.3392	15.2
#文化艺术业	74	24.8427	27.0
#体育	58	40.1588	29.2
#娱乐业	104	77.8803	20.2
合计	10546	13630.8072	17.5

注：表格中 # 表示隶属上一个粗体字行业，如铁路运输业、道路运输业均隶属于交通运输、仓储和邮政业，其他以此类推。

资料来源：《广州统计年鉴》（2020年）。

二、国家实施粤港澳大湾区建设重大战略

粤港澳大湾区[①]是我国开放程度最高、经济活力最强的区域之一，在国家发展大局中具有重要战略地位。

2016年3月3日，国务院《关于深化泛珠三角区域合作的指导意见》提出，要充分发挥广州和深圳的辐射带动与示范作用，携手香港、澳门共同打造粤港澳大湾区，建设世界级城市群。2017年3月5日，国务院政府工作报告指出，"要推动内地与港澳深化合作，研究制定粤港澳大湾区城市群发展规划，发挥港澳独特优势，提升在国家经济发展和对外开放中的地位与功能"，标志着粤港澳大湾区正式上升为国家重大发展战略。2017年7月1日，在习近平总书记的见证下，香港特别行政区行政长官林郑月娥、澳门特别行政区行政长官崔世安、国家发展和改革委员会主任何立峰、广东省省长马兴瑞在香港共同签署了《深化粤港澳合作 推进大湾区建设框架协议》。2019年2月18日，中共中央、国务院印发《粤港澳大湾区发展规划纲要》，强调要"充分发挥粤港澳综合优势，深化内地与港澳合作，进一步提升粤港澳大湾区在国家经济发展和对外开放中的支撑引领作用"。

广州是粤港澳大湾区的重要组成部分，《粤港澳大湾区发展规划纲要》赋予广州、深圳、香港、澳门四大中心城市建设粤港澳大湾区核心引擎的重大使命。2019年8月9日，中共中央、国务院发布《关于支持深圳建设中国特色社会主义先行示范区的意见》，提出要"支持深圳高举新时代改革开放旗帜、建设中国特色社会主义先行示范区"，更好地实施粤港澳大湾区建设。至此，粤港澳大湾区与深圳先行示范区"双区"驱动、广州与深圳"双城"联动、穗港澳合作等多种利好叠加，将全面激发广州现代服务业的发展潜力，拓宽广州参与国际合作与竞争的新空间，在构建经济高质量发展、建立与国际接轨的开放型经济新体制方面发挥示范引领作用。

---

① 粤港澳大湾区包括香港特别行政区、澳门特别行政区和广东省广州市、深圳市、珠海市、佛山市、惠州市、东莞市、中山市、江门市、肇庆市，土地面积5.6万平方千米，2019年末常住人口达到7264.92万人。

新引擎新动能：广州现代服务业的跃升

（一）"双区"驱动

粤港澳大湾区与深圳先行示范区"双区"建设是习近平总书记亲自谋划、亲自部署、亲自推动的国家重大发展战略。在"双区"建设的驱动下，广州现代服务业的发展潜力将得到全面激发，助力粤港澳大湾区建成世界新兴产业、先进制造业和现代服务业基地，建设国际一流湾区和世界级城市群。

一方面，"双区"建设对现代服务业的发展定位为广州现代服务业发展指明了方向，也提出了新要求。构建以现代服务业和先进制造业为主导、具有国际竞争力的现代产业体系是实现粤港澳大湾区战略定位的重要手段。现代服务业是现代产业体系的重要组成部分，《粤港澳大湾区发展规划纲要》对大湾区现代服务业发展提出了明确要求：建设国际金融枢纽，大力发展特色金融产业，有序推进金融市场互联互通，以航运物流、旅游服务、文化创意、人力资源服务、会议展览及其他专业服务为重点构建现代服务业体系。同时，根据粤港澳大湾区内部各区域的现代服务业发展基础和条件，该纲要还明确了大湾区内部各区域的现代服务业发展定位和发展要求（如表2-3所示）。2021年1月26日，广东省第十三届人大四次会议审议批准的《广东省国民经济和社会发展第十四个五年规划和2035年远景目标纲要》将"双区"驱动贯穿全局，要求对标国际一流水平，大力发展金融、研发设计、咨询、会计、税务和法律等现代服务业，推动广州、深圳等建设重点会展城市，构建优质高效、布局优化、竞争力强的服务业新体系。

表2-3 《粤港澳大湾区发展规划纲要》对各城市现代服务业发展的定位和要求

城市	主要内容
香港	发挥在金融领域的引领带动作用，巩固和提升香港国际金融中心地位，打造服务"一带一路"建设的投融资平台；打造大湾区绿色金融中心，建设国际认可的绿色债券认证机构；支持香港成为电影电视博览枢纽；巩固提升香港作为国际高端会议展览及采购中心的地位。

(续表)

城市	主要内容
澳门	打造中国—葡语国家金融服务平台，建立出口信用保险制度，建设成为葡语国家人民币清算中心；发挥中葡基金总部落户澳门的优势，承接中国与葡语国家金融合作服务；研究探索建设澳门—珠海跨境金融合作示范区；发展租赁等特色金融业务，探索与邻近地区错位发展，研究在澳门建立以人民币计价结算的证券市场、绿色金融平台、中葡金融服务平台；支持澳门加快建设葡语国家食品集散中心。
广州	完善现代金融服务体系，建设区域性私募股权交易市场，建设产权、大宗商品区域交易中心，提升国际化水平；建设绿色金融改革创新试验区，研究设立以碳排放为首个品种的创新型期货交易所。
深圳	依规发展以深圳证券交易所为核心的资本市场，加快推进金融开放创新；建设保险创新发展试验区，推进深港金融市场互联互通和深澳特色金融合作，开展科技金融试点，加强金融科技载体建设。
其他城市	支持珠海等市发挥各自优势，发展特色金融服务业；在符合法律法规及监管要求的前提下，支持粤港澳保险机构合作开发创新型跨境机动车保险和跨境医疗保险产品，为跨境保险客户提供便利化承保、查勘、理赔等服务。

资料来源：《粤港澳大湾区发展规划纲要》。

另一方面，"双区"建设将促使广州现代服务业发展的政策利好叠加。截至目前，"一带一路"建设、粤港澳大湾区建设、深圳先行示范区建设等多个国家战略均覆盖广州，致使广州政策红利叠加。例如，2019年，中共广东省委、省政府印发的《关于贯彻落实〈粤港澳大湾区发展规划纲要〉的实施意见》提出，要举全省之力推进实施《粤港澳大湾区发展规划纲要》，携手香港、澳门共同推进粤港澳大湾区建设世界级城市群。2021年，《广东省国民经济和社会发展第十四个五年规划和2035年远景目标纲要》强调，要全力支持深圳建设中国特色社会主义先行示范区，以同等力度支持广州实现老城市新活力和"四个出新出彩"，把"双区"打造成引领带动全省形成国家经济高质量发展的强大引擎，为广东省全面建设社会主义现代化提供有力支撑。

（二）"双城"联动

广州市与深圳市同处我国改革开放的最前沿，二者之间的地理距离不足100千

新引擎新动能：广州现代服务业的跃升

米。2018年12月16日，习近平总书记对深圳工作做出重要批示，赋予深圳"朝着建设中国特色社会主义先行示范区的方向前行，努力创建社会主义现代化强国的城市范例"的新目标定位。继之，《粤港澳大湾区发展规划纲要》和《中共中央 国务院关于支持深圳建设中国特色社会主义先行示范区的意见》两份重要文件颁发，赋予广州和深圳建设粤港澳大湾区中心城市和核心引擎，以"双城联动、比翼双飞"带动粤港澳大湾区经济高质量发展的重要使命，为推动广州市现代服务业发展提供重要机遇。

第一，"双城"联动将全面深化广州与深圳两个核心引擎的现代服务业合作，增强广州现代服务业的示范引领作用。2020年，广州和深圳均已进入以现代服务业为主体的服务型经济发展阶段。其中，深圳市第一、二、三次产业增加值的比例为0.1∶37.8∶62.1，现代服务业增加值13084.35亿元，比上一年增长6.4%，现代服务业增加值占第三产业比重高达76.11%，比全省平均水平（64.7%）高11.41个百分点。广州市第一、二、三次产业增加值的比例为1.15∶26.34∶72.51，现代服务业增加值11801.21亿元，比上一年增长2.5%。广州市现代服务业增加值占第三产业增加值比重为65.05%，比全省平均水平高0.35个百分点。2020年7月6日，深交所广州服务基地正式投入运营。毋庸置疑，广州与深圳"双城联动"将实现两大中心城市现代服务业优势互补与分工合作，加快建设以现代服务业为主体的现代产业体系，增强支撑粤港澳大湾区的核心引擎功能。

第二，推动广州和深圳产业协同发展，加快构建以现代服务业为主体的具有全球影响力的产业生态圈。《粤港澳大湾区发展规划纲要》对广州和深圳现代服务业实施差异化发展定位，提出要优化提升深圳前海深港现代服务业合作区功能、打造广州南沙粤港澳全面合作示范区等。2019年9月5日，深圳市、广州市签署了《广州市 深圳市深化战略合作框架协议》，明确了支持深圳建设先行示范区、共建国际科技创新中心、打造国际性综合交通枢纽、共建具有国际竞争力的现代产业体系等事项。同时，《广东省国民经济和社会发展第十四个五年规划和2035年远景目标纲要》《广州市国民经济和社会发展第十四个五年规划和2035年远景目标纲要》

《深圳市国民经济和社会发展第十四个五年规划和 2035 年远景目标纲要》等均对广州与深圳"双城联动"做了积极部署。"双城联动"将推动广州、深圳立足全局谋划城市功能和现代产业发展,加速推进现代服务业与先进制造业、现代农业深度融合发展,构建以现代服务业为引领的产业生态圈,助力广州建设具有全球影响力的现代服务经济中心。

(三)穗港澳合作

粤港澳大湾区和深圳先行示范区"双区"建设为地缘相邻的广州、香港和澳门的现代服务业发展提供了广阔的空间,形成广州现代服务业发展的重要机遇。

第一,推动全面深化穗港澳现代服务业交流与合作,助力广州建设内地与港澳深度互利合作示范区。香港、澳门服务业高度发达。其中,金融服务业、旅游业、贸易及物流业、专业及工商业支援服务业是支撑香港经济发展的四个主要行业。博彩业、旅游业等则是支撑澳门经济发展的主要行业。与港澳相比,广州已形成以现代服务业为主体的产业结构。《粤港澳大湾区发展规划纲要》《广州市国民经济和社会发展第十四个五年规划和 2035 年远景目标纲要》均对穗港澳现代服务业合作提出了明确要求:打造广州南沙粤港澳全面合作示范区,支持广州与港澳金融机构合作,建设金融服务重要平台,支持广州南沙与港澳合作建设中国企业走出去综合服务基地和国际交流平台,建设我国南方重要的对外开放窗口。以粤港澳大湾区与深圳先行示范区"双区"建设为契机,深化穗港澳现代服务业合作,将香港、澳门纳入国家发展大局,为粤港澳发展提供新动能,为内地与港澳紧密合作提供示范。

第二,深化穗港澳现代服务业互利合作,推动广州在建立与国际接轨的开放型经济新体制方面发挥示范引领作用。香港作为国际金融、航运、贸易中心和国际航空枢纽,拥有高度国际化、法治化的营商环境以及遍布全球的商业网络,是全球最自由的经济体之一。澳门作为世界旅游休闲中心、中国与葡语国家商贸合作平台的作用不断强化。广州是内地外向度最高的经济区域和对外开放的重要窗口,在全国加快构建开放型经济新体制中具有重要地位和作用。粤港澳大湾区和深圳先行示范区建设将进一步深化穗港澳合作，深化落实内地与港澳关于建立更加紧密经贸关系的安排（CEPA）。这要求广州充分认识和利用"一国两制"制度优势、港澳自由开放经济体的优势和广州改革开放最前沿的优势，以穗港澳合作促进制度规则衔接，有序推进制定与国际接轨的服务业标准化体系，更好地融入全球市场体系，提升广州开放型经济发展水平，推动广州建成我国高水平参与国际经济合作重要平台，在更高层次参与国际经济合作与竞争。

三、广州建设国际大都市

《粤港澳大湾区发展规划纲要》对广州的定位是"充分发挥国家中心城市和综合性门户城市引领作用，全面增强国际商贸中心、综合交通枢纽功能，培育提升科技教育文化中心功能，着力建设国际大都市"，形成推动广州现代服务业发展的历史性机遇。

第一，以现代服务业发展引领产业结构转型升级，加速构建具有全球影响力的现代产业体系。围绕广州建设国际大都市的战略定位，《粤港澳大湾区发展规划纲要》《广东省国民经济和社会发展第十四个五年规划和2035年远景目标纲要》《广州市国民经济和社会发展第十四个五年规划和2035年远景目标纲要》等重要文件对广州推动现代服务业发展，引领产业结构转型升级提出了明确要求：推动生产性服务业向专业化和价值链高端延伸，生活性服务业向高品质与多样化升级，培育建设国际消费中心城市；推动现代服务业与先进制造业、现代农业深度融合发展；推动服务业数字化，打造数字经济、总部经济和现代服务业集群，建设具有全球影响力的现代服务经济中心；加快建设现代金融服务体系；推动服务业开放，建设国际会展之都等。推动现代服务业发展引领产业结构升级将成为系统提升广州在创新、服务等方面的能级，培育和提升广州参与国际竞争与合作新优势的重要动力。

第二，推动广州以现代服务业开放发展为引领，深度嵌入全球服务网络，提高全球资源要素配置能力。广州是我国对外开放最前沿，经过40多年的开放发展，已经深度融入全球价值链分工，现代服务业开放程度不断提升，广州的全球影响力和全球地位不断跃升。例如，在全球创新集群百强排名中，广州由2017年的第63位提升至2019年的第21位，2020年穗港深联合排名第2位。在全球金融中心指数排名中，广州由2017年的第37位提升至2020年的第21位。在国际航运中心发展指数排名中，广州由2015年的第28位提升至2020年的第13位。而在由全球化与世界城市研究小组（GaWC）制作的《世界城市名册2020》(The World According to GaWC 2020)公布的全球城市分级排名中，广州位列第一梯队，跃居全球一线城市[1]。广州的城市核心竞争力和国际影响大幅跃升，对全球资源要素的配置能力也快速提升。

第三，强化广州都市圈[2]对广州现代服务业的需求和都市圈内的产业关联，共建具有全球影响力的现代化都市圈建设典范区。广州都市圈是广州建设国际大都市的重要空间支撑之一。《广东省国民经济和社会发展第十四个五年规划和2035年远景目标纲要》《广州市国民经济和社会发展第十四个五年规划和2035年远景目标纲要》等重要文件要求，广州要充分发挥国家中心城市对周边地区的辐射带动作用，强化广州创新能力、文化软实力、国际竞争力和门户城市功能，着力打造以广州为核心的、空间结构清晰、交通网络顺畅、产业分工协调、要素自由流动的现代化都市圈。包括以交通互联互通为基础推进公共服务共建共享，充分发挥广州现代服务业优势，加强与佛山智能制造、高端制造等产业的融合发展，深入推进广佛全域同城化，共建广佛国际化都会区；以人力资源、科学技术、金融服务、现代物流

---

[1] 广州市人民政府：《2021年广州市政府工作报告》，2021年2月4日，见http://www.gz.gov.cn/zwgk/zjgb/zfgzbg/content/post_ 7067312.html。

[2] 《广东省国土空间规划（2020—2035年）》《广东省国民经济和社会发展第十四个五年规划和2035年远景目标纲要》等重要文件提出，在广东省内构建五个现代化都市圈，加快形成以城市群为主要形态的增长动力源，包括广州都市圈（包括广州、佛山全域和清远、肇庆、云浮、韶关等四市的都市区部分）、深圳都市圈（包括深圳、东莞、惠州全域和河源、汕尾等两市的都市区部分）、珠江口西岸都市圈（包括珠海、中山、江门、阳江四市）、汕潮揭都市圈（包括汕头、潮州、揭阳三市和梅州都市区）、湛茂都市圈（包含湛江、茂名两市）。

等为重点,联动肇庆、清远、云浮、韶关等都市,探索"研发+制造""总部+基地""前端+后台""总装+配套"等合作模式,加强佛肇清云韶在汽车、钢铁、能源等领域对广州的产业配套和分工协作,提升区域产业链供应链的稳定性和竞争力,拓宽广州的发展空间。

四、世界现代服务业发展新趋势

随着全球产业结构由"工业型经济"向"服务型经济"加速转型,现代服务业成为一个国家或地区提升核心竞争力的重要内容。特别是新一轮科技革命和产业变革蓬勃兴起,科学技术赋能现代服务业发展,与保护主义、世界经济低迷等多期效应叠加,致使世界现代服务业呈现出专业化、高技术、网络化、区域一体化和全球化等新发展趋势。

(一)世界现代服务业发展的结构变化和技术进步特点

现代服务业是在工业化比较发达的阶段产生的,是依托信息技术和现代管理理念发展起来的、信息和知识相对密集的服务业,包括传统服务业通过技术改造升级和经营模式更新而形成的服务业,以及伴随信息网络技术发展而产生的新兴服务业。[1] 与传统服务业相比,现代服务业的技术经济特点如下。

第一,现代服务业具有高科技性或高技术性特征。现代服务业科技含量高,服务方式与服务手段广泛采取了现代信息网络技术。[2] 特别是在互联网时代,以大数据、云计算、移动互联网和新型终端技术为代表的新一代信息技术正带动服务计算、知识图谱等技术深入应用和研究,为现代服务业发展提供了更好的技术基础和更大的发展空间,数字化、信息化成为现代服务业的重要表现形式。

---

[1] 科技部:《"十三五"现代服务业科技创新专项规划》,2017年4月14日,见 http://www.most.gov.cn/xxgk/xinxifenlei/fdzdgknr/fgzc/gfxwj/gfxwj2017/201704/t20170426_132497.html。
[2] 张赤东:《发展现代服务业:界定、特征、分类与趋势》,《科技中国》2020年第3期,第59页。

第二，现代服务业具备高人力资本和知识性特征。现代服务业是技术、治理、知识和信息密集的服务业，是不断适应现代人和现代城市发展需求而产生和发展起来的服务业。现代服务业可以为消费者提供知识生产、传播和使用等服务，使知识在服务过程中实现了价值增值。例如，教育服务、科研服务、文化传媒服务、专业技术服务、计算机软件应用服务等。这要求现代服务业从业人员具备较高的知识基础。换言之，现代服务业是一个具有较高人力资本的行业。

第三，创新和创意是现代服务业发展的重要引擎。伴随信息网络技术的发展，创新是现代服务业的核心竞争力。世界各国正试图通过文化创新、科技创新和企业组织结构创新，带动产品、品牌、管理、市场和商业模式创新，进而在传统服务业基础上建立新的商业模式、服务方式和管理方法，推动服务业朝多元化、高端型、创新型服务经济模式发展，获取参与国际竞争与合作的新优势。

第四，现代服务业具有专业化、高附加值和新兴等特征。现代服务业所提供的服务业专业性强、附加值高，具有很强的价值创造能力，不仅能满足市场需求，而且还能引导消费、创造需求。[①] 一方面，信息网络技术向传统服务业渗透和融合，助力传统服务业转型升级；另一方面，"互联网+"赋能服务业发展，催生了网络购物、网上支付、跨境电商、在线教育等新兴业态；与共享经济、数字经济密切相关的互联网信息服务业、信息技术咨询服务业、数据处理和存储服务业、电子商务等发展态势良好；文化创意设计服务、旅游、体育休闲、物联网、养老健康、现代保险等新兴服务业态蓬勃发展。

第五，现代服务业呈现出网络化、区域一体化和全球化的发展趋势。依托互联网信息技术，现代服务业得以在全球布局，形成了"总部—分支"全球服务网络，大大降低了地理空间对服务业的限制，部分生产性服务业的服务半径得到无限扩展。基于服务业开放发展，进而参与国际分工和深度嵌入全球价值链，成为世界各国培育国际竞争优势的重要手段。区域一体化和全球化成为现代服务业的重要特

---

① 张赤东：《发展现代服务业：界定、特征、分类与趋势》，《科技中国》2020年第3期，第58—61页。

征。表现在服务贸易出口中，技术相关服务、研发成果转让及委托研发、运输服务、旅游、高科技技术支持的新兴产业项目、金融服务、保险服务等项目的出口均呈现增加趋势。

第六，全球范围内的现代服务业发展的差距更趋显著。国际金融危机以来，世界主要发达国家为重塑国际竞争优势，不断加大对科技创新的投入，在将国内加工制造中的高能耗、低附加值环节转移到发展中国家的同时，大力发展高附加值的现代服务业，积极抢占后危机时代经济发展的战略制高点。其中，金融服务业、专业服务业、信息服务业、研发与科技服务业等具有知识、技术、信息、人才密集特点的生产性服务业，成为很多发达国家的支柱产业。由于发达国家的现代服务业起步早，并且正处于高速发展阶段，这些国家通常也成为现代服务业的重要集聚区，而广大发展中国家则处于现代服务业的起步阶段，二者的差距更趋显著。

（二）新技术革命对现代服务业发展的影响

伴随互联网与信息技术的深入发展，以数字化、信息化、智能化为核心，以大数据、云计算、人工智能、物联网、区块链等前沿技术为代表的新技术革命对世界现代服务业发展产生了深远影响，形成广州现代服务业发展的重要机遇。

1. "三新"经济蓬勃发展

基于互联网信息技术，新产业、新业态、新商业模式"三新"经济蓬勃发展，孕育现代服务业发展新动能。

新技术革命兴起以来，大数据、云计算、物联网、人工智能、区块链等先进技术快速发展，科技进步与创新成为推动现代服务业发展的根本动力。一方面，新科技成果应用与新兴技术的产业化发展和商业化应用，以及新技术与传统服务业结合将催生出信息传输、软件和信息技术服务等一系列新产业、新业态，推动现代服务业不断向专业化和价值链高端延伸。另一方面，新技术革命正在用现代化的科学技术、新业态和新服务方式向传统服务业渗透和融合，对传统服务业进行技术改造和经营模式更新，进而向社会提供高附加值、高层次、知识型的生产服务和生活服务，满足社会的多元化、多样化、个性化的产品和服务需求，推动现代服务业向精细和高品质转变。

广州正处在向以现代服务业为主体的服务型经济发展转变的关键阶段，"三新"经济快速发展。在未来，充分利用和发展"三新"经济，充分释放广州现代服务业潜力，推动广州现代服务业出新出彩。

2. 产业深度融合发展

依托新技术革命，现代服务业与先进制造业、现代农业融合发展的速度提升，推动产业走向高端化。

随着信息技术快速发展和经济服务化趋势不断深化，产业交叉渗透、信息网络技术与各个领域交叉融合的速度不断加快，促使第一、二产业与现代服务业深度融合，改变了传统产业的边界。同时，人工智能、云制造、农业科技服务、农业信息服务、农业标准化服务等新业态新模式快速成长，推动现代服务业呈现出"跨界融合"的新态势和新特征。特别是现代服务业与先进制造业的融合发展，涵盖了新技术应用下的业态创新、产品创新、服务创新和经营管理创新，带来分工的深化和细化，激发科技创新活力，促进研发、咨询、金融服务、物流等处于制造业产业链上游和下游的现代服务业繁荣发展，推进制造业服务化、服务业制造化。

现代服务业与先进制造业、现代农业深度融合发展是构建现代产业体系的重要内容，这对广州也不例外。

3. 数字经济快速发展

当前，世界经济正经历着深刻的数字化变革，数字经济[①]成为驱动全球经济发展的新引擎。2017年，党的十九大报告提出，要"做大做强数字经济"，建设"数字中国"和"智慧社会"。2021年，《中华人民共和国国民经济和社会发展第十四个五年规划和2035年远景目标纲要》提出"加快数字化发展，建设数字中国"的发

---

① 数字经济是指以使用数字化的知识和信息作为关键生产要素，以现代化信息网络作为重要载体，以信息通信技术的有效使用作为效率提升和经济结构优化的重要推动力的一系列经济活动。前述数字经济概念参见胡莹：《数字经济发展的时代特色》，《中国社会科学报》2021年2月25日。

新引擎新动能：广州现代服务业的跃升

展战略，强调要"迎接数字时代，激活数据要素潜能，推进网络强国建设，加快建设数字经济、数字社会、数字政府，以数字化转型整体驱动生产方式、生活方式和治理方式变革"。可以预见，数字经济快速发展，将为广州加快推进数字产业化和产业数字化、打造数字经济新优势、推动现代服务业出新出彩提供重要机遇。

一是全国数字基础设施建设全面高速推进，广州现代服务业数字化转型的基础更扎实。2020年以来，以信息网络为基础，以提供数字转型、智能升级和融合创新等服务的5G、人工智能、物联网、工业互联网、大数据中心等数字基础设施体系建设在全国全面铺开，加快推进天地空一体化网络融合发展，形成广州深化5G试点城市建设，打造面向5G技术的物联网和智慧城市示范区，扩大5G在政务服务、车联网等重点领域的覆盖面，完善自主计算产业生态等的坚实基础。

二是产业数字化发展全面提速，以数字技术赋能服务业转型成为数字经济的新方向。基于互联网信息技术的不断开发与应用，数字化已经渗透到产品的研发设计、生产制造、营销管理、服务支撑等生产链的各个环节，推动数字经济与服务业全面融合发展。2021年，《中华人民共和国国民经济和社会发展第十四个五年规划和2035年远景目标纲要》提出，要充分发挥海量数据和丰富应用场景优势，加强关键数字技术的创新应用，深入推进服务业数字化转型，培育众包设计、智慧物流、新零售等新增长点。《广东省国民经济和社会发展第十四个五年规划和2035年远景目标纲要》强调，要深入实施数字中国发展战略，充分利用新一代数字技术全方位、全角度、全链条赋能服务业，促进服务业数字化发展，加快建设数字广东，建设全球领先的数字化发展高地。

三是数字产业化发展步伐加快，数字经济生态正在加速形成。一方面，基于数字技术的创新和应用，我国在电子商务、移动支付、共享经济、5G等数字经济核心领域已经走在世界前列，数字经济发展规模和发展质量处于全球领先地位。另一方面，数字技术与经济发展深度融合催生一系列新技术、新产品、新业态、新模式，共享经济、电子信息传输服务、数字技术服务、数字金融、数字贸易、数字社会、数字政府建设等不断涌现。2021年，《中华人民共和国国民经济和社会发展第十四个五年规划和 2035 年远景目标纲要》强调，要培育壮大人工智能、大数据、区块链、云计算、网络安全等新兴数字产业，构建基于 5G 的应用场景和产业生态，推动数字化服务普惠应用。可以预见，未来以数字技术为支撑的、集"数字基建 + 数字交易 + 数字平台 + 数字场景"于一体的数字经济新生态将加速形成，成为广州推进现代服务业数字化发展的重要机遇。

四是在线服务业迅猛发展，成为现代服务业发展中的战略必争领域。伴随数字资源挖掘、数字场景开放、数字化技术开发等新一代互联网信息技术的不断开发与应用，以移动支付、智能制造、线上线下融合等新业态新模式为特征的在线服务业迅速发展。例如，依托互联网信息技术，网上商城、电子商务、在线支付、电子金融等在线业务与现代生产制造、商务金融、文娱消费、教育健康和流通出行等线下业务深度融合，催生了全球电子商务、在线支付与金融服务、在线医疗、工业互联网、在线研发设计、在线文娱、电子政务、共享经济、在线教育、远程办公等具有在线、智能、交互特征的新业态新模式，大大提升了供给与需求的适配性。而且，与其他服务业相比，在线服务业采用了大量新技术，形成了许多新业态和新服务方式，具有高技术含量、高人力资本、高附加值等特点，未来将成为现代服务业发展的战略必争领域。

4. 新兴产业生态体系加速形成

基于互联网信息技术的不断开发与应用，与新一代互联网信息技术相融合的新兴产业生态体系加速形成，技术与创新则是构建新兴产业生态体系的核心动力。这要求广州在推动现代服务业发展的同时，要注重新兴产业生态体系的建设。

基于新一代互联网信息技术的开发与深入应用，产业融合趋势加快，产业边界变得模糊。与之相适应的是，以市场需求为导向，以个性化定制、网络化协同、共享化生产、服务化延伸、数字化管理等为特征的新产品、新模式、新业态不断涌现，推动产业组织和商业模式产生重大变革。产业发展则由相对独立的、线性发展模式向多样性、网络化、全球化、数字化、智能化的产业融合与协同共生演进的发展模式快速演变，加快构建与新一代互联网信息技术相融合的新兴产业生态体系。

（三）现代服务业发展的国际环境变化

当前，国际经济、科技、文化、安全、政治等格局都在发生深刻调整，叠加新冠肺炎疫情的冲击，世界进入动荡变革时期，致使我国经济发展的外部国际环境的不稳定、不确定性因素大大增加，对广州现代服务业发展形成重要挑战。

1. 新冠肺炎疫情全球蔓延与世界经济衰退

2020年，新冠肺炎疫情在全球暴发和蔓延，对世界经济产生了巨大的冲击。在新冠肺炎疫情的影响下，全球经济一度陷入深度衰退中，经济发展的前景充满不确定性。

第一，全球新冠肺炎疫情仍处于大流行阶段，疫情发展态势高度不确定。2020年1月以来，新冠肺炎疫情全球蔓延，形成一场前所未有的世界公共卫生安全危机。截至2021年5月13日下午4时，国外累计确诊新冠肺炎病例16175.23万人，现有确诊病例2022.20万人，当日新增确诊病例63.29万人，累计死亡病例335.44万人，治愈率84.3%，病死率2.1%。除了中国新冠肺炎疫情得到有效控制以外，全球每天新增确诊病例人数仍高达数十万人。2021年5月13日，印度、巴西和美国当日新增确诊病例数量排名前三，印度单日新增人数达到34.33万。[①] 新冠肺炎疫苗供不应求、新冠肺炎病毒毒株变异、世界各国疫情防控措施差异等也都大大提升了全球疫情发展的不确定性。

第二，全球经济衰退导致国外市场萎缩，我国经济发展的外部需求乏力。为应对新冠肺炎疫情这场突发的全球公共卫生事件，世界各国不得不实行"大封锁"政策，导致世界各国经济生活陷入停滞，引发自20世纪二三十年代的经济大萧条以来最严重的经济衰退。根据国际货币基金组织（IMF）于2021年1月发布的《世界经济展望》，全球经济在2020年估计萎缩3.5%。表2-4的数据显示，2020年，欧美主要发达经济体的经济增速纷纷回落，其中，美国的GDP增长率下滑3.4个百分点，欧盟下滑7.2个百分点。同时，新冠肺炎疫情还加剧了全球贸易萎缩的态势，

---

① 数据来源：新型冠状病毒肺炎疫情实时大数据报告，2021年5月13日，见 https://voice.baidu.com/act/newpneumonia/newpneumonia?fraz=partner&paaz=gjyj。

导致国外市场对我国产品和服务的需求大幅下降。如表2-5所示，2020年，除了集成电路之外，我国出口世界各国的产品和服务的数量与上一年相比均有所下降。国外市场需求疲弱将成为制约我国经济发展的重要因素，也会给现代服务业发展形成一定的挑战。

表2-4　2020年全球部分国家或区域的GDP增长率

国家或区域	GDP增长率（%）	国家或区域	GDP增长率（%）
美国	-3.4	日本	-5.1
欧盟	-7.2	英国	-10
#德国	-5.4	加拿大	-5.5
#法国	-9	中国	2.3
#意大利	-9.2	印度	-8
#西班牙	-11.1	俄罗斯	-3.6

注：表格中 # 表示该区域属于欧盟。
资料来源：世界银行。

表2-5　2020年中国主要商品出口数量、金额及其增长速度

商品名称	单位	数量	比上年增长（%）	金额（亿元）	比上年增长（%）
钢材	万吨	5367	-16.5	3151	-14.8
纺织纱线、织物及制品	—	—	—	10695	30.4
服装及衣着附件	—	—	—	9520	-6
鞋靴	万双	740137	-22.4	2454	-20.9
家具及其零件	—	—	—	4039	12.2
箱包及类似容器	万吨	201	-34.7	1429	-23.9
玩具	—	—	—	2317	7.7
塑料制品	—	—	—	5902	20
集成电路	亿个	2598	18.8	8056	15

（续表）

商品名称	单位	数量	比上年增长（%）	金额（亿元）	比上年增长（%）
自动数据处理设备及其零部件	—	—	—	14599	12
手机	万台	96640	-2.8	8647	0.4
集装箱	万个	198	-17.9	508	10.5
液晶显示板	万个	126747	-15.9	1370	-7.1
汽车（包括底盘）	万辆	108	-13.2	1090	-3.2

资料来源：《中华人民共和国2020年国民经济和社会发展统计公报》。

第三，全球新冠肺炎疫情触发了全球价值链的结构性调整，产业链供应链的区域化、本土化收缩态势明显，为广州构建以自身为引领的全球价值链提供了机会。2020年，世界各国为应对新冠肺炎疫情所采取的"大封锁"政策，割断了既有基于全球分工和国际贸易的全球价值链供应链的连贯性和系统性，引发全球范围内的大规模停工、停产。这种突如其来的全球供应链断裂和公共医疗卫生供应短缺，也暴露了建立在经济效益原则上的全球价值链体系具有一定的脆弱性，无法有效应对新冠肺炎疫情这种全球公共卫生突发事件造成的巨大冲击。对此，世界各国开始进一步审视供应链的安全性和供应可及性，在效率和安全之间寻求新的平衡，致使全球价值链呈现出规模萎缩和倒退、本土化、区域化加强、数字化转型加速和世界大国主动实施针对中国的价值链拆解五大典型特征[①]。这对我国采取市场和资源"两头在外"的方式参与国际分工将形成一定的挑战，也为广州推动现代服务业发展，引领构建以广州为核心的全球价值链提供了机遇。

2. 以美国为首的西方国家对中国发展的遏制

近年来，针对中国经济的快速发展，以美国为首的西方大国采取各种措施遏制中国发展，单边主义、贸易保护主义、霸权主义势力抬头，破坏了公认的全球经济

---

① 余南平：《新冠肺炎疫情下全球价值链结构调整特征与未来挑战》，《国际关系研究》2021年第1期，第3—21页。

秩序和国际关系准则，致使中国外部发展环境更加复杂多变，大大增加广州乃至全国现代服务业"走出去"和"引进来"的难度。

第一，美国将对华政策由贸易摩擦升级为"科技战"。随着我国经济实力的不断增强，中国经济和科技发展带来的产业升级使得中美双方利益的竞争性增强。2018年以来，美国为维护其全球霸权地位，蓄意挑起对华贸易争端，并且将对华贸易争端升级为以"断供"为目标的科技战，对华为、中兴、小米、海康威视、大华科技等中国高科技企业采取有针对性的限制措施，意图在技术层面限制中国对美国的竞争优势，维持美国的技术垄断地位，全面打压和阻断中国产业升级和高新科技发展。可以预见，技术创新在未来很长一段时间内将成为美国遏制中国的关键词，也是中美长期战略竞争的关键领域。这也将大大增加中国企业技术引进的难度、危及中国关键产品产业链的供应安全，导致全球产业链供应链萎缩。

第二，以美国为首的西方大国实施战略联盟，全面压制中国崛起。中国经济实力与全球影响力大幅提升，对美国主导的国际秩序和规范形成了挑战。对此，美国制定了"重返亚太计划"，积极拉拢欧洲国家和日本、韩国、澳大利亚、新西兰等，加强其在亚太地区的同盟体系和伙伴关系网络，从更大范围强化对中国经济与科技施压，防止中国崛起对美国主导权的挑战，使得我国外部发展环境更加复杂多变。美国还利用"印太战略"框架下"四方安全对话+"的平台机制进行全方位布局，发起《跨太平洋伙伴关系协定》（TPP）、《跨大西洋贸易与投资伙伴协定》（TTIP）谈判等，意在打造地缘政治结构上的"亚洲北约"安全框架，重塑以亚洲生产网络为基础的"可信赖供应链"联盟，对华进行主动的战略和市场切割，鼓吹产业链"去中国化"。同时，美国还加大对亚太地区的军事投入，介入钓鱼岛、南海争端等，在香港、新疆、南海、台湾等问题上频频制造事端，以期达到全面遏制中国崛起的目的。可以预见，中美关系走向仍面临很大的不确定性。

第三，以美国为首的西方国家在意识形态领域挑起信息与舆论战，炮制"中国威胁论"。由于意识形态差异，中国一直被以美国为首的西方大国视为利益分割者，而不是利益共享者。中国崛起必将带来国际力量的重组，进而影响西方国家自第二次世界大战以来在国际事务中的主导权、国际制度的制定权和国际秩序的选择权。对此，西方反华势力不择手段、毫无底线地编制谎言谣言和虚假信息，对华频繁开启意识形态渗透，最大目的在于扰乱中国国内政治秩序，进而以此遏制中国的发展态势。

3. 区域全面经济伙伴关系协定（RCEP）的签署

2020年11月15日，中国与东盟十国以及日、韩、澳、新西兰15个国家共同签署了《区域全面经济伙伴关系协定》（Regional Comprehensive Economic Partnership, RCEP），标志着世界上最大的自由贸易区正式建立。RCEP的签署是20年来亚太地区经济合作的里程碑，必将为广州推动服务业出新出彩提供历史性机遇。

第一，地缘优势得到充分释放，现代服务业发展的市场前景非常广阔。RCEP是一个以亚洲经济体以为主的自由贸易区，成员国除了新西兰、澳大利亚之外，空间位置基本相邻，地缘优势突出。根据世界银行2019年数据，RCEP涵盖的人口超过35亿，约占全球的47%，国内生产总值约占全球的32%，是全球涵盖人口最多、经贸规模最大、最具发展潜力的自由贸易区。与其他自贸区相比，除了货物贸易和服务贸易等传统内容之外，RCEP还包括形成较高水平的电子商务合作等条款，并且在中国加入WTO时承诺开放的100个服务部门的基础上新增了研发、管理咨询、制造业相关服务、空运等22个部门，放宽了金融、电信、法律、建筑、海运等37个部门的海外所有权限制。可以预见，作为全球最大的自贸区，其对现代服务业的需求是巨大的，现代服务业发展的机遇是空前的。

第二，扩大开放发展，稳定和强化以亚太地区为主导的区域产业链。RCEP是在已有的5个"东盟+1"自贸协定基础上谈判形成的，较好地处理了不同自贸协定之间的差异性，也代表着一种新的规则主张，将为亚太地区经济发展提供一个更为稳定、和平、开放的环境，开启一个新的全球化价值链。特别是对于具备完整的区域内部产业结构和发展水平梯度的亚太地区，RCEP的原产地积累规则将会大幅降低亚太地区产业链分工与合作的成本以及不同经济体之间的交易成本，重塑和健全亚太地区目前的产业链与供应链。由此，推动建立以亚太地区为主导的区域产业链供应链，增强区域性产业链的稳定性，降低新冠肺炎疫情冲击和美国单边主义、贸易保护主义引致全球产业链供应链萎缩的负面影响。

第三，互联网信息技术赋能服务贸易发展，推动现代服务业向价值链高端延伸。RCEP对成员国开展跨境服务贸易，尤其是互联网信息技术赋能服务贸易做出了较高水平开放的承诺。RCEP生效后，成员国之间货物贸易与服务贸易融合发展将带动域内诸如仓储、运输、金融结算、保险、融资、设计与研发等服务业快速发展。其中，互联网信息技术赋能服务贸易，将大大激发跨境服务贸易和远程服务贸易需求，跨境电商、互联网金融、在线办公、在线教育、在线问诊、网络交易会等新业态新模式潜力巨大，战略性新兴产业将迎来更大发展空间。在RCEP成员国中，中国依托5G、大数据、互联网等信息技术发展起来的现代服务业的比较优势相对突出。RCEP生效后，我国得以以更低的成本从日本、韩国等国家进口先进技术、研发设计、节能环保等生产性服务，对标高标准全面升级，同时加速中日韩自贸协定谈判，促使中国现代服务业在产业链中高端的强势地位更加稳固。

4. 中欧全面投资协定（CAI）谈判完成[①]

继RCEP之后，始于2013年的《中欧全面投资协定》(EU-China Comprehensive Agreement on Investment，CAI) 谈判在2020年12月30日正式完成，标志着一个以中欧为驱动力的欧亚经济联合体开始形成，为有效化解美国对华实施的全面包围圈、重塑世界政经版图提供了一种重要途径，也将成为广州推动现代服务业出新出彩的重要发展机遇。

第一，为深化穗—欧现代服务业合作提供坚实的制度性框架保障。中欧投资协定对标国际高水平经贸规则、着眼于制度型开放，是一项全面、平衡、高水平、互利共赢的协定，旨在促进中欧双方投资自由化便利化。与传统投资协定相比，该协

[①] 针对2021年3月以来中欧双方的制裁与反制裁，2021年5月20日，欧洲会议通过了有关冻结批准中欧全面投资协定的动议，并声称将中国撤销对欧方制裁作为批准有关协定的前提。这表示，欧洲会议将暂停相关审议，成为制约该协定生效的一个重要环节。但中欧互为重要经贸伙伴，合作领域广泛，从长期来看经济合作潜力巨大。《中欧全面投资协定》是一份平衡、互利互赢的协定，符合中欧双方利益，其潜力和机遇仍是无限的。

定的内容涵盖了市场准入承诺、公平竞争规则、可持续发展和争端解决四个方面，还引入了前国民待遇和负面清单管理体制，对投资者提供更全面、更广泛的保护，将为深化穗-欧现代服务业、先进制造业务实合作提供制度保障。

第二，打开穗—欧双方关于现代服务业合作的投资空间，推动广州建设国际大都市。广州与欧洲经济联系密切，是推进"一带一路"建设的重要节点。《中欧全面投资协定》谈判扩大了中欧双方在海运、航空、计算机、电信等高科技领域，金融、医疗等高附加值和服务业的市场准入（见表2-6），以推动双方在高端服务业的高层次开放。广州将有机会加强与欧盟在现代服务业领域的合作，拥有更多高质量的欧洲伙伴，提升穗—欧合作层次，加快构建国际大都市。

表 2-6　《中欧全面投资协定》关于服务业开放的内容

行业	具体内容
金融服务业	中国已经开始逐步开放金融服务业的进程，并同意并将承诺对欧盟投资者保持开放。在银行业、证券交易、保险（包括再保险）以及资产管理领域，中国对合资企业的要求和外资股本上限已被取消。
健康（民营医院）	中国将通过取消对北京、上海、天津、广州和深圳等中国主要城市民营医院的合资要求，以提供新的市场开放。
研发（生物资源）	此前，中国从未承诺开放生物资源研发领域的外国投资。中国已同意不采取新的限制措施，并将在未来可能发生的情况下，对欧盟解除现有的限制措施。
通信／云服务	中国已同意取消对云服务的投资禁令，该领域将对欧盟投资者开放，但其股本上限为50%。允许外资股比不超过50%的中外合资企业在华经营云服务。
计算机服务	中国已同意缩小计算机服务的市场准入限制，这相比当前情况有很大的改善。并将引入"技术中立"条款，确保对电信增值服务施加的股本上限不会应用于其他在线提供的其他服务，例如金融、物流、医疗等领域的外资政策。
国际海运	中国将允许对相关的陆上辅助活动进行投资，使欧盟企业可以不受限制地在货物装卸、集装箱库站、海事代理等领域投资。这将使欧盟企业能够组织全方位的多式联运，包括国际海运的国内分支。

(续表)

行业	具体内容
航空运输服务	尽管《中欧全面投资协定》未涉及航权问题（该问题通常由单独的航空协议规定），但中国将开放电子订票系统、地勤以及销售和营销服务等关键领域。中国还取消了飞机租赁（不包括机组）的最低资本要求，这超出了服务贸易总协定（GATS）的规定。
商业服务	中国将取消有关房地产服务、租赁服务、运输维修和保养、广告、市场调查、管理咨询和翻译服务等领域的合资要求。
环保服务	中国将取消对污水、减噪、固体废物处理、废气净化、自然及景观保护、环境卫生和其他环境服务的合资要求。
建筑服务	中国将消除目前在GATS承诺中保留的项目限制。
雇员流动	允许欧盟企业经理和专家在中国工作，时间可达三年，不受劳动力市场测试或配额等限制。允许欧盟投资者代表在进行前期投资考察时自由访问。

五、国内大都市现代服务业发展新趋势

2016年至今，我国服务业增加值已连续5年高于第二产业，成为引领经济结构调整和经济发展的主要动力。其中，基于互联网信息与技术的快速发展和应用，国内现代服务业快速发展，呈现出以下新的发展趋势。

第一，现代服务业成为引领国内大都市产业结构升级的新引擎。随着新一代互联网信息与技术赋能服务业发展，国内大都市的现代服务业增加值不断攀升，引领经济结构不断优化，向服务型经济结构转型。如表2-7所示，2019年，北京、上海、广州、深圳均形成了以第三产业为主导的产业结构。其中，广州市第三产业占地区生产总值比重高达72.51%。根据《2020年广州市国民经济和社会发展统计公报》，广州市现代服务业增加值达到11513.28亿元，比2019年增长2.5%。该增加值占地区生产总值的比重高达46.02%，占第三产业增加值的比重高达63.47%。根据《深圳市2020年国民经济和社会发展统计公报》，深圳市现代服务业增加值为13084.35亿元，比2019增长6.4%，该增加值占地区生产总值的比重高达47.29%，

占第三产业增加值的比重为76.11%，在全国排名前列。

表2-7 2019年北京、上海、广州和深圳三次产业的产值和产业结构

	北京	上海	广州	深圳
地区生产总值	36102.6	38700.58	25019.11	27670.24
第一产业（亿元）	107.6	103.57	288.08	25.79
第二产业（亿元）	5716.4	10289.47	6590.39	10454.01
第三产业（亿元）	30278.6	28307.54	18140.64	17190.44
三次产业结构	0.40∶15.80∶83.80	0.27∶26.59∶73.14	1.15∶26.34∶72.51	0.10∶37.80∶62.10

资料来源：北京、上海、广州和深圳2020年的国民经济和社会发展统计公报。

第二，现代服务业普遍呈现出以金融、商业服务、科学研究等为主的发展趋势，并不断向多元化、高端化、创新型等服务经济延伸。2017年，科技部发布的《"十三五"现代服务业科技创新专项规划》提出，电子商务、现代物流、互联网金融、精准医疗等新兴服务业不断兴起，成为经济发展新动力。2021年，《中华人民共和国国民经济和社会发展第十四个五年规划和2035年远景目标纲要》提出，要加快发展现代服务业，推动生产性服务业向专业化和价值链高端延伸，推动生活性服务业向高品质和多样化升级，并从金融、数字经济、科学研究、专业服务等领域就现代服务业发展提出了明确要求和发展方向。

第三，现代服务业产业空间布局不断优化，以大都市为主导的现代服务业发展格局加速形成。我国高度重视现代服务业发展。2011年，国家批准建设北京、武汉、上海等7个现代服务业创新发展示范城市、62个现代服务业产业化示范基地和34个文化与科技融合示范基地，产生了很好的示范带动作用。一批具有信息化、网络化、高技术含量等特征的现代服务业蓬勃发展，形成了包含北京、上海、广州的东部临海中心轴、北部发展带、南部发展带、沈阳—大连—长春东北中心、郑州—武汉—长沙中部中心和重庆—成都—西安西部中心等"一轴两带多中心"现代服务

业区域布局①。各区域现代服务业发展各具特色和优势（见表2-8）。2017年，国家发展改革委印发《服务业创新发展大纲（2017—2025年）》，提出增强北京、上海和广州—深圳的国际服务业枢纽和文化交流门户功能，建设具有全球影响力的现代服务业经济中心。2019年，国务院同意北京开展服务业扩大开放综合试点，2021年，天津、上海、海南、重庆也纳入服务业扩大开放综合试点。

表2-8 部分国内城市现代服务业的特点与优势

城市	特点与优势
北京	金融服务、信息服务、科技服务、研发设计服务、商务服务、文化创意产业等现代服务业优势明显。
上海	以服务经济为主的产业结构率先形成；金融、航运、信息服务、创意设计以及商业模式等优势明显。
深圳	5G、人工智能、区块链等新兴产业走在全国前列；创新金融、现代物流、网络信息、创意设计、品牌会展、高端旅游等高端服务优势明显。
武汉	以房地产业，金融业，信息传输、软件和信息技术服务业为代表的新兴服务业快速发展。
杭州	电子商务、文化创意、旅游休闲以及金融服务业基础良好。
西安	文化、旅游、科技服务和卫星应用、物流等现代服务业初步形成了特色鲜明的发展格局，具有发展现代服务业的良好基础和特色优势。
重庆	研发设计、现代物流、信息服务、科技金融等优势明显。
香港	服务业占地区生产总值的90%以上。法律服务、会计服务、审计服务、建筑及工程活动、技术测试及分析、科学研究及发展、管理及管理顾问活动、信息科技相关服务、广告及专门设计服务等。

第四，现代服务业与产业升级融合发展，构建以现代服务业为主体的现代产业体系成为国内大都市培育竞争优势的重要领域。基于互联网信息与技术，现代服务业与先进制造业、现代农业融合发展趋势更明显，新业态、新模式不断涌现，推

---

① 科技部：《"十三五"现代服务业科技创新专项规划》，2017年4月14日，见http://www.most.gov.cn/xxgk/xinxifenlei/fdzdgknr/fgzc/gfxwj/gfxwj2017/201704/t20170426_132497.html。

动服务业向专业化和价值链高端延伸。例如，基于互联网信息技术，制造业内部的研发设计、会计审计、物流、融资租赁、检验检测认证等非制造环节分离为独立的服务部门，催生商业服务业、信息服务业、物流业等新业态、新模式。国内大都市对发展现代服务业高度重视，除了制定有针对性的现代服务业发展规划，拓展新领域、发展新业态、培育新热点，还将发展现代服务业写入"十四五"规划（如表2-9所示），抢占服务业发展乃至经济发展的战略制高点。

表2-9 "十四五"时期部分国内城市现代服务业的发展定位及内容

城市	"十四五"规划的现代服务业发展定位及内容
北京	定位：国家服务业扩大开放综合示范区、数字货币试验区、金融科技与专业服务创新示范区。
	内容：推动科技、互联网信息、数字经济和数字贸易、金融、文化旅游、教育、健康医疗、专业服务等领域扩大开放；全力打造以科技创新、服务业开放、数字经济为主要特征的自由贸易试验区。
上海	定位：建设具有世界影响力的社会主义现代化国际大都市。
	内容：大力发展以知识密集型服务为代表的高端生产性服务业，聚焦新型国际贸易、跨境金融、现代航运、信息服务、专业服务等现代服务业；大力发展数据贸易，聚焦云服务、数字内容、数字服务、跨境电子商务等重点领域。
广州	定位：建设具有全球影响力的现代服务经济中心。
	内容：加快服务业数字化，壮大总部经济；提升会计、法律、金融、咨询、研发设计、人力资源、知识产权、广告营销、检验检测认证等高端专业服务业；推动服务业扩大开放，探索"新业态＋会展"，建设国际会展之都；推动餐饮、健康、养老、育幼、文化、旅游、体育、家政、物业等生活性服务业向高品质和多样化升级，加强公益性、基础性服务业供给；建设文商旅体融合示范区和国家全域旅游示范区等。
深圳	定位：建成现代化国际化创新型城市、建成具有全球影响力的创新创业创意之都；打造具有全球影响力的服务经济中心城市。
	内容：大力发展知识密集型服务业，对标国际一流水平，大力发展研发、设计、会计、法律、会展等现代服务业；加大服务业开放力度，加强深港澳专业服务业合作交流；建设国际会展中心城市等。

第二章　广州推动现代服务业出新出彩概述

（续表）

城市	"十四五"规划的现代服务业发展定位及内容
武汉	定位：建设国家中心城市、国家科技创新中心、区域金融中心和国际化大都市。
武汉	内容：商贸物流、现代金融、绿色环保、文化旅游等现代服务业。
杭州	定位：建设国际消费中心城市、建设杭港高端服务业示范区。
杭州	内容：推进服务业数字化，推动生产性服务业向专业化和价值链高端延伸，加快发展智力密集型服务业，大力发展数字服务、金融科技、文化创意、智慧物流等优势产业，加快研发、设计、会计、法律、会展等生产性服务业发展；推动现代服务业同先进制造业、现代农业深度融合，打造全国先进制造业和现代服务业融合发展引领区；加快发展金融服务业；加快发展健康、养老、育幼、文化、旅游、体育、家政、物业、快递、助残等服务业，推动生活性服务业向高品质和多样化升级。
西安	定位：具有国际影响力竞争力的国家中心城市和具有历史文化特色的国际化大都市。
西安	内容：推动现代金融、现代物流、研发设计、检验检测认证、软件和信息服务、会议会展6大生产性服务业向专业化和价值链高端延伸，打造一批具有标志性的生产服务业集聚区；推动文化旅游产业深度融合。
重庆	定位：西部金融中心、西部国际综合交通枢纽和国际门户枢纽；建成国家级现代服务业经济中心。
重庆	内容：构建具有经济带动力、区域辐射力、国际竞争力的现代金融体系，建设西部金融中心；大力发展现代物流；加快发展研发设计、知识产权、科技咨询、科技金融、技术转移、检验检测、孵化载体等科技服务，构建贯通创新链、融入产业链、对接资本链的高技术服务体系等。

资料来源：根据《北京市国民经济和社会发展第十四个五年规划和2035年远景目标纲要》《上海市国民经济和社会发展第十四个五年规划和2035年远景目标纲要》《广州市国民经济和社会发展第十四个五年规划和2035年远景目标纲要》《深圳市国民经济和社会发展第十四个五年规划和2035年远景目标纲要》《武汉市国民经济和社会发展第十四个五年规划和2035年远景目标纲要》《杭州市国民经济和社会发展第十四个五年规划和2035年远景目标纲要》《西安市国民经济和社会发展第十四个五年规划和2035年远景目标纲要》《重庆市国民经济和社会发展第十四个五年规划和2035年远景目标纲要》等资料整理而成。

第二节 广州推动现代服务业出新出彩的要点

2018年10月，习近平总书记视察广东，要求广州实现老城市新活力，在综合城市功能、城市文化综合实力、现代服务业、现代化国际化营商环境方面出新出彩。现代服务业出新出彩是其中的重要内容。本节将从以下五大方面阐明广州推动现代服务业出新出彩的要点。

一、践行新发展理念

践行新发展理念是广州现代服务业出新出彩的根本保证。2015年10月29日，中国共产党第十八届中央委员会第五次全体会议首次提出了创新、协调、绿色、开放、共享的新发展理念。牢固树立新发展理念是关系我国发展全局的一场深刻变革。从"十三五"到"十四五"，我国始终把坚持新发展理念摆在指引发展思路、发展方向、发展着力点的位置上。2016年，《中华人民共和国国民经济和社会发展第十三个五年规划纲要》强调"实现发展目标，破解发展难题，厚植发展优势，必须牢固树立创新、协调、绿色、开放、共享的发展理念"。2021年，《中华人民共和国国民经济和社会发展第十四个五年规划和2035年远景目标纲要》把坚定不移贯彻新发展理念作为"十四五"时期经济社会发展指导思想的重要组成部分和必须遵循的原则之一。广州推动现代服务业出新出彩，首先必须坚定践行新发展理念。以新发展理念引领广州现代服务业高质量发展，提升发展竞争力。

（一）坚持创新发展

创新是引领发展的第一动力。广州要高度重视和切实推动以创新实现现代服务业发展的动力变革，不断巩固和增强现代服务业发展的创新驱动能力。对于现代服务业而言，创新是以技术创新、管理创新为核心，包括要素投入、体制机制、改革开放、发展模式等的全面创新。这里，主要阐述广州现代服务业发展的技术创新、管理创新和要素投入等方面的创新，其他方面的创新将在发展机制、发展动能等部分进行分析。

第一，技术创新在现代服务业发展中发挥着关键性作用。现代服务业尤其是生产性服务业的科技含量显著提升，高技术的特征日益明显。早在2012年，科技部就出台了《现代服务业科技发展"十二五"专项规划》，推动我国现代服务业共性关键技术支撑、标准规范、科技创新的建设。2017年，科技部出台了《"十三五"现代服务业科技创新专项规划》，突破现代服务业发展的一批共性关键技术、推动产业融合、建设现代服务业产业集群。近年来，高技术、新技术在我国现代服务业中的运用日益广泛，推动了现代服务业的蓬勃发展。广州要走在现代服务业技术创新的前列。一方面，参照支持高新技术产业、鼓励先进制造业发展的办法，大力支持服务业企业采用互联网、大数据、云计算、物联网、人工智能、5G等新技术。另一方面，大力支持面向现代服务业的科技创新，鼓励相关创新成果在现代服务业的转化。通过这两个方面的努力，显著提升广州现代服务业的技术水平，树立广州在现代服务业技术创新方面的引领地位。

第二，管理创新在现代服务业发展中也发挥着关键性作用。管理创新是现代服务业提高资源配置效率、实现质量变革和效率变革的重要手段，涉及现代服务业的管理思想和理论的创新、产业组织的再造和结构调整、管理方式和管理模式的变革及创新等。因此，广州除了要大力推动现代服务业的技术创新之外，还要高度重视和大力推动管理创新。当前，要紧密结合高质量市场建设，促进服务标准建设取得突破；要紧密结合互联网、大数据、5G等新技术运用，促进服务方式和模式创新；要紧盯消费升级，促进服务方式人性化、个性化、专业化、智慧化。通过这些努力，赋予"广式服务"新时代含义和价值，在全国和国际层面树立起"广式服务"金字招牌。

第三，加大优质要素投入。现代服务业发展越来越依赖各类专业人才和高素质劳动力，以及大规模的资金投入。同时，现代服务业也越来越依靠研发、创意而不是简单的经验积累。因此，广州要重视扩大对现代服务业的优质要素投入。一是要采取措施，培养和引进现代服务业领域的高端人才，拓宽投融资渠道。二是要支持企业和行业协会建立研发机构，参照制造业研发费用加计扣除政策，用税收调节手段，激励企业、行业协会和全社会增加现代服务业的研发投入。

（二）坚持协调发展

现代服务业内部分工越来越细化，新行业不断涌现，与制造业、现代农业的融合日益加深。因此，广州要运用产业生态系统的理念，科学谋划和积极推动现代服务业协调发展，提高现代服务业发展的韧性和竞争力，更好发挥其作用。主要是协调好以下五种关系。

一是协调好生产性服务业、生活性服务业、新兴服务业之间的关系。推动生产性服务业向专业化和价值链高端延伸，推动生活性服务业向精细和高品质转变，加快发展新兴服务业。注重发现和培育广州现代服务业的主导产业和支柱产业，特别是培育具有全国意义和世界影响力的行业，增创现代服务业发展新优势。

二是协调好大中小企业发展关系。既要着力引进、培养具有世界竞争力的头部企业和链主公司，也要为中小微企业创造适宜的成长土壤，形成有紧密价值链、供应链、创新链联系的企业群落。加大现代服务业创新创业的支持力度。

三是协调好国有微观主体与民营微观主体之间的关系。充分认识在现代服务业发展中国有与民营的优劣势，创造二者各展所长、分工协同的环境和条件。防止出现非此即彼、厚此薄彼的偏差。

四是协调好全市各区的现代服务业布局。根据各区的现代服务业发展基础和条件，引导其选择好主攻方向，并积极开展分工合作。

五是协调好现代服务业发展与安全的关系。采取必要措施，积极预防和治理金融脱实向虚、服务业企业金融化、投机炒作以及平台垄断等问题，确保现代服务业健康持续发展。

（三）坚持绿色发展

一般而言，现代服务业是绿色发展的主力军。对于广州而言，坚持绿色发展，重点是发挥好现代服务业对绿色发展和实现碳达峰、碳中和目标的作用。为此，要积极发展节能服务业、环境服务业，打造具有国际竞争力的碳交易平台；促进物流业绿色低碳发展，打造仓储、运输、包装、配送全物流供应链的绿色低碳样板；倡导节约资源，积极推广在线服务、智能交通、远程办公等智慧服务，促进服务方式及消费方式的绿色低碳化。

（四）坚持开放发展

开放发展是我国现代服务业发展的一个重要动力来源。对于广州而言，推动现代服务业出新出彩必须走开放发展之路，以建设具有全球影响力的现代服务经济中心为导向，立足全国现代服务业发展的大局，以国际视野谋划和推动现代服务业加快发展。

从开放发展的层次看，广州现代服务业开放发展要从以下几个层次展开。一是国际开放与合作。广州现代服务业必须有国际视野，走国际化发展道路，才能获得和提升全球影响力，真正进入世界一流阵营。一方面，要扩大与世界发达经济体的开放、合作，善于向当今世界现代服务业的"高手"学习，并敢于与它们竞争。另一方面，要积极在世界发展中经济体拓展广州现代服务业的市场。通过这些方面的努力，着力打造广州现代服务业的"国际范儿"。二是粤港澳大湾区开放与合作。进一步做好对香港和澳门现代服务业的开放、学习其先进的经验，引进其优质要素。积极推动与深圳在现代服务业金融、物流、科技服务、文化等领域的合作。三是加强与大湾区内其他城市之间的开放与合作，巩固和增强广州现代服务业对这些城市的辐射。

从开放发展的关系看，广州现代服务业开放发展要顺应世界现代服务业专业化、网络化、区域一体化和全球化的趋势，积极主动地加入国际国内的现代服务业组织，积极谋划建立新的现代服务业组织，打造现代服务业合作平台，构建起有利于广州现代服务业发展的交流合作网络，形成良好的发展生态。

（五）坚持共享发展

坚持共享发展是中国特色社会主义的本质要求。广州推动现代服务业出新出彩必须坚持共享发展。

第一，要把满足人民日益增长的美好生活需求作为发展现代服务业的重要导向。跳出单纯为了资本增值而发展现代服务业的窠臼，防止金融脱实向虚，严控房地产投机炒作，引导文化服务、文艺娱乐、游戏、动漫、网红经济等树立正确的价值观。

第二，要注意解决现代服务业发展中所产生的一些不利于共享的问题。在现代服务业所提供的服务中，网络化和数字化的服务方式日益增多，使得部分中老年人在接受有关服务时遇到了网络化、数字化障碍。另外，服务方式的本地化、部门化、公司化等，也阻碍了服务共享，造成诸多不便。如，健康码各搞一套，政务服务、商务服务中重复提交证照、身份信息等。对于这些问题，需要从技术、标准和规范等方面进行统筹与统一，逐步加以解决。

第三，要注意解决现代服务业发展中所伴随的就业问题。尽管从产业演替的角度看，随着现代服务业发展的技术化、知识密集等趋势的增强，以及新兴服务业快速扩张，导致传统服务业的衰落、消亡，是一种正常的、必然的现象。但是，不能忽视由此所带来的部分劳动者因各种原因滞留在传统生活性服务业领域和部分劳动者就业问题。因此，不仅要鼓励服务业积极采用新技术，实现技术升级，还要下大力气对传统服务业领域的从业者进行职业技能培训，促进其跟上服务业技术进步的步伐。

二、建立新发展机制

在现代服务业发展中，市场、科技、微观主体、政府各自发挥着不可或缺的作用。它们之间如果能够协同，则可以促进现代服务业持续、健康、快速发展。反之，如果其中某个或几个因素缺位，或者相互掣肘，则必将损害现代服务业发展。因此，必须在遵循现代服务业发展规律的原则下，探索和建立推动现代服务业发展的有效机制，以保障市场、科技、微观主体、政府协同发挥作用，形成推动现代服务业发展的合力。

目前，从国家、广东省到广州市，都制定了一系列促进现代服务业发展的政策，建立了发挥市场机制作用、鼓励创新创业、深化改革、扩大开放、包容审慎监管、财政资金支持等多方面的机制，对推动现代服务业发展发挥了积极作用。在此基础上，推动广州现代服务业出新出彩还需要积极探索和建立以下几种机制。

（一）协同发展机制

现代服务业的发展，既需要明确和保障微观主体的主导地位，同时，又离不开政府在制度供给、发展条件和环境建设方面的支持。因此，必须依靠微观主体与政府协同，共同推动现代服务业发展。例如，广州推动车联网建设，争取在全国率先建设5G车联网体系，单靠企业不可能完全解决车路协同问题、跨区域测试问题，以及车辆、基础设施、交通环境等领域的基础数据融合问题等，因为这些问题的解决都远远超出了企业的能力和权力边界。要解决好这些问题，就必须发挥政府的作用。可见，探索和建立微观主体与政府协同发展机制对于广州现代服务业发展是十分必要的。

广州建立现代服务业协同发展机制，需要重点做好以下五个方面的工作。一是要形成常态化的微观主体与政府职能部门之间的信息交流和对话、协商机制，促进二者之间的有效互动。二是要建立政府现代服务业发展战略、规划与企业发展战略、规划的对接机制，促进政企"同心"。三是要推动政府与企业共同建立现代服务业行业标准和规范的工作机制，力争在标准规范体系建设中走在全国的前列。四是要建立政府与企业联合开展现代服务业共性关键技术攻关、重大发展平台建设的机制，加快创新发展步伐。五是要围绕畅通产业链、供应链和创新链，做好补链、强链工作，建立政府部门的"链长"与企业"链主"的对接机制，更好地推动世界级现代服务业集群建设。

（二）融合发展机制

推动现代服务业与制造业融合发展，既是发挥现代服务业支撑制造业转型升级作用的需要，也是拓展现代服务业发展空间、推动现代服务业变革和创新的需要。2019年，国家发展改革委、市场监管总局发布了《关于新时代服务业高质量发展的指导意见》，把深化产业融合列为新时代服务业高质量发展的十大重点任务之一。同年，国家发展改革委、工业和信息化部等15个部门共同发布了《关于推动先进制造业和现代服务业深度融合发展的实施意见》，大力推动先进制造业和现代服务业深度融合发展。2021年3月，国家发展改革委、教育部等13个部门共同发布了《关于加快推动制造服务业高质量发展的意见》，加快推动制造服务业高质量发展。《中华人民共和国国民经济和社会发展第十四个五年规划和2035年远景目标纲要》强调，要推动现代服务业与先进制造业、现代农业深度融合，为我国现代服务业融合发展指明了方向。

广州正处于建设现代产业体系的关键期。总体上，广州的现代产业体系是先进制造业、高技术制造业、现代服务业、战略性新兴产业协调共生的体系。因此，推动现代服务业与制造业、战略性新兴产业融合发展，不仅有利于广州制造业高质量发展和战略性新兴产业加快发展，还可以为广州现代服务业发展产生强大的需求拉动，并通过制造业服务化、制造服务业发展等形成广州现代服务业的新增长点，培育广州现代服务业发展新优势。因此，广州需要高度重视和推动现代服务业与制造业、战略性新兴产业之间的深度融合发展。

第一，制定相应的政策，大力倡导现代服务业与制造业、战略性新兴产业融合发展。同时，建立相应的工作机制，重点围绕工业互联网、智能工厂建设、柔性化定制、共享生产平台建设、供应链管理、全生命周期管理、总集成总承包服务、服务衍生制造、工业文化旅游等，深化现代服务业与制造业、战略性新兴产业融合发展。

第二，大力发展制造服务业。围绕汽车、石油化工、电子产品、电气机械及器材等优势制造业，从智能制造、研发设计、供应链创新、绿色化改造、品牌建设、标准建设等方面，深入推动制造业服务化，加快制造服务业发展步伐。

第三，积极扩展现代服务业与制造业融合发展的区域范围。不仅要在广州市内推动现代服务业与制造业融合发展，还要走出广州，大力推动广州的现代服务业与珠三角制造业的深度融合，在长三角、京津冀、成渝地区、长江中游地区、关中地区等制造业密集区寻找广州现代服务业与当地制造业融合发展的机会。通过融合发展，为广州现代服务业打开更加广阔的天地。

（三）标准和品牌建设机制

标准、品牌是现代服务业发展竞争力的核心构成要素之一。标准建设、品牌建设是我国现代服务业高质量发展的重点任务。广州要高度重视标准建设、品牌建设对提升现代服务业竞争力和影响力的意义，着力树立现代服务业的广州标准，下大力气打造"广式服务"品牌。依靠标准和品牌，占据全国和世界现代服务业的领先位置。

第一，建设服务标准。一是抓紧广州具有比较优势的电子商务、知识产权服务、商务服务、供应链管理、科技服务、节能环保、检测认证服务、信息技术服务、教育培训服务、婴幼儿托育服务、政务服务、创业服务等新兴服务领域的标准研制，形成"广州标准"。积极推动"广州标准"转换为国家标准、国际标准。二是在商贸、金融、餐饮、物流、旅游、休闲娱乐、体育健身、家政服务、物业服务、健康服务、养老服务、社区服务等成熟服务领域，推动服务业企业积极学习和对接现代服务业的国际高标准。用高标准引导这些服务业高质量发展。同时，要结合"互联网+""人工智能+"等新技术的运用，修改和完善这些领域的服务标准，为其注入"广州元素"。三是积极开展服务标准、服务认证示范，增强服务业企业的标准意识。四是依托粤港澳大湾区，积极参与国家、国际现代服务业标准制定和认证组织，争取扮演重要角色。

第二，创新"广式服务"品牌。一是聚力打响现代化的"广式服务"品牌。广州有着"千年商都"的美誉，为"广式服务"品牌建设提供了优良的"基因"。广州要在传承、发挥本地优秀服务传统的基础上，融合高技术、新技术、新理念、新方式、新模式和新价值，塑造具有现代化特点和广州特色的"广式服务"品牌。二是增强服务业企业的品牌意识，积极开展企业、产品的品牌建设，做好品牌运营管理和品牌的保护工作。三是加强政府与行业协会、龙头企业的合作，共同推动服务业行业品牌和知名企业品牌的建设。四是用好国家实施粤港澳大湾区重大战略和推动"一带一路"建设的机遇，加大广州服务业品牌的宣传和推广，使广州服务品牌走向全国、走向世界。

（四）互动合作发展机制

广州推动现代服务业出新出彩既不能闭门造车，也不能单打独斗，而是要善于依靠区域互动和合作，取长补短，在良性竞争中寻求合作，实现共同发展。

第一，广州要建设成为具有全球影响力的服务经济中心，就必须积极主动地与纽约、伦敦、巴黎、东京、新加坡等世界服务业一流城市建立服务业交流机制，敢于向"强手"学习。

第二，要积极主动地与香港、上海、北京、深圳等国内现代服务业第一阵营城市开展互动，争取建立政府间、企业间和行业协会之间的常态化交流互动机制，相互交流信息、相互学习先进经验，开展双方或者多方合作。

第三，要立足粤港澳大湾区，推动区域内各城市之间现代服务业交流与合作。同时，立足广东省"一核一带一区"建设，加强与粤东、粤西和粤北各城市的现代服务业交流与合作。

第四，要进一步明确广州各个市辖区现代服务业发展的主攻方向，推动各市辖区之间现代服务业的分工与合作，实现广州市域内现代服务业协调发展。

三、形成新发展动能

广州现代服务业发展的新动能主要源于"三新"经济。在现代服务业中,"三新"经济是指新产业、新业态、新商业模式。其中,新产业是运用高新技术、创新管理方式而形成的具有一定生产规模和市场的新服务业。新业态是运用高新技术创造出新的服务形式,形成新服务环节、新服务链条、新服务形态,以提供便捷化、多元化、多样化、个性化、新颖化的服务。新商业模式是采用高新技术和管理创新,对服务所需的各类要素进行再配置,对服务环节、链条进行优化,从而形成新的服务模式,提高服务效率和企业竞争力,更好地满足消费者需求。总体而言,现代服务业的"三新"经济是微观主体运用高技术、新技术、新管理改变服务方式、创新服务方式,满足消费需求,提高服务效率和消费质量的结果。

以"三新"经济作为广州现代服务业发展的新动能,理由如下:一是"三新"经济充满活力,为现代服务业发展提供"新鲜血液",增强现代服务业发展的持续性和创新能力。二是"三新"经济对现代服务业的结构变化产生"鲇鱼效应",引致现代服务业的结构调整、更新和优化。三是"三新"经济成长快速,在现代服务业发展中发挥着新增长极的作用。因此,广州推动现代服务业出新出彩就需要从发展"三新"经济入手,努力形成新发展动能。

(一)实行开放、包容、审慎监管

"三新"经济是现代服务业发展中的新事物,处于萌发阶段。总体上,"三新"经济还比较弱小,抗风险能力弱。因此,对于"三新"经济发展,要实行开放、包容、审慎的监管。

第一,"三新"经济常常会突破已有服务业的产业边界,出现跨界、"出圈"等生产行为,因而存在与既有市场监管规则产生"冲突"的可能。为了避免出现这种情况,就需要对"三新"经济秉持开放的管理理念,即法无禁止,皆可为。

第二,"三新"经济必然会带有新兴行业的气息,具有任何新生事物成长必然伴随的特性。因此,对于"三新"经济发展出现的所谓"问题",要采取适当的包容。

第三,多数情况下,"三新"经济都还比较弱小,企业自我发展能力不足,发展趋势不稳定。因此,对"三新"经济还要审慎监管。一是要对"三新"经济采取"放水养鱼"的方式,在企业税收、个人所得税等方面给予支持,让"三新"经济能够更好地萌芽和成长。二是要避免对"三新"经济中的某些业态、某些模式过早地给予过度监管。

(二)采取相机性扶持方式

从根本上看,"三新"经济的产生是市场机制作用的结果。一方面表现出自发性和高成长性,另一方面又具有明显的不确定性和较高的风险。应根据"三新"经济发展的状态,在其遇到发展瓶颈或遭受重大外部冲击时,相机给予其必要的扶持,为其渡过发展难关助一把力。

(三)创造适宜发展条件

"三新"经济发展需要适宜的外部环境和条件,主要包括基础设施、公共服务、市场培育等。在这些环境和条件方面,政府可以发挥重要的作用。

一是加快推进"新基建",为"三新"经济发展提供更好的基础设施条件。重点是建设以5G、物联网、工业互联网、卫星互联网为主的通信网络,以人工智能、区块链、云计算等新技术基础设施,以及数据中心、智能计算中心等。

二是进一步提高政务服务效率,助力"三新"经济提高生产效率、创新效率。提供高质量的教育、医疗卫生,利于"三新"经济汇聚创新人才和高层次专业人才。

三是通过购买服务、创设新场景等方式,助力"三新"经济的市场培育。重点是结合公共服务、民生服务、智慧城市建设等,在智慧交通、线上教育、远程医疗、生态环保监测监控、公共安全监管、城市和社区治理等方面,为"三新"经济发展创造一定的需求。

四是支持企业与科研机构合作，联合开展共性技术攻关，为"三新"经济企业提供底层技术支撑。重点围绕大数据中心、超算中心、新型区块链等，加强公共技术平台建设，为"三新"经济中的创新创业提供关键技术支持。

四、争创新发展优势

优势是发展竞争视角下的比较概念。广州是国家中心城市，以建设国际大都市为目标。《广州市委关于制定广州市国民经济和社会发展第十四个五年规划和2035年远景目标纲要》提出，广州要建设具有全球影响力的现代服务经济中心。因此，广州必须站在全国层面，立足世界现代服务业发展的新趋势，谋划和争创现代服务业的新发展优势。

基于以上认识，广州可以采取"组合"方式，从以下几个方面谋划、争创现代服务业新发展优势。

（一）广州标准＋广州品牌

现代服务业的顶层竞争是规则制定权、话语权和综合影响力的竞争。谁在这些方面具有优势，谁就掌握了现代服务业发展秩序的主导权，就能够占据现代服务业的价值链高端。所以，广州要高度重视现代服务业的标准建设和区域品牌建设，将二者结合起来，形成现代服务业发展的新优势。

"广州标准"是广州主导或作为主要成员制定的现代服务业标准，它并不意味着是广州的地方标准，而是中国标准、世界标准。广州要视"广州标准"为现代服务业发展竞争的"硬实力"，充分利用好中国市场的全球影响力快速上升和国家加快形成新发展格局的有利时机，利用好我国现代服务业"三新"经济发展领先于世界的有利条件，积极推动本地现代服务业企业、行业组织牵头建立全国性现代服务业的行业标准；大力支持专注于现代服务业标准的研发、制定、推广和认证的企业及非营利性组织加快发展；积极推动"广州标准"走向世界，成为国际标准。

"广州品牌"是指广州服务的区域性品牌，代表着广州现代服务业的品质、形象和影响力。广州要把"广州品牌"建设作为提升现代服务业竞争"软实力"的重要"拳头"，研究和制定"广州品牌"建设规划、行动方案，尽快启动和推进"广州品牌"建设工作，以品牌建设促进全市现代服务业高质量发展，显著提升在全国和世界的影响力、美誉度，收获品牌经济。

（二）广州创新 + 广州先行

创新是现代服务业发展的根本动力。以创新为现代服务业的发展优势，能够使广州在现代服务业发展竞争中占据开拓者、引领者位置，具有难以模仿和超越的优越性。而创新所带来的这种优越性要真正地转化为竞争优势，又需要广州勇担现代服务业发展先行者的使命，以便获得先发优势、引领者优势。打造"广州创新 + 广州先行"这个广州现代服务业的新发展优势，就是要在现代服务业发展中贯彻落实习近平总书记在深圳经济特区建立四十周年重要讲话中提出的"闯"的精神、"创"的劲头、"干"的作风。

关于"广州创新"，在前面的"坚持创新发展"部分已经做了阐述，主要包括技术创新、管理创新和加大优质要素投入。同时，要把大力发展"三新"经济作为"广州创新"的重要形式，把建立重大创新平台作为"广州创新"的重要载体。并且，要加大现代服务业的改革开放力度，为"广州创新"提供持续、有力的制度供给。

"广州先行"就是要发扬敢为人先、敢喝"头啖汤"的精神，勇立服务业数字化转型的潮头，抢抓现代服务业智慧化、网络化、绿色化、国际化，以及粤港澳大湾区建设、"一带一路"建设和《区域全面经济伙伴关系协定》（RCEP）签署实施的重大机遇，在"三新"经济发展，高技术服务业、科技服务业、制造服务业、高端专业服务发展，服务业与制造业融合发展，高质量服务贸易，高水平对外开放，以及生活服务智慧化、人性化、个性化等领域始终先行一步，占据领先位置，收获首发经济、先发经济的效益。

(三)广州平台+广州组织

平台与组织在现代服务业发展竞争中发挥着越来越重要的作用。广州要把平台建设、组织建设作为增强现代服务业发展竞争力、构建新发展优势的一个重点来抓。

建设"广州平台"的目的是发挥重大平台对现代服务业发展提供共性技术支持、创新创业支持、促进优质资源要素聚合和协同发展的作用。在类型上，广州要着力建设互联网、移动互联网、物联网、大数据、人工智能等现代服务业的共用技术，碳交易、数字贸易、在线经济，国家人工智能与数字经济试验区、大数据中心等现代服务业重大发展平台。在层次上，广州要着力把这些平台建设成为全国性、国际性的重要平台。

发展"广州组织"的目的是要依靠各类现代服务业组织，为集聚现代服务业发展所需的资源、要素和企业，形成不同类型和层次的组织网络，建立起产业链、价值链、创新链。广州要引导和支持现代服务业的行业协会、商会、联盟等组织加快发展，扩大在全国和国际的影响，积极引进国际服务业组织在广州设立分支机构；大力支持知名服务业公司、头部企业、隐形冠军企业在广州开设总部或者重要的分支机构；举办、创办全国性和国际性的现代服务业发展论坛。通过这些举措，显著提升广州在全国和世界现代服务业组织生态系统中的地位。

(四)广州效率+广州环境

现代服务业发展在很大程度上是一个探究、创新、演替且竞争激烈的过程。把握机会窗口、对"三新"的快速响应、加速规模扩张等都是影响现代服务业发展成败的重要因素。对于现代服务业企业而言，除了自身的努力之外，还必须依靠政府的政务服务和所在地适宜的营商环境。因此，广州还可以从"广州效率+广州环境"出发，建立现代服务业的新发展优势。

"广州效率"是指用政府高效的政务服务为现代服务业企业发展、创新创业提供强有力支撑。在这个方面,广州要以数据驱动、智慧化、便利化方式,再造和优化政务服务业务流程,全面拓展"一网通办"覆盖领域,实行全天候办理,力争政务服务在线办理率、全程网办率、一次办成率、最短用时率等居全国领先地位。

"广州环境"是指广州要为现代服务业发展打造自由、开放、包容、规范、透明、法制的营商环境。充分发挥南沙自贸试验区的引领作用,按照自贸区的标准,全面深化"放管服"改革,创新行政审批、市场监管和市场主体服务,大力提升营商环境的国际竞争力。针对现代服务业发展特点,进一步强化专利权、商标权、著作权、商业秘密等知识产权的行政保护措施,依法惩治侵犯知识产权的违法行为。

五、做出新发展贡献

广州要聚力发展现代服务业,在全国和广东省现代服务业发展中,打造创新驱动、"三新"经济发展的策源地,深化改革和高水平开放的试验田,支撑国内大循环的重要产业支柱,连接国内大循环与国际大循环的重要枢纽,参与国际现代服务业发展竞争的生力军等重要角色,率先打造成现代服务业高质量发展的典范和标杆,从而在以下几个方面做出重大贡献。

其一,推动广州实现老城市新活力、"四个出新出彩",高质量完成习近平总书记对广州的殷殷嘱托。

其二,引领广州建设成为国际大都市、具有全球影响力的服务经济中心。

其三,在国家构建新发展格局、实施粤港澳大湾区重大国家战略、推动"一带一路"建设和广东省建立"一核一带一区"区域发展新格局中,发挥重要的产业支撑作用。

其四,为我国超大城市现代服务业高质量发展、建设现代产业体系探索新路和提供成功经验。

第三章
广州推动现代服务业出新出彩的基础

现代服务业的兴起和发展是人类经济社会发展、科学技术进步引致服务业内部分工演进和产业升级的必然结果。广州作为重要的国家中心城市，经济活动活跃，商业发展繁荣，被誉为"千年商都"。从其上千年发展历史来看，广州经济社会发展基础雄厚、科学技术进步迅速、服务业发展历史悠久，现代服务业发展拥有得天独厚的优势条件。综观我国主要城市（如北京、上海、广州、深圳、香港等）现代服务业发展状况，广州现代服务业在发展规模、增长速度、发展效率以及产业结构等方面呈现出不同变化特征。随着基础发展条件的改善，广州现代服务业整体的发展进程、发展水平以及结构特征等也相继出现了不同的变化。

2018年10月24日，习近平总书记视察广州时做出重要指示，明确要求广州实现老城市新活力，在综合城市功能、城市文化综合实力、现代服务业、现代化国际化营商环境方面出新出彩。为了贯彻落实习近平总书记关于广州工作的重要指示精神，结合广州服务业发展的历史积淀和现代服务业发展现状，我们将从现代服务业发展概览、发展水平和结构特征等方面对广州推动现代服务业出新出彩的基础进行分析。

第一节　广州现代服务业发展概览

20世纪80年代，随着信息网络技术在世界经济社会领域的广泛应用，传统服务业（如金融、物流、商贸等）不断优化升级，新兴服务业（如网络通信、数字影视、网络传媒、IT信息服务、现代物流等）快速崛起并逐渐成为现代服务业的重要组成部分，全球开始由服务经济时代进入"现代服务经济"时代[①]。

"现代服务业"是我国特有的提法，最早出现在1997年9月中国共产党第十五次全国代表大会的报告中[②]，即"社会主义初级阶段，是逐步摆脱不发达状态，基本实现社会主义现代化的历史阶段；是由农业人口占很大比重、主要依靠手工劳动的农业国，逐步转变为非农业人口占多数、包含现代农业和现代服务业的工业化国家的历史阶段"[③]。随后，《中华人民共和国国民经济和社会发展第十个五年计划纲要》和《中华人民共和国国民经济和社会发展第十一个五年规划纲要》分别提出"优先发展现代服务业"和"大城市要把发展服务业放在优先地位，有条件的要逐步形成服务经济为主的产业结构"。此后，《国家中长期科学和技术发展规划纲要（2006—2020年）》和《国家科技支撑计划"十一五"发展纲要》明确指出现代服务业为我国重点发展的领域，我国现代服务业开始逐渐加速发展。在长期发展过程中，京津冀城市群、长三角城市群、珠三角城市群三大城市群已然成为中国经济发展的领跑者，现代服务业在其助跑过程中发挥了举足轻重的作用。广州作为珠江三角洲城市群的核心城市之一，现代服务业逐渐成为其对外交流合作的重要抓手，对于引领经济发展具有不可替代的作用。尤其是在新发展理念、新发展阶段、新发展格局下，现代服务业的发展必将成为广州实现高质量发展的重要支撑。推动广州现代服务业出新出彩，必然需要深入了解现代服务业发展现状，即合理把握广州现代服务业发

---

① 高新民、安筱鹏：《现代服务业：特征、趋势和策略》，浙江大学出版社2010年版，第1页。
② 李程骅：《现代服务业推动城市转型研究》，中国社会科学出版社2017年版，第29页。
③ 江泽民：《高举邓小平理论伟大旗帜，把建设有中国特色社会主义事业全面推向二十一世纪》，人民出版社1997年版，第17页。

展的进程和发展水平,具体应主要涵盖现代服务业发展的规模、增速、效率、结构,以及空间布局等相关方面。囿于统计资料限制,考虑到服务业的发展能够为现代服务业发展提供基础性条件,针对这些方面进行梳理解释时,总体上多使用服务业数据,同时配以能够获取到的现代服务业数据进行具体分析或者对相关状况进行举例说明。

一、广州现代服务业发展进程

(一)广州现代服务业发展的规模

众所周知,现代服务业既包含新兴服务业,也包括传统服务业的技术升级改造,其本质属于服务业的现代化[①]。服务业显然已经成为培育现代服务业发展的主要支撑,因此我们在展示和分析广州现代服务业发展规模状况时将着重从其近年来服务业发展水平、现代服务业发展规模及占比大小展开。按照这样的思路进行分析,一方面剖析广州现代服务业发展出新出彩的基础支持条件,另一方面直接展示其现代服务业发展水平状况。此外,也着重从其不同组成部分发展水平状况来分析广州现代服务业的发展规模,以明晰广州现代服务业发展规模不断壮大的基础。

从广州服务业和现代服务业发展规模来看(见表3-1),2016—2020年其服务业增加值已经由13445.03亿元提高至18140.64亿元,年均增速达到10.5%,占地区生产总值比重上升为72.51%。现代服务业增加值也已经从8806.49亿元提高至11801.21亿元,年均增速为10.25%,占服务业增加值比重达到65.1%。虽然受新冠肺炎疫情的影响,但从总体水平来看,2016—2020年广州现代服务业增加值占服务业增加值比重依然保持在65%以上,可见广州服务业主导型经济发展模式日益巩固。

---

① 乔为国:《现代服务业政策问题研究——实证调研与国际经验》,社会科学文献出版社2013年版,第19—30页。

新引擎新动能：广州现代服务业的跃升

表 3-1 2016—2020 年广州服务业与现代服务业规模及其占比

年份	服务业增加值（亿元）	现代服务业增加值（亿元）	现代服务业增加值占服务业增加值比重（％）
2016	13445.03	8806.49	65.5
2017	15254.37	10083.14	66.1
2018	16401.84	10907.22	66.5
2019	16923.23	11921.60	70.4
2020	18140.64	11801.21	65.1

资料来源：2017—2021 年广州市政府工作报告。

根据已公布的数据[①]，从广州现代服务业的构成来看，2020 年广州现代服务业行业发展中，金融业，信息传输、软件和信息技术服务业，交通运输、仓储和邮政业的增加值均超过 1000 亿元。这些行业增加值占服务业增加值的比重由大到小依次为：金融业（12.32%），信息传输、软件和信息技术服务业（8.79%），交通运输、仓储和邮政业（7.19%）。这 3 个行业增加值总额占广州服务业增加值的 28.29%。就其发展趋势而言，这些行业将逐渐主导广州现代服务业未来的发展。

表 3-2 2020 年广州现代服务业主要行业增加值及其占比

服务业行业	增加值（亿元）	占服务业增加值比重（％）
金融业	2234.06	12.32
交通运输、仓储和邮政业	1303.65	7.19
信息传输、软件和信息技术服务业	1593.84	8.79

资料来源：广州日报网、广州市人民政府门户网站、广州市工业和信息化局网站。

---

① 数据来源：《广州金融业"十三五"时期成绩靓丽！金融业增加值 2234 亿元、服务实体经济能力不断增强！》，2021 年 9 月 3 日，见 https://www.gzdaily.cn/amucsite/web/index.html#/detail/1651353；《2020 年广州市国民经济和社会发展统计公报》，2021 年 3 月 28 日，见 http://tjj.gz.gov.cn/tjgb/qstjgb/content/post_7177236.html；《2020 年广州工业经济逆势上扬，工业增加值同比增长 2.6%》，2021 年 2 月 6 日，见 http://gxj.gz.gov.cn/yw/sjjd/content/post_7070461.html。

（二）广州现代服务业发展的增速

图 3-1 显示，2018—2020 年广州现代服务业发展相对较为迅速。其中，广州现代服务业增加值的增长速度 2018—2020 年分别达到 6.7%、9.3% 和 2.5%。虽然受国际经济发展环境不利的影响，2019 年广州现代服务业增长速度依然上升到 9.3%。《2020 年广州市国民经济和社会发展统计公报》数据显示，2020 年广州生产性服务业增加值达到 9392.62 亿元，同比增长 1.9%。金融业增加值、房地产业增加值、批发和零售业增加值均分别同比增长 8.3%、4.0% 和 3.9%，可见广州现代服务业向好发展趋势较为明显。

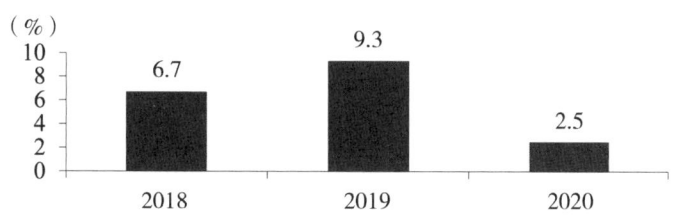

图 3-1 2018—2020 年广州现代服务业增加值增速

资料来源：2019—2020 年广州市政府工作报告、2020 年广州市国民经济和社会发展统计公报。

从 2019 年广州市现代服务业中主要行业规模以上企业营业收入来看（见表 3-3），交通运输、仓储和邮政业，信息传输、软件和信息技术服务业，租赁和商务服务业、科学研究与技术服务业规模较大，这 4 个行业在 2019 年的营业收入从高到低分别为 4464.0777 亿元、3603.4703 亿元、2535.6357 亿元和 1278.2999 亿元。从营业收入的增速来看（见表 3-3），科学研究与技术服务业，信息传输、软件和信息技术服务业，租赁和商务服务业，房地产业在 2019 年的增速由高到低分别达到 22.1%、20.7%、17.5%、17%。尽管交通运输、仓储和邮政业的营业收入最高，但其增速仅为 14%。房地产业规模最小，增速却比交通运输、仓储和邮政业高出 3 个百分点。

表 3-3 2019 年广州现代服务业主要行业规模以上企业营业收入及其增速

行业	营业收入（亿元）	增速（%）
科学研究与技术服务业	1278.2999	22.1
信息传输、软件和信息技术服务业	3603.4703	20.7
租赁和商务服务业	2535.6357	17.5
房地产业	900.3400	17
交通运输、仓储和邮政业	4464.0777	14

资料来源：《广州统计年鉴》（2020 年）。

（三）广州现代服务业发展的效率

一般而言，效率的高低主要取决于投入和产出比重的大小。对于现代服务业发展而言，其效率高低较大程度上体现在相关行业所属企业获取利润总额的大小及其增速高低的变化上。广州现代服务业发展效率的变化也主要反映在相关方面，因此在分析其现代服务业发展效率时着重考虑主要行业规模以上企业利润总额及其增速等指标变化状况，涉及交通运输、仓储和邮政业，信息传输、软件和信息技术服务业，房地产业，租赁和商务服务业，科学研究与技术服务业等行业。

表 3-4 显示，2019 年广州市信息传输、软件和信息技术服务业，租赁和商务服务业，交通运输、仓储和邮政业，房地产业，科学研究与技术服务业 5 个行业的利润总额由高到低依次为 520.18 亿元、482.76 亿元、256.30 亿元、122.05 亿元、78.96 亿元。其中，科学研究与技术服务业的利润总额仅占信息传输、软件和信息技术服务业的 15.18%，二者相差 441.22 亿元。在利润总额增速方面，2019 年由高到低分别为交通运输、仓储和邮政业，信息传输、软件和信息技术服务业，房地产业，科学研究与技术服务业，租赁和商务服务业。其中，前三者同比分别增长 75.08%、46.60% 和 23.28%。从 2019 年广州市现代服务业主要行业规模以上企业利润总额及其增速的比较来看，信息传输、软件和信息技术服务业、交通运输、仓储和邮政业和房地产业发展效率相对较高。

表3-4　2019年广州现代服务业主要行业规模以上企业利润总额及其增速

行业	利润总额（亿元）	同比增速（%）
信息传输、软件和信息技术服务业	520.18	46.60
租赁和商务服务业	482.76	-4.81
交通运输、仓储和邮政业	256.30	75.08
房地产业	122.05	23.28
科学研究与技术服务业	78.96	-2.68

资料来源：《广州统计年鉴》（2020年）。

（四）广州现代服务业发展的结构

关于现代服务业发展结构的相关探讨，多数学者认为现代服务业一般包含生产性服务业、生活性服务业和新兴服务业等内容。在现代服务业分类方面，2019年国家统计局发布了《生产性服务业统计分类（2019）》《生活性服务业统计分类（2019）》，对生产性服务业和生活性服务业做出了明确的行业分类。其中，生产性服务业包括研发设计与其他技术服务，货物运输、通用航空生产、仓储和邮政快递服务，信息服务，金融服务，节能与环保服务，生产性租赁服务，商务服务，人力资源管理与职业教育培训服务，批发与贸易经纪代理服务，生产性支持服务等10大类。生活性服务业包括居民和家庭服务、健康服务、养老服务、旅游游览和娱乐服务、体育服务、文化服务、居民零售和互联网销售服务、居民出行服务、住宿餐饮服务、教育培训服务、居民住房服务、其他生活性服务等12大类。比较而言，生产性服务业无疑属于现代服务业，生活性服务业中则既有现代服务业的成分，也有传统服务业的成分。此前，在2018年国家统计局发布的《高技术产业（服务业）分类（2018）》中，对高技术产业（服务业）进行了划分，即其包括了信息服务、电子商务服务、检验检测服务、专业技术服务业的高技术服务、研发与设计服务、科技成果转化服务、知识产权及相关法律服务、环境监测及治理服务、其他高技术服务等9大类高技术服务业。

从微观角度来看，这些关于现代服务业行业的分类要体现其发展结构特征，应

新引擎新动能：广州现代服务业的跃升

具体反映在相关行业存在规模以上企业单位的个数方面。因此，依据国家统计局对现代服务业相关行业的分类，在分析广州现代服务业发展结构时，主要选取2019年广州市现代服务业主要行业规模以上企业单位个数的相关数据进行分析。相关统计数据显示，2019年广州市现代服务业主要行业规模以上企业总数为10546个，同比增速43.52%。[①] 表3-5显示，在广州现代服务业发展构成中，生产性服务业相关行业的企业单位个数相对较多，生活性服务业相关行业的企业发展活力较强。其中，与生产性服务业有关的行业，如租赁和商务服务业，信息传输、软件和信息技术服务业，房地产业（不含房地产开发），交通运输、仓储和邮政业，科学研究和技术服务业的企业单位个数由大到小依次为2934个、1965个、1539个、1382个和1343个，这5个行业的单位个数占规模以上总单位个数的比重达到86.87%。与生活性服务业有关的行业，如文化、体育和娱乐业，居民服务、修理和其他服务业，教育，卫生和社会工作，水利、环境和公共设施管理业的企业单位个数依次分别为455个、377个、271个、178个和102个，这5个行业的单位个数占规模以上总单位个数的比重突破13%。与生产性服务业相比，生活性服务业主要行业规模以上企业个数占比低了73.76个百分点。

从2019年广州市现代服务业主要行业规模以上企业个数的增速来看，卫生和社会工作行业，文化、体育和娱乐业，科学研究和技术服务业，信息传输、软件和信息技术服务业这4个行业规模以上企业单位个数增长较为迅速，分别同比增长72.82%、60.21%、50.73%和50%。租赁和商务服务业，交通运输、仓储和邮政业和教育这3个行业规模以上企业单位个数的增速相对平缓，分别为36.91%、34.44%和24.31%。

总体来看，广州现代服务业发展结构中，生产性服务业规模以上企业单位个数比重较大、发展较快（如科学研究和技术服务业，信息传输、软件和信息技术服务业，房地产业等）。生活性服务业规模以上企业单位个数比重较小、尚待发展（如

[①] 广州市统计局：《广州统计年鉴》（2020年），见 http://112.94.72.17./portal/queryInfo/statisticsYearbook/index。

第三章 广州推动现代服务业出新出彩的基础

教育，水利、环境和公共设施管理业等）。从具体行业来看，信息传输、软件和信息技术服务业，科学研究和技术服务业，房地产业、租赁和商务服务业，交通运输、仓储和邮政业在规模以上企业单位个数占比和增长速度方面均占据一定优势，将逐渐成为广州现代服务业发展的主要支撑。

表3-5 2019年广州现代服务业主要行业规模以上企业数及其增速

行业	企业单位数（个）	同比增速（%）	占比（%）
租赁和商务服务业	2934	36.91	27.82
信息传输、软件和信息技术服务业	1965	50	18.63
房地产业（不含房地产开发）	1539	47.98	14.59
交通运输、仓储和邮政业	1382	34.44	13.1
科学研究和技术服务业	1343	50.73	12.73
文化、体育和娱乐业	455	60.21	4.31
居民服务、修理和其他服务业	377	49.01	3.57
教育	271	24.31	2.57
卫生和社会工作	178	72.82	1.69
水利、环境和公共设施管理业	102	30.77	0.97

资料来源：《广州统计年鉴》（2020年）。

（五）广州服务业发展的空间布局

集聚发展是产业发展的一个重要特征，也是服务业未来发展的一个主要趋势。服务业作为现代服务业发展的基础，其发展的空间布局特征将为现代服务业谋划未来发展的空间布局提供基础性条件，也在一定程度上反映了现代服务业发展的空间分布趋势。经过多年发展，广州服务业的空间分布逐渐呈现明显的集聚特征。

表3-6显示，广州服务业主要集中在天河区和越秀区，这两个市辖区的服务业增加值分别为4645.48亿元和3002.82亿元，在全市服务业增加值中的占比分别为27.45%和17.74%，总体占比达到45.19%，几乎占据了全市服务业的"半壁江山"。其次是白云区、海珠区、黄埔区和番禺区，这4个市辖区服务业增加值的规模仅次

于天河区和越秀区，在全市服务业增加值中的占比分别为10.26%、9.08%、8.08%和7.78%，增加值总额占全市服务业增加值的35.2%。广州市服务业逐渐形成了核心—外围式的空间结构特征。其中，天河区和越秀区在这一空间结构特征中属于核心区域，白云区、海珠区、黄埔区和番禺区则成为中间区域，南沙区、荔湾区、花都区、增城区和从化区属于外围区域。在这些市辖区中，处于不同类型区域的地区服务业发展规模差异相对较为显著。

整体来看，在广州服务业发展的空间集聚特征中，天河区和越秀区的核心区域地位相对较为稳定，黄埔区、南沙区和增城区发展较为迅速，将逐渐分别成为所在相应等级区域发展的重要引擎，推动广州服务业空间格局不断变化。

表3-6 2019年广州服务业的空间分布

市辖区	服务业增加值（亿元）	增速（%）	占广州服务业增加值比重（%）
天河区	4645.48	7.7	27.45
越秀区	3002.82	4.2	17.74
白云区	1735.59	7.2	10.26
海珠区	1536.31	6.9	9.08
黄埔区	1367.96	11.4	8.08
番禺区	1316.99	6.6	7.78
南沙区	918.42	13.5	5.43
荔湾区	824.36	5.8	4.87
花都区	816.17	8.8	4.82
增城区	556.77	10.3	3.29
从化区	202.34	7.5	1.2

资料来源：《广州统计信息手册》（2020年）。

二、广州现代服务业发展基础的比较分析

现代服务业作为服务业现代化发展的结果，其发展水平高低和增长速度快慢在

第三章 广州推动现代服务业出新出彩的基础

较大程度上由所在区域服务业发展基础决定。明晰广州现代服务业发展概览，一方面需要合理把握其现代服务业发展进程，另一方面则需要厘清其现代服务业发展的基础状况。从当前我国主要城市服务业发展现况和趋势来看，广州、深圳、北京、上海和香港基本属于同一梯队。因此，想要科学地对广州现代服务业发展基础进行比较分析，既需要展开纵向比较以获取自身发展的变化状况，也需要通过横向对比深圳、北京、上海和香港等我国核心城市服务业发展水平及相关状况，明确发展的优势和劣势。

（一）广州服务业增长速度相对稳定

如表3-7所示，通过划分不同时期来看，在2010—2015年5个发达城市的服务业增加值年均增速对比中，广州（19.38%）仅次于深圳（21.14%），排名第2位。其分别比香港、北京和上海高出11.84个百分点、2.07个百分点和1.58个百分点，发展趋势良好。在2016—2020年，广州服务业增加值年均增速为8.82%，高出香港7.31个百分点。不同时期的对比分析显示，广州现代服务业增加值的年均增速逐渐趋于稳定，发展保持平稳向好的态势。

表3-7 广州、深圳、上海、北京、香港服务业增加值的年均增速

城市	2010—2015年服务业增加值年均增速（%）	2016—2020年服务业增加值年均增速（%）	2010—2020年服务业增加值年均增速（%）
广州	19.38	8.82	11.84
深圳	21.14	12.07	13.94
上海	17.80	11.51	12.34
北京	17.31	19.07	14.07
香港	7.54	1.51	4.18

资料来源：《广州统计年鉴》（2011—2020年）、《深圳统计年鉴》（2011—2020年）、《上海统计年鉴》（2011—2020年）、《北京统计年鉴》（2011—2020年）、《香港统计年刊》（2011—2020年）、《中国统计年鉴》（2011—2020年）及相关年份国民经济和社会发展统计公报。

（二）广州服务业发展规模有待发展壮大

从多年的发展过程来看，广州服务业的发展能够为现代服务业稳定成长提供良好的发展条件。从2010—2020年的服务业发展规模来看（见图3-2），在广州、深圳、上海、北京、香港5个城市中，广州服务业增加值一直保持相对稳定、平缓上升的良好发展趋势。从服务业增加值规模变化来看，广州的服务业增加值已经由2010年的960.36亿美元上升到2020年的2630.07亿美元，近年来增加了1669.71亿美元。2010年—2020年深圳服务业增加值上升明显，但与广州服务业增加值规模仍存在一定差距。

尤其值得注意的是，广州服务业的增加值在绝对发展水平方面依然保持平稳上升趋势（如2010—2020年的年均增速达到11.84%），2020年服务业增加值已经高达2630.07亿美元，这将为广州现代服务业的发展提供相对稳定的基础。

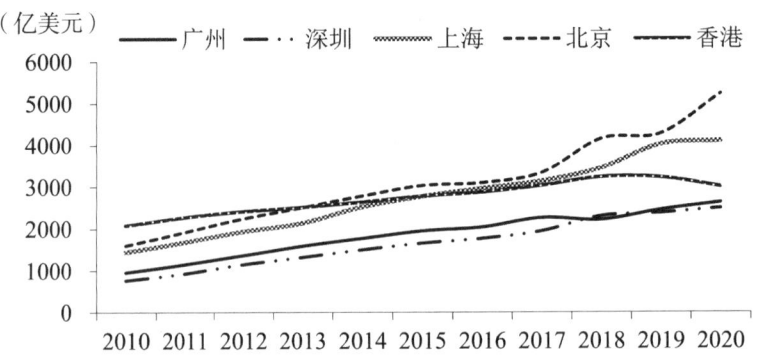

图3-2 2010—2020年广州、深圳、上海、北京、香港服务业增加值

资料来源：《广州统计年鉴》（2011—2020年）、《深圳统计年鉴》（2011—2020年）、《上海统计年鉴》（2011—2020年）、《北京统计年鉴》（2011—2020年）、《香港统计年刊》（2011—2020年）及相关年份国民经济和社会发展统计公报。

（三）广州服务业经济增长贡献率相对较高

2000年以来，广州服务业和第二产业对经济增长的贡献率一直远高于第一产业。而从2004年开始，广州服务业的经济增长贡献率逐渐超越第二产业，成为拉动经济增长的主要引擎（见图3-3），2019年广州服务业的经济增长贡献率高达

74.2%。虽然受国际经济发展环境变化等影响，但2010—2020年其经济增长贡献率平均水平仍达到62.8%，可见服务业已经成为支撑广州经济发展的主要产业。

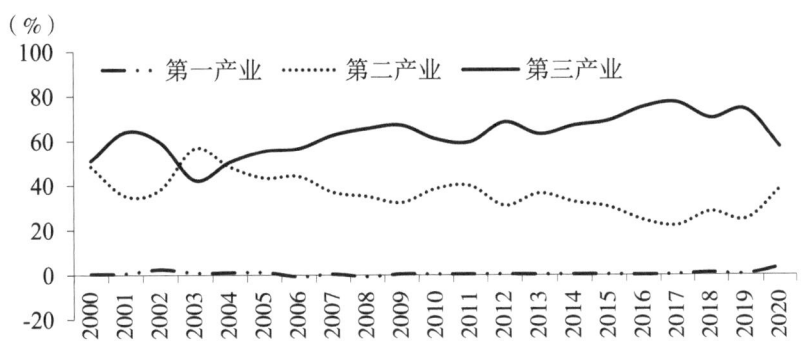

图3-3 2000—2020年广州第一、第二、第三产业对地区生产总值的贡献率

资料来源：《广州统计年鉴》（2001—2020年）、《2020年广州市国民经济和社会发展统计公报》。

从广州、深圳、上海、北京和香港5个城市的服务业增加值在地区生产总值中的占比变化来看（见图3-4），广州远高于深圳，基本与上海保持同一水平。总体而言，广州服务业的经济增长贡献率持续上升，对经济增长的拉动作用日益增强。此外，广州服务业增加值占地区生产总值比重也在不断提升，已经由2010年的60.39%提升至2020年的72.52%，逐渐成为经济发展的主要支撑。

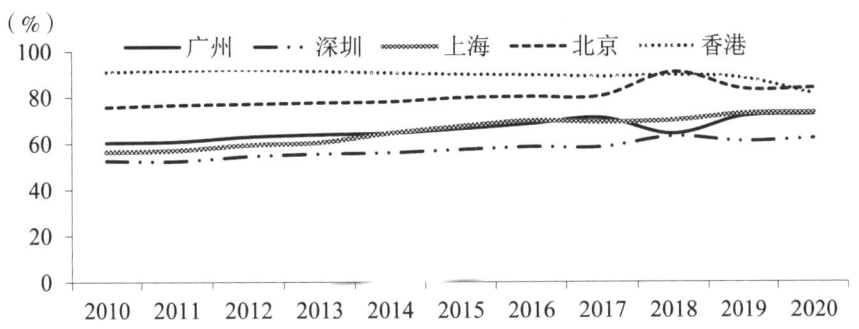

图3-4 2010—2020年广州、深圳、上海、北京、香港服务业增加值占地区生产总值比重

资料来源：《广州统计年鉴》（2011—2020年）、《深圳统计年鉴》（2011—2020年）、《上海统计年鉴》（2011—2020年）、《北京统计年鉴》（2011—2020年）、《香港统计年刊》（2011—2020年）、《中国统计年鉴》（2011—2020年）及相关年份国民经济和社会发展统计公报。

（四）广州服务业劳动生产率尚待提升

劳动生产率是反映劳动力要素产出效率的重要指标，能够在一定程度上为高质量发展水平的度量提供依据。推动广州现代服务业出新出彩，必然需要考虑现代服务业发展基础的劳动生产率状况，即服务业劳动生产率水平的变化。在分析广州服务业劳动生产率时，我们借鉴已有研究成果将使用服务业劳均增加值来衡量服务业劳动生产率水平。

如图3-5所示，广州与深圳、上海、北京的服务业劳均增加值大小基本持平。具体来看，广州服务业劳均增加值呈现良好的上升趋势。其中，2010—2019年广州服务业劳均增加值从2.54万美元/人上升为3.08万美元/人，增幅达到21.26%，未来上升态势显著。

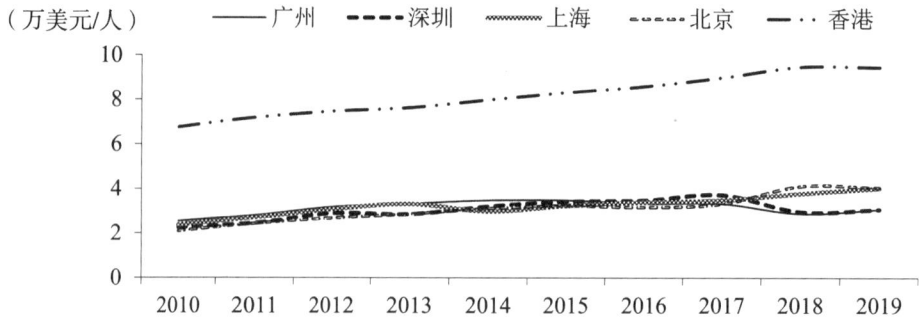

图3-5 2010—2019年广州、深圳、上海、北京、香港服务业劳均增加值

资料来源：《广州统计年鉴》（2011—2020年）、《深圳统计年鉴》（2011—2020年）、《上海统计年鉴》（2011—2020年）、《北京统计年鉴》（2011—2020年）、《香港统计年刊》（2011—2020年）、《中国统计年鉴》（2011—2020年）及相关年份国民经济和社会发展统计公报。

从服务业劳均增加值的年均增速以及2010—2019年劳动生产率年均增速的对比来看，广州已达2.44%，劳动生产率年均增速的提升潜力较大，且劳均增加值增长幅度较大。

（五）广州经济规模和内需市场庞大

表3-8显示，2019年广州地区生产总值达到23628.60亿元，约占广东省的

1/4，人均地区生产总值156427元（位居全国主要城市第4位），城镇居民人均可支配收入增至65052元（位居全国主要城市第4位），农村居民人均可支配收入高达28868元，总体来看基本达到中等发达国家水平。全年广州常住人口超过1530万（位居全国主要城市第6位），常住人口城镇化率突破86%。城市常住居民家庭人均消费支出45049元，农村常住居民家庭人均消费支出22522元。社会消费品零售总额近万亿元，稳居全国主要城市第3位，人均社会消费品零售总额位居全国主要城市第1位。广州工业综合实力、配套能力位居全国前列，市场主体数量突破230万户，约占广东省的1/5，拥有全国41个工业大类中的35个，已成为华南地区工业门类最齐全的城市[①]。广州已经呈现出经济基础雄厚、产业体系完备、消费市场广阔的发展态势，为国内外产品和服务提供了较大的需求空间，为打造国际消费中心城市提供了强大动力。

表3-8　2019年广州经济与城市化部分指标的比较

指标	广州	广东	全国
地区生产总值（亿元）	23628.60	107671.07	990865
人均地区生产总值（元）	156427	94172	70892
常住人口城镇化率（%）	86.46	71.40	60.60
城镇居民人均可支配收入（元）	65052	48118	42359
农村居民人均可支配收入（元）	28868	18818	16021
市场主体数量（万户）	232.91	1253	12339.50
社会消费品零售总额（亿元）	9975.59	42664.46	411649
城市常住居民家庭人均消费支出（元）	45049	34424	28063
农村常住居民家庭人均消费支出（元）	22522	16949	13328

资料来源：广州市统计局网站、广东省统计局网站、国家统计局网站。

---

① 《广州智能装备产业累计产值近1400亿元》，2021年2月18日，见http://www.chinanews.com/cj/2021/02-18/9413776.shtml。

（六）广州流通体系高效、营商环境优越

目前，广州依据拥有的四大国际性综合交通枢纽能够顺利链接全球主要区域，白云国际机场与世界主要城市12小时通达。在《广东省国土空间规划（2020—2035年）》中构建的"12312"交通圈，能够实现粤港澳大湾区、汕潮揭都市圈和湛茂都市圈内部1小时通勤，粤港澳大湾区到粤东西北地区2小时通勤，3小时通达全国、东南亚主要城市，12小时通达全球主要城市。2019年和2020年广州航空旅客吞吐量分别为7337.8万人次与4376万人次，分别位居全国第3位与第1位。这两年广州的航运集装箱吞吐量和港口货物吞吐量同时位居全国第4位（见表3-9）。其中，2019年航运集装箱吞吐量和港口货物吞吐量位居全球第一梯队，在全港集装箱航线总数超过200条的情况下一半以上为国际航线[1]。广州属于全国铁路四大客运中心之一，铁路枢纽已经覆盖全国、联通国际。2019年广州南站年度客流量居全国第一，2020年广州已开通4条中欧、中亚国际线路。同时，广州也是国家三大通信枢纽之一。广州基本形成了连通海内外、沟通东中西，带动全国、覆盖全球的高效流通体系。

在国家发展改革委发布的《中国营商环境报告2020》中，广州获评"标杆城市"，其在"开办企业""财产登记""跨境营商""执行合同"等方面的指标位于全球前列，"办理建筑许可"指标已经站在全球前沿[2]。广州南沙自贸区挂牌以来，累计形成制度创新成果678项，其中43项在全国得到复制推广，投资便利化指数位居全国自贸区第一[3]。广州已经拥有超过320家世界500强企业落户，2019年新增外商直接投资项目数约占广东全省的25%、全国的8%[4]。在政务服务方面，广州于2019年提出将打造1个全国领先的"智慧政务"平台，在广东省"数字政府"建设框架下，实现政务数据高度共享、涉企审批事项高度整合、政务服务各环节与所需

---

[1] 钟旋辉：《广东发展报告（2021）》，社会科学文献出版社2021年版，第128页。
[2] 钟旋辉：《广东发展报告（2021）》，社会科学文献出版社2021年版，第131页。
[3] 《南沙自贸区5年累计形成678项制度创新成果》，《广州日报》2020年10月10日。
[4] 钟旋辉：《广东发展报告（2021）》，社会科学文献出版社2021年版，第131页。

数据高度对接①。广州营商环境正迎来再次迭代，将推出营商环境改革4.0，逐步推动高频服务事项日趋实现"指尖办理"。

表3-9 广州国际交通枢纽相关指标

指标	2019年	2020年	2019年全国排名	2020年全国排名
航空旅客吞吐量（万人次）	7337.8	4376	3	1
国际航班数量（条）	115	—	—	—
航运集装箱吞吐量（万TEU）	2283	2317	4	4
港口货物吞吐量（万吨）	60616	61239	4	4
外贸航线数（条）	111	—	—	—

资料来源：中国民航局网站、交通运输部网站。

第二节 广州现代服务业结构特征

一般而言，现代服务业具有高技术性、知识性、高增值性和集群性、从业人员高素质和新兴性等特征。就其发展规律而言，现代服务业结构特征变化与一般产业结构演进基本一致。即按照克拉克理论和库兹涅茨理论，产业结构演进理论需要经过生产活动以单一农业为主的阶段，工业发展比重增大、劳动力逐步从第一产业向第二产业和第三产业转移阶段，工业地位下降、第三产业地位上升逐渐成为最大产业的阶段。通过观察现代服务业的发展历程，现代服务业的发展也基本可以相应地划归为以发展住宿、餐饮等个人和家庭服务等传统生活性服务业为主的阶段，以发展商业、交通运输、通信业为主的阶段，以发展金融、保险、商务、科研、信息、教育等现代知识型服务业为主的阶段。无论现代服务业发展到哪一阶段，生产性服务业、生活性服务业以及新兴服务业都不可或缺，只是发展水平和特征存在不同。

---

① 《穗将打造全国领先智慧政务平台》，《南方都市报》2019年4月1日。

新引擎新动能：广州现代服务业的跃升

在新发展阶段和新发展理念下，推动广州现代服务业发展尤其是全面推进广州实现现代服务业出新出彩，从全局视角合理把握广州现代服务业发展的结构特征显得尤为重要。其中，生产性服务业、生活性服务业和新兴服务业作为广州现代服务业的组成部分，对其发展特征进行相应分析将更加有利于展现现代服务业发展的结构特征。新产业、新业态、新商业模式作为广州打造现代服务业成为高质量发展支撑的着力点，是广州经济发展新的增长点。对广州现代服务业"三新"经济的发展特征进行分析也是双循环发展格局环境下推动服务业高质量发展的内在要求。

一、广州现代服务业的行业结构

（一）生产性服务业分行业发展特征

在现代城市经济发展过程中，生产性服务业逐渐成为决定城市竞争力的一个重要因素。生产性服务业自1966年由美国经济学家格林菲尔德（H.Greenfield）提出以来，其内涵经过诸多学者讨论、分析和研究逐渐形成相对一致的观点，即所谓生产性服务业是指为满足中间需求、为生产其他产品或者服务提供中间投入的服务活动，与生活性服务业相对应。也有学者提出"生产性服务业是指为保持现代产业生产过程的连续性、促进产业技术进步、产业升级和提高生产效率提供保障服务的服务行业，一般泛指涉及第三产业中的交通运输、现代物流、金融服务、技术研究与开发、信息服务和商务服务等"[①]。尽管学术界对于生产性服务业内涵的阐释存在一些差异，但总体认识基本一致。2019年4月，国家统计局发布《生产性服务业统计分类（2019）》这一文件的发布进一步明晰了生产性服务业的分类标准。基于此，考虑到生产性服务业相关行业数据的可获得性，在分析广州生产性服务业行业特征时将选取交通运输、仓储和邮政业，信息传输、计算机服务和软件业，金融业等3大类与制造业关联紧密的服务行业进行分析。需要说明的是，限于香港相关数据缺

---

① 王新新：《生产性服务业的特征及发展趋势研究》，《商业时代》2011年第34期，第111页。

失,下文仅对比广州与深圳、上海和北京的生产性服务业发展状况。

2018年,广州生产性服务业增加值约为9600.927亿元,同比增长9.4%,在地区生产总值中的占比达到42%[1]。到2020年生产性服务业增加值增长为9392.62亿元,同比增长1.9%,占地区生产总值比重为37.54%[2]。与2018年相比,受新冠肺炎疫情和经济环境变化的影响,2020年广州生产性服务业占比虽然出现下滑,但是发展依然相对较为稳定。其中,金融业和房地产业仍然保持良好的发展趋势,二者增加值分别增长了8.3%和4.0%。

1. 交通运输、仓储和邮政业发展趋势良好

交通运输、仓储和邮政业作为生产性服务业的主要行业之一,在广州2010—2020年的发展过程中呈现出良好的发展趋势(见图3-6)。一是从交通运输、仓储和邮政业的发展规模来看,广州交通运输、仓储和邮政业增加值已经由2010年的746.67亿元上升为2020年的1303.65亿元,分别由深圳、北京和上海的2.12倍、1.31倍、0.89倍转变为1.83倍、1.56倍和0.88倍。在广州、深圳、上海、北京4个城市中,2020年广州交通运输、仓储和邮政业的增加值仅次于上海,排名第2位,领先优势较为明显。二是从交通运输、仓储和邮政业的发展速度来看,广州的发展优势相对较为明显。具体来看,2010—2020年广州交通运输、仓储和邮政业增加值的年均增长速度为6.39%,远远高出北京2.04个百分点,与深圳和上海基本持平。三是从交通运输、仓储和邮政业的劳动生产率来看,2010—2019年广州交通运输、仓储和邮政业劳均增加值从35.81万元/人上升为46.60万元/人,增幅为29.57%(见图3-7),总体发展水平最高。2019年广州交通运输、仓储和邮政业劳均增加值分别为北京、上海和深圳的2.61倍、1.33倍和1.17倍。

---

[1]《服务"含金量"成就高质量》,2019年10月24日,见https://www.gzdaily.cn/amucsite/web/index.html#/detail/1045435。
[2] 广州市统计局、国家统计局广州调查队:《2020年广州市国民经济和社会发展统计公报》,2021年3月28日,见http://tjj.gz.gov.cn/tjgb/qstjgb/content/post_7177236.html。

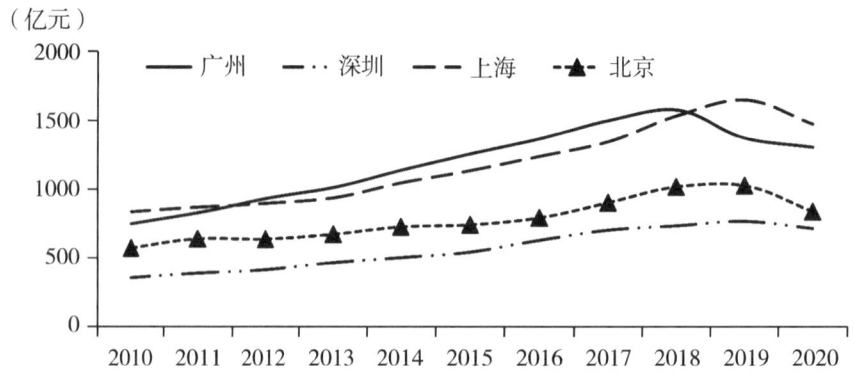

图3-6 2010—2020年广州、深圳、上海、北京的交通运输、仓储和邮政业增加值

资料来源：《广州统计年鉴》（2011—2020年）、《深圳统计年鉴》（2011—2020年）、《上海统计年鉴》（2011—2020年）、《北京统计年鉴》（2011—2020年）及其相关国民经济和社会发展统计公报。

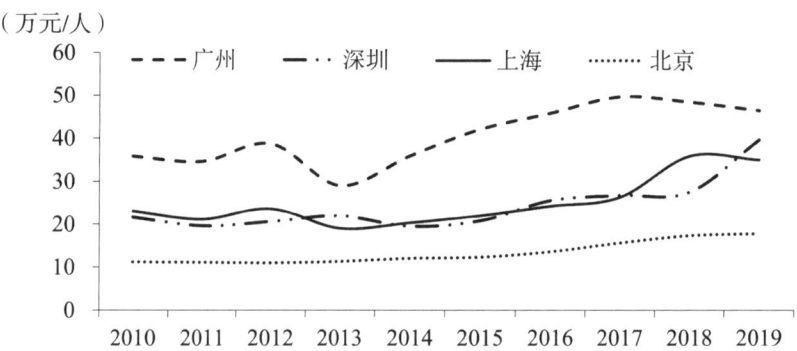

图3-7 2010—2019年广州、深圳、上海、北京的交通运输、仓储和邮政业劳均增加值

资料来源：《广州统计年鉴》（2011—2020年）、《深圳统计年鉴》（2011—2020年）、《上海统计年鉴》（2011—2020年）、《北京统计年鉴》（2011—2020年）。

2. 信息传输、软件和信息技术服务业发展水平仍待提升

软件和信息技术服务业作为事关国家发展全局的基础性、战略性、先导性产业，能够为加速信息化和工业化深度融合、推动产业结构调整和经济发展方式转变、构建战略性新兴产业，以及提升国家信息安全保障能力和国际竞争力提供主要的技术支撑和保障[①]。在以往的发展过程中为了加速推动其发展，国家相继发布了一系列相关文件，如《国务院关于加快培育和发展战略性新兴产业的决定》《国务院关于印发进一步鼓励软件产业和集成电路产业发展若干政策的通知》《国务院关于印发新时期促进集成电路产业和软件产业高质量发展若干政策的通知》等。信息传输、软件和信息技术服务业作为广州重点发展的技术产业，在近年来的发展过程中与北京、上海和深圳相比，也逐渐呈现出一些趋势特征。

根据本研究，一是从信息传输、软件和信息技术服务业的发展规模来看，广州信息传输、软件和信息技术服务业增加值已经由2010年的433.3亿元上升为2019年的1410.48亿元，发展较快，增长潜力巨大。二是从信息传输、软件和信息技术服务业的发展速度来看，广州2010—2019年信息传输、软件和信息技术服务业增加值的年均增长速度相对较为平稳，达到了15.9%。三是从信息传输、软件和信息技术服务业的劳动生产率来看，广州信息传输、软件和信息技术服务业的劳动生产率上升趋势逐渐显现。2019年广州信息传输、软件和信息技术服务业劳均增加值达到62.22万元/人，高出北京5.31个百分点。综合比较分析可以发现，广州信息传输、软件和信息技术服务业的发展状况仍然存在较大提升空间。

3. 金融业发展趋势相对较为稳健

金融业是一个区域的经济命脉，在区域经济发展中尤其是经济高质量发展过程中处于十分重要的位置。随着不同区域发展条件的改变，金融业发展的区域特征也存在一定差异。根据本研究，从金融业的发展规模、增长速度和劳动生产率变化状况来看，在广州2010—2020年的发展过程中金融业逐渐呈现出相对较为稳健的发展趋势特征，具体表现在如下方面。从金融业的发展速度来看，广州金融业增加值的年均增长速度相对较为稳健。2010—2020年广州金融业增加值的年均增长速度达到14.31%，高出深圳0.59个百分点，与上海和北京的平均差距仅为0.99个百分点。

---

① 工业和信息化部：《软件和信息技术服务业"十二五"发展规划》，见http://www.gov.cn/gzdt/2012-04/06/content_2107799.htm，2012年4月6日。

从金融业的劳动生产率来看，广州金融业的劳动生产率上升趋势较为明显。2010—2019年广州金融业劳均增加值从97.02万元/人上升为112.04万元/人，增幅达到76.51%。综上分析可知，广州金融业发展趋势稳健，上升潜力较大。

（二）生活性服务业分行业发展特征

生活性服务业作为现代服务业的主要组成部分，共同属于服务经济的范畴。与生产性服务业的内涵相对应，生活性服务业一般是指满足居民最终消费需求的服务活动，能够为居民生活提供物质和精神等方面的消费品和服务，在经济发展过程中逐渐成为国民经济的基础性支柱产业之一。近年来，尤其是"十三五"时期以来，我国生活性服务业获得快速发展。国家统计局数据显示，2019年，全国批发和零售业增加值95846亿元，同比增长5.7%；住宿和餐饮业增加值18040亿元，增长6.3%[1]。受新冠肺炎疫情和国际发展环境变化影响，2020年全国批发和零售业增加值95686亿元，比上年下降1.3%；住宿和餐饮业增加值15971亿元，下降13.1%[2]。尽管如此，生活性服务业总量依然较大，其为后疫情时期现代服务业以及第三产业发展的恢复和提振奠定了基础。

广州作为"千年商都"服务业发展历史悠久，生活性服务业发展也相对较为活跃，并且在近年的发展过程中逐渐呈现出一些较为明显的趋势特征。从国家统计局发布的《生活性服务业统计分类（2019）》所明确的12个行业发展水平状况来看，广州生活性服务业发展逐渐呈现出如下趋势。

第一，从生活性服务业发展规模来看，广州生活性服务业的规模逐渐壮大。2020年广州市生活性服务业规模以上企业营业收入前100强企业实现营业收入5755.70亿元，占全市10656家规模以上服务业营业收入的42.5%。具体而言，在

---

[1] 国家统计局：《中华人民共和国2019年国民经济和社会发展统计公报》，2020年2月28日，见http://www.stats.gov.cn/tjsj/zxfb/202002/t20200228_1728913.html。
[2] 国家统计局：《中华人民共和国2020年国民经济和社会发展统计公报》，2021年2月28日，见http://www.stats.gov.cn/tjsj/zxfb/202102/t20210227_1814154.html。

2020年规模以上生活性服务业各行业增长情况中，文化、体育和娱乐业，教育培训行业，卫生和社会工作，居民服务、修理和其他服务业的营业收入分别为212.44亿元、139.19亿元、128.63亿元、108.36亿元①。相关行业规模以上企业的营业收入依然出现不断上升的趋势。

第二，从生活性服务业发展速度来看，广州生活性服务业的恢复、发展势头良好。具体而言在2020年广州市32个服务业行业大类中，有19个行业累计营业收入同比实现增长，行业增长面为59.4%。其中，邮政业增长19.0%，租赁和商务服务业，文化、体育和娱乐业等受新冠肺炎疫情冲击较大的行业持续恢复发展，与2020年第一季度相比分别上升了9.7个百分点和13.1个百分点。②在新冠肺炎疫情的影响下，广州2020年不同月份的时间段中多数行业的增长速度依然保持正向趋势。文化、体育和娱乐行业，教育培训行业，卫生和社会工作，居民服务、修理和其他服务业的全年增长速度，比其在1—9月分别上升了6.9个百分点、2.4个百分点、5.6个百分点和1.6个百分点，远比其在1—3月分别高出13.7个百分点、4.9个百分点、14.3个百分点和5.1个百分点。对比来看，广州生活性服务业相关行业的发展正在不断恢复和增长。

第三，从生活性服务业行业构成比重变化来看，随着科学技术发展和居民现实生活的需要，广州生活性服务业的构成部分在服务业中的占比也在逐渐发生变化。在2017年广州生活性服务业的构成中，主要行业规模以上企业营业收入在所有服务业规模以上企业营业收入的比重基本如下，居民服务、修理和其他服务业，教育培训业，卫生和社会工作，文化、体育和娱乐业的占比分别达到0.77%、1.01%、0.81%和2.24%③。经过近些年的产业结构调整和经济发展，2020年在广州生活性服

---

① 广州市统计局：《广州统计年鉴》（2020年），见http://112.94.72.17./portal/queryInfo/statisticsYearbook/index。
② 广州市统计局：《2020年广州市规模以上服务业运行分析》，2021年2月10日，见http://tjj.gz.gov.cn/gkmlpt/content/7/7095/post_7095014.html#230。
③ 广州市统计局：《广州统计年鉴》（2018年），见http://112.94.72.17./portal/queryInfo/statisticsYearbook/index。

务业包含的主要行业中，居民服务、修理和其他服务业，教育培训业，卫生和社会工作，文化、体育和娱乐业规模以上企业营业收入占总服务业规模以上企业营业收入的比重分别转变为 0.80%、1.03%、0.95% 和 1.57%[①]。对比分析可以发现，广州市生活性服务业中主要行业规模以上企业营业收入在服务业规模以上企业营业收入中的总占比已经达到 4.35%，未来发展潜力依然较大。虽然在新冠肺炎疫情状况下和高质量发展过程中总体比重有所下降，但是居民服务、修理和其他服务业，教育培训业，卫生和社会工作行业的比重依然在不断提升。

（三）新兴服务业分行业发展特征

新兴服务业集聚了技术、信息和知识等发展元素，具有广阔的市场前景和引导科技进步的能力。其作为现代服务业的先导产业，对服务业发展及其产业结构优化升级与转型具有较大的促进和导向作用。现代服务业"既包括现代化进程中的新型服务业，如网络通信、数字影视、网络传媒、IT 信息服务、现代物流、远程教育、电子商务等；也包括以现代化的新技术、新业态和新服务方式改造和提升的传统服务业，如通信业、信息咨询、金融服务业等。就其内容而言，现代服务业的本质是实现服务业的现代化，而其核心则是发展技术、信息和知识相对密集的现代生产性服务业"[②]。

党的十八大以来，我国服务业发展较为迅速，规模不断增大，目前已经占据国民经济半壁江山。受新冠肺炎疫情影响，服务业发展虽有下滑，但目前已开始呈现稳步恢复性增长，"初步核算 2021 年第一季度服务业增加值 145355 亿元，同比增长 15.6%，两年平均增长 4.7%[③]。服务业增加值占 GDP 比重 58.3%，对国民经

[①] 广州市统计局：《2020 年广州市规模以上服务业运行分析》，2021 年 2 月 10 日，见 http://tjj.gz.gov.cn/gkmlpt/content/7/7095/post_7095014.html#230。
[②] 潘海岚：《关于现代服务业内涵的思考》，《经济纵横》2007 年第 12 期，第 51—52 页。
[③] 两年平均增速是指以 2019 年相应同期数为基数，采用几何平均方法计算的增速。

济增长的贡献率达到50.9%，拉动国内生产总值增长9.3个百分点"①。伴随新一代信息技术与社会经济活动深度融合，文化、娱乐、体育业的数字化、网络化、智能化转型加快，线上演播、沉浸式体验等新文化娱乐业态和在线健身等新体育业态加速崛起。"互联网+医疗健康"利用"远程、高效、智能、便捷"的相对优势，加速了互联网诊疗、互联网医院的发展态势。同时，网络购物、线上订餐、跨境电商等新型消费迅速发展也将进一步推动线上化、数字化向更多服务业场景延伸。

当前，广州新兴产业发展的基本趋势也是如此。2019年，广州市将147个战略性新兴产业项目纳入市重点项目，总投资数额达到3189亿元，覆盖研发、检测、产业化等完整产业链条，其增加值同比增长7.5%，高于规模以上工业增加值增长速度（5.1%）2.4个百分点②。此外，广州也逐步开始大力着手优化产业环境，推动战略性新兴产业集群快速发展。在广州市战略性新兴产业"十三五"规划框架下，广州市将重点聚焦在新一代信息技术、人工智能、生物医药、新能源、新材料等领域，并出台了一系列法规政策推动战略性新兴产业各领域集聚集群快速发展。例如，《广州市加快生物医药产业发展实施意见》《广州市加快生物医药产业发展若干规定（修订）》《广州市推动新能源汽车发展若干意见》《广州市轨道交通全产业链系统推进若干意见》等意见和规定③。此外，广州市文化广电旅游局印发《广州市加快发展国家超高清视频创新产业示范园区工作方案》，指出2022年广州超高清视频及数字内容产业规模将超4000亿元，其主要城区将建成全国领先的5G网络，5G+4K/8K超高清视频将广泛进入日常生活场景，高清视频及数字经济将迎来一轮

---

① 《杜希双：服务业经济实现良好开局》，2021年4月16日，见http://www.stats.gov.cn/tjsj/zxfb/202104/t20210416_1816451.html。
② 《广州大力培育战略性新兴产业》，2020年5月18日，见http://www.gz.gov.cn/zt/ylctfjzx2019gzld/content/mpost_5832572.html。
③ 《广州：优化产业环境推动战略性新兴产业集群加快发展》，2020年7月13日，见http://www.gd.gov.cn/gdywdt/zwzt/gwydc/mtbd/content/post_3042828.html。

新引擎新动能：广州现代服务业的跃升

新发展①。

对比北京、上海、深圳和广州新兴产业在"十四五"时期的发展重点和方向来看（见表3-10），北京将推动高精尖产业加速发展，大力规划扶持智能制造、医疗健康、产业互联网、智能网联汽车等万亿级产业集群，继续坚持智能制造、高端制造方向，重点发展战略性新兴产业和未来产业等。上海注重提升高端产业引领功能，提出要实现集成电路、生物医药、人工智能三大先导产业规模倍增，加速电子信息、汽车、高端装备、先进材料、生命健康、时尚消费品等六大重点产业发展。深圳在布局战略性新兴产业的同时，积极推动未来产业中的大生命健康、海洋、航天、机器人等产业发展，培育扶持共享经济中的汽车租赁、房屋出租、家政服务等产业。广州在新兴产业发展中，主要是壮大发展战略性新兴支柱产业相关的新一代信息技术、新能源、新材料、机器人及生物医药等产业，积极培育未来产业中的区块链、量子科技、纳米技术等产业。2020年，广州高技术制造业增加值增长21%，现代服务业增加值增长9.3%，广州在全球创新集群百强城市中的排名由2019年的第32位提升到第21位。

表3-10 北京、上海、广州、深圳"十四五"时期重点产业及发展方向

城市	重点产业	发展方向
北京	高精尖产业	培育智能制造、医疗健康、产业互联网、智能互联网汽车等万亿级产业集群。
北京	战略性新兴产业	大力发展集成电路、新能源智能汽车、医药健康、新材料等。
	未来产业	前瞻布局量子信息、人工智能、工业互联网、卫星互联网、机器人等产业。
	高端制造业	坚持智能制造、高端制造方向，壮大实体经济根基，保持制造业一定比重。在顺义、大兴、亦庄、昌平、房山等新城，打造具有国际竞争力的先进智造产业集群。
	数字经济产业	加紧布局5G、大数据平台、车联网等新型基础设施，推动传统基础设施数字化赋能改造。鼓励线上教育、在线医疗、远程办公、云上会展等新业态发展。

---

① 《广州主要城区将建成全国领先的5G网络》，2021年5月9日，见http://finance.southcn.com/f/2021-05/09/content_192421009.htm。

(续表)

城市	重点产业	发展方向
上海	高端产业	三大先导产业：集成电路、生物医药、人工智能三大产业规模倍增，打造具有国际竞争力的高端产业集群，推动特色产业园区建设。
	高端产业	六大重点产业：加快发展电子信息、汽车、高端装备、先进材料、生命健康、时尚消费品。
	新型基础设施	加大对第五代移动通信、工业互联网、大数据中心等项目建设。
	现代服务业	大力发展知识密集型服务业，加快做强专业服务、信息服务、科技服务、文化创意等优势服务业，培育数字内容、在线服务、文体娱乐等新兴服务业。
广州	传统支柱产业	提升汽车、电子、石化等产业。
	战略性新兴支柱产业	壮大新一代信息技术、生物医药与健康、智能与新能源汽车等产业。
	战略性新兴优势产业	加快发展智能装备与机器人、新材料与精细化工、新能源和节能环保等产业。
	先进制造业	提升集成电路、超高清视频及新型显示、轨道交通、氢能源等全产业链。
	未来产业	布局发展天然气水合物、区块链、量子科技、太赫兹、纳米科技等产业。
	数字经济产业	将人工智能与数字经济作为战略引擎工程，促进平台经济、共享经济健康有序发展。
深圳	战略性新兴产业	壮大互联网、生物、新能源、新一代信息技术、新材料、文化创意和节能环保等产业，形成具有国际竞争力的新型产业集群。
	未来产业	加大生命健康、海洋、航空航天、机器人、可穿戴设备和智能装备产业等产业培育力度，形成新的产业梯队和增长点。
	共享经济	鼓励在汽车租赁、房屋出租、家政服务等领域开展共享服务。

资料来源：国家统计局、中商产业研究院。

二、广州现代服务业的"三新"经济

现代服务业发展的一个显著特征是新产业、新业态、新模式的产生。一般而言，"三新"经济是指新产业、新业态、新商业模式生产活动的集合。所谓新产

新引擎新动能：广州现代服务业的跃升

业，一般是指运用新兴技术、新科技成果等形成的一定规模的新型经济活动。新业态则是指依靠技术创新与应用，为了顺应社会多元化、个性化需求，在原有产业发展过程中衍生出的新环节、新链条以及其他相关活动的一种形态。新商业模式是为了实现企业盈利，而通过对其内外部的资源或者生产要素采取整合、重组等方式形成的具有高效率、强竞争力的商业运行模式。近年来，我国"三新"经济日渐呈现出发展活跃、形式多样、多彩的发展格局。国家首次公布的"三新"经济发展数据显示，2017年其增加值为129578亿元，占GDP比重为15.7%，同比提高0.4个百分点；按照当时价格对其增长速度进行计算已经达到14.1%，比同期GDP现价增长速度高了2.9个百分点①。到2019年我国"三新"经济增加值已经达到161927亿元，占GDP比重为16.3%，同比提高0.2个百分点；按照当时价格对其增长速度进行计算已经达到9.3%，高出同期GDP现价增长速度1.5个百分点②。随着新一代信息技术与社会经济深度融合，线上化、数字化模式加速向更多服务业场景延伸，2020年全国服务业新业态加速演进。其中，第一季度实物商品网上零售额同比增长了25.8%，两年平均增长了15.4%，占同期社会消费品零售总额比重21.9%。此外，2020年1—2月全国移动互联网累计流量为309.3亿GB，同比增长31.8%；互联网和相关服务、软件和信息技术服务业规模以上企业营业收入同比分别增长了42.6%与49.1%，两年平均增长速度分别达到了25.3%与22.5%，均远超于规模以上服务业企业10.0%的两年平均增速③。从全国的发展状况来看，"三新"经济正在逐步释放澎湃的发展动力。

"三新"经济是现代服务业发展的一种新型式，关于其应该由哪些具体行业构成目前学术界仍在探讨之中。从国家统计局发布的《新产业新业态新商业模式统计

---

① 《我国首次正式发布"三新"经济增加值数据》，2018年11月22日，见http://www.gov.cn/guowuyuan/2018-11/22/content_5342462.htm。
② 《"三新"经济释放澎湃动力》，2020年7月8日，见http://money.people.com.cn/n1/2020/0708/c42877-31775396.html。
③ 《杜希双：服务业经济实现良好开局》，2021年4月16日，见http://www.stats.gov.cn/tjsj/zxfb/202104/t20210416_1816451.html。

分类（2018）》来看，与新产业、新业态、新模式密切相关的行业主要有互联网与现代信息技术服务、现代技术服务与创新创业服务、现代生产性服务活动、新型生活性服务活动、现代综合管理活动等5大类[①]。广州"三新"经济发展的整体状况也主要由这些方面来反映。

（一）互联网与现代信息技术服务

作为中国软件名城，广州曾相继被授予"国家软件产业基地""国家网络游戏动漫产业发展基地""国家软件出口创新基地""国家863软件专业孵化基地"等荣誉称号。在2020年广州又获批了"全国首个区块链发展先行示范区""国家综合型信息消费示范城市"等称号。据统计，2018年广州软件和信息服务总收入3605亿元，约占全国总收入的5.8%，同比增长了15.74%；拥有软件和信息服务企业2085家，约占全国总数的5.5%，排名全国第3位；主要营业收入超亿元规模的企业达到621家，占软件企业总数的29.78%。凭借现实发展状况，广州跻身中国城市信息化五十强第2名、"互联网+"城市榜前3名，两化融合发展总指数突破90，在全国处于领先水平[②]。到2020年软件和信息服务业实现营业收入4913.58亿元，同比增长

[①] （1）互联网与现代信息技术服务包括现代信息传输服务、互联网平台（互联网+）、互联网信息及其他服务、软件开发生产、数字内容设计与制作服务、现代信息技术服务、网络与信息安全服务等内容；（2）现代技术服务与创新创业服务包括研发服务、技术推广服务、质量检验（测）技术服务、知识产权服务、相关专业技术服务、其他现代技术服务、创新创业服务、追溯技术服务；（3）现代生产性服务活动包括先进制造业服务、现代贸易物流服务、现代互联网金融、其他现代金融服务、现代商务服务、人力资源服务；（4）新型生活性服务活动包括现代医疗服务、健康管理与促进服务、现代养老服务、现代家庭服务、互联网教育、新型便民服务、新型住宿服务、新型餐饮服务、现代体育休闲服务、文化娱乐服务、现代旅游服务、现代零售服务；（5）现代综合管理活动包括城市智能管理服务、现代城市商业综合管理服务、农林牧渔业跨行业融合服务。此外，在农林牧渔业、先进制造业、新型能源活动、节能环保活动等大类中也包含现代服务业，如在农林牧渔业中有农业生产托管服务、农林牧渔业智能管理服务、专业化农业服务等其他现代农林牧渔服务业，在节能环保活动中有高效节能活动、先进环保活动，以及高效节水活动中的节水认证服务等服务业。这说明，现代服务业在向制造业、农业等生产部门渗透，相互融合发展。

[②] 《〈广州市加快软件和信息技术服务业发展若干措施〉政策解读》，2020年9月17日，见http://www.gz.gov.cn/ztwzq/jjl/gzs11nzdcycjzc/iabjxxcy/content/post_6545633.html。

了14.7%，在低迷的市场环境下实现了较快增长①。总体而言，广州发展软件和信息技术服务业的基础环境相对较为优越。

（二）现代技术服务与创新创业服务②

2019年，广州科学研究和技术服务业规模以上企业单位个数达到1343个，同比增长了50.73%，营业收入总额达到1278.2999亿元，同比增长了22.1%。具体来看，研究和实验发展行业规模以上的企业单位个数为220个，同比增长了40.13%，营业收入总额为200.2577亿元，同比增长了40%。专业技术服务行业规模以上企业单位个数达到935个，同比增长了49.12%，营业收入总额为958.5亿元，同比增长了18.6%；科技推广和应用服务业规模以上企业单位个数为188个，同比增长了75.70%，营业收入总额达到119.5423亿元，同比增长了25.5%。

通过比较分析可以发现，广州科学研究和技术服务业发展相对较为迅速。其中，研究和实验发展行业营业收入总额增长最快，专业技术服务行业虽然营业收入总额仅为研究和实验发展行业的46.38%，但规模以上企业数量增长最快。

（三）现代生产性服务活动

自从工业和信息化部批准创建全国首批服务型制造示范城市以来，广州把服务型制造作为产业转型升级的重点方向。同时，紧盯"微笑曲线"两端，推动制造业产业链、价值链的"双链"提升，实现工业设计、现代物流、电子商务等生产性服务业的不断发展壮大。2017年，生产性服务业增加值为9038亿元，同比增加了9.4%，占地区生产总值比重为42%。2020年，广州生产性服务业增加值上升为

---

① 《广州2020年软件和信息服务业规模近5000亿元，同比增长14.7%》，2021年2月25日，见 https://www.gzdaily.cn/amucsite/web/index.html#/detail/1501619。
② 受数据获取程度影响，对广州市现代服务与创新创业服务业的分析主要涉及科学研究和技术服务方面，所包含的其他相关行业暂不做具体分析。数据来源于《广州统计年鉴》（2019—2020年）。

第三章　广州推动现代服务业出新出彩的基础

9392.62亿元，同比增长了1.9%，占地区生产总值比重为37.54%[①]。受新冠肺炎疫情的影响冲击，与2017年相比，虽然广州生产性服务业增加值占地区生产总值比重有所下降，但生产性服务业增加值的绝对数量增加了354.62亿元。

（四）新型生活性服务活动

新冠肺炎疫情期间，广州积极把握新业态、新模式、新产业快速发展的机遇，积极推动线上消费，赋能传统商业贸易活动发展。广州统计局数据显示，2020年1—6月广州以新型消费为代表的实物商品实现网上零售额899.07亿元，增长了31.6%，高出上年同期的21.9%，高于全国的17.3%，拉动社会消费品零售总额回升4.6%[②]。在现代医疗服务、健康管理与促进服务方面，广州利用国际医药港现有发展优势，积极打造超千亿级大健康产业集聚平台，在不断整合中医药产业链的同时，积极融合"新展贸、新医疗、新生活、大平台"四大领先业态[③]。在文化娱乐服务业方面，2019年广州规模以上企业营业收入总额达到314.6396亿元，同比增长了17.2%。其中，新闻和出版业、广播、电视、电影和影视录音制作业、文化艺术业、体育和娱乐业的规模以上企业营业收入分别为64.4187亿元、107.3392亿元、24.8427亿元、40.1588亿元和77.8803亿元，占文化娱乐服务业营业总收入的比重分别为20.47%、34.11%、7.90%、12.76%和24.75%[④]，对比显示出新闻和出版业、娱乐业在文化娱乐服务业中占据了比较重要的地位。虽然受疫情发展的影响，但2020年广州文化、体育和娱乐业规模以上企业的营业收入总额稳步恢复趋势相对较为明显。在现代旅游方面，广州积极将新理念、新科技融入文化旅游活动之中，同

[①] 广州市统计局、国家统计局广州调查队：《2020年广州市国民经济和社会发展统计公报》，2021年3月28日，见http://tjj.gz.gov.cn/tjgb/qstjgb/content/post_7177236.html。

[②] 《广州上半年：消费市场复苏明显新型消费遍地开花》，2020年7月31日，见http://m.xinhuanet.com/gd/2020-07/31/c_1126307698.htm。

[③] 《广州国际医药港，打造超千亿级大健康产业聚集平台》，2020年8月11日，见https://www.gzdaily.cn/amucsite/web/index.html#/detail/1346314。

[④] 数据来源：《广州统计年鉴》（2020年）和《2020年广州市国民经济和社会发展统计公报》。

时通过积极打造智慧旅游主题活动、搭建智慧服务平台、丰富"云游"业态等形式，推动现代旅游业快速发展。

（五）现代综合管理活动

2020年，广州在城市现代商业综合管理服务发展方面，逐步进行简政放权、积极推动营商环境2.0改革、率先实施了商事登记确认制和"跨境通"、信用联合奖惩"一张单"、率先取消政府采购投标保证金等一系列发展措施。在城市智能管理服务发展方面，不断加强创新基础能力建设，布局建设高超声速风洞、冷泉系统、人类细胞谱系、极端海洋科考设施等4个大科学装置；不断强化发展平台建设，优化"一区三城十三节点"[①]的建设布局；不断强化城乡规划建设管理，以提升城市能级和核心竞争力为中心，坚持城乡整体规划、一体建设、精细治理[②]等。

第三节　广州现代服务业发展存在的问题

2020年广州市市辖区规模以上服务业营业收入增长变动状况显示（见表3-11），在11个市辖区中，天河区、越秀区、黄埔区、海珠区和白云区5个市辖区的服务业规模以上企业实现营业收入突破千亿元。其中，天河区已经达到4000亿元以上。从其增速变化来看，2020年在广州市的11个市辖区中存在7个市辖区的规模以上企业营业收入同比实现正向增长。其中，黄埔区和南沙区实现了两位数

---

① "一区三城十三节点"："一区"，广州人工智能与数字经济试验区，范围包含琶洲核心片区（含广州大学城、约48平方千米）、广州国际金融城片区（8平方千米）、鱼珠片区（25平方千米）。"三城"，南沙科学城、中新广州知识城、广州科学城。"十三节点"，广州国际生物岛、天河智慧城、中大国际创新谷和南中轴创新带园区、广州国际健康城、天河·公园智谷片区、增城经济技术开发区核心区、黄埔云埔片区、增城·太平洋夏埔片区、广州南站商务区、增城·珠江国际智能科技产业园片区、黄埔临港经济区、空港经济区、白鹅潭现代服务业集聚区。
② 广州市人民政府：《2020年广州市政府工作报告》，2020年6月10日，见http://www.gz.gov.cn/zwgk/zjgb/zfgzbg/content/post_5894347.html。

字的增长,二者增速分别达到了17.8%和13.2%。从营利性服务业规模以上企业收入增长的状况来看,花都区、白云区、越秀区、荔湾区和增城区这5个市辖区的商务服务业占比相对较大,发展优势凸显。由于企业受新冠肺炎疫情波动冲击影响较深,累计增速上升面临挑战,较大潜力尚待发挥。南沙区、黄埔区营利性服务业规模以上企业收入增速趋稳态势显著。

对比分析来看,广州市各市辖区服务业产值和服务业营业收入在空间上呈现出基本一致的发展态势,逐渐形成了以天河区和越秀区为核心的核心—外围空间结构特征。服务业作为现代服务业发展的基础,其空间结构逐渐形成的核心—外围特征也将在一定程度上代表着现代服务业未来的发展趋势。

表3-11　2020年广州规模以上服务业营业收入各区增长情况

地区	规模以上服务业			营利性服务业		
	1—12月营业收入（亿元）	同比增速（%）	比1—9月增减（百分点）	1—12月营业收入（亿元）	同比增速（%）	比1—9月增减（百分点）
广州市	13533.7	-1.4	2.9	7538.7	2.4	2.1
荔湾区	311.65	-4.1	4.8	241.7	-5.4	4.3
越秀区	2353	-9.6	4.9	1136.06	-10.6	5.7
海珠区	1368.03	9.4	-0.5	887.09	13.2	0
天河区	4427.23	3.5	1.8	2896.04	4.2	1.9
白云区	1332	-29.6	4.7	302.26	-12.5	6.8
黄埔区	1506.02	17.8	-1.3	810.63	11.1	-2.2
番禺区	896.86	1.1	2.8	696.16	2.6	1.8
花都区	247.29	2.9	5.7	73.16	-24.8	8.1
南沙区	921.23	13.2	-2	419.04	21.5	-17.5
从化区	68.69	9.1	-0.4	26.07	3.5	-0.6
增城区	101.69	-0.9	6.5	50.5	-3.6	9.7

资料来源:《2020年广州市规模以上服务业运行分析》。

新引擎新动能：广州现代服务业的跃升

上述分析显示，广州现代服务业发展呈现出相对明显的空间集聚趋势，发展机遇与挑战并存。其中，处于核心区域的天河区和越秀区现代服务业发展水平相对较高，对周围区域生产要素具有较强的虹吸作用，将会吸引大量生产要素在此集聚。位于外围区域的南沙区、荔湾区、花都区、增城区和从化区发展水平提升空间较大，对新技术、高技术人才等生产要素的吸引力有待提升。这一发展趋势，对广州而言既是发展机遇，也是国内同一级别城市面临的共同挑战。

第四章
广州推动现代服务业出新出彩的战略谋划

广州现代服务业出新出彩是习近平总书记2018年10月在视察广州时对广州提出的殷切希望，为广州现代服务业未来发展指明了方向。广州现代服务业出新出彩，是城市发展进入新时代和高质量发展阶段的必然选择，也是广州在现代服务业发展方面由领先者向领跑者转变的重要途径，同时，广州推动现代服务业出新出彩没有先例可循，需要广州主动作为、勇于创新、积极谋划，探索推动现代服务业出新出彩的"广州样本"。习近平总书记强调："用中长期规划指导经济社会发展，是我们党治国理政的一种重要方式。"① 因此，广州要以习近平同志为核心的党中央关于世界经济发展、产业发展和科技创新发展的新判断为基础，立足新发展阶段，贯彻新发展理念，开辟新发展道路，开启全面建设社会主义现代化国家新征程，从战略层面积极谋划广州现代服务业未来发展的路径，为广州推动现代服务业出新出彩早出成效提供指引，为"十四五"时期广州现代服务业发展奠定目标方位，为2035年基本实现社会主义现代化提供保障。

---

① 《习近平在经济社会领域专家座谈会上的讲话》，《人民日报》2020年8月25日。

第一节　广州现代服务业发展的总体要求

一、总体思路

习近平总书记指出："要统筹研究部署，协同推进改革发展稳定各项工作，谋定而后动，厚积而薄发，更加主动办好自己的事情。"①《中华人民共和国国民经济和社会发展第十四个五年规划和2035年远景目标纲要》指出，我国"十四五"时期经济社会发展指导思想必须高举中国特色社会主义伟大旗帜，深入贯彻习近平新时代中国特色社会主义思想，全面落实党的基本理论、基本路线、基本方略，统筹推进"五位一体"总体布局，协调推进"四个全面"战略布局，坚定不移贯彻新发展理念，以稳中求进工作总基调，持续推动高质量发展，深化供给侧结构性改革，以改革创新为根本动力，满足人民日益增长的美好生活需要，加快建设现代化经济体系，加快构建新发展格局，提升国家治理体系和治理能力现代化水平，为全面建设社会主义现代化国家开好局、起好步。这是我们中长期经济和社会发展要坚持的指导思想，也是广州确定推动现代服务业出新出彩战略谋划时的根本遵循。

2020年8月24日，习近平总书记在北京主持召开经济社会领域专家座谈会时指出："凡事预则立，不预则废。我们要着眼长远、把握大势，开门问策、集思广益，研究新情况、作出新规划。"②并对规划编制提出了六点要求：一是以辩证思维看待新发展阶段的新机遇新挑战；二是以畅通国民经济循环为主构建新发展格局；三是以科技创新催生新发展动能；四是以深化改革激发新发展活力；五是以高水平对外开放打造国际合作和竞争新优势；六是以共建共治共享拓展社会发展新局面。③这为我国推进经济社会发展各项工作指明了方向。广州推动现代服务业出新出彩作为实现老城市新活力的重要途径之一，应该在深入学习习近平总书记关于经济社会

---

① 习近平：《习近平谈治国理政》第3卷，外文出版社2020年版，第77页。
② 《习近平在经济社会领域专家座谈会上的讲话》，《人民日报》2020年8月25日。
③ 同上。

发展的系列讲话基础上,将学习成果转化为指导推动现代服务业发展思路,以此指导现代服务业发展实践,并将学习成果切实转化为推动广州现代服务业出新出彩的根本动力,真抓实干,早出成效,打造新时代推动现代服务业出新出彩的"广州模式",为我国其他城市推动现代服务业发展提供"广州样本"。

基于以上认识,本书确定了广州推动现代服务业出新出彩的指导思想和发展思路。

(一) 指导思想

高举中国特色社会主义伟大旗帜,深入贯彻党的十九大和十九届二中、三中、四中、五中全会精神,坚持以马克思列宁主义、毛泽东思想、邓小平理论、"三个代表"重要思想、科学发展观、习近平新时代中国特色社会主义思想为指导,全面贯彻党的基本理论、基本路线、基本方略,深入贯彻习近平总书记对广东和广州系列重要讲话和重要指示批示精神,按照四个出新出彩的总要求,推进经济建设、政治建设、文化建设、社会建设、生态文明建设的总体布局,协调推进全面建设社会主义现代化国家、全面深化改革、全面依法治国、全面从严治党的战略布局,坚定不移贯彻新发展理念,坚持稳中求进工作总基调,立足新发展阶段、贯彻新发展理念、构建新发展格局,以推动高质量发展为主题,以深化供给侧结构性改革为主线,以改革创新为根本动力,以满足人民日益增长的美好生活需要为根本目的。

提高政治站位、统一思想认识、深化研究调研,把握城市发展、产业发展、现代服务业发展的规律,制定能更好发挥广州发展优势、体现广州发展特色推动现代服务业出新出彩的工作方案,狠抓工作落实,在更高起点上推进深化改革、扩大开放,全面落实粤港澳大湾区建设和支持深圳建设中国特色社会主义先行示范区战略部署,不断增强"一核一带一区"核心引擎功能,不断强化广深"双核联动",深化珠三角城市战略合作,持之以恒实施"1+1+4"工作举措,把推动现代服务业出新出彩作为广州现代服务业发展的方向,坚持目标导向、问题导向、结果导向,开拓创新、久久为功,既谋长远发展又抓落实效果,统筹工作的科学性、系统性、预见性和实效性，构建"质量高、结构优、动力强、特色明"的现代服务业新体系，探索一条具有广州特色的推动城市现代服务业出新出彩之路，为广州打造现代服务业强市，加快推进"四个出新出彩"实现老城市新活力，建设具有全球影响力的现代服务经济中心、国际大都市，巩固并提升在世界城市中的发展地位，在全面建设社会主义现代化国家新征程中走在全国前列，在创造新的辉煌中勇当排头兵。

（二）发展思路

坚持高质量发展，推进国家服务业扩大开放综合试点工作，为加快构建新发展格局贡献广州力量、广州智慧、广州方案，紧紧把握粤港澳大湾区服务业全面合作发展的契机，以推动服务业转型升级和居民消费升级为落脚点，通过推动"体制机制出新、技术出新、业态出新、载体出新"，激发现代服务业在"发展规模上出彩、在优化产业结构上出彩、在提高效益上出彩、在提升能级上出彩"。通过实施系统化、精准化、差异化发展策略，将广州推动现代服务业出新出彩进一步细化为生产性服务业出新出彩、生活性服务业出新出彩和新兴服务业出新出彩，提高各项政策和措施的实施效率，一步一个脚印，稳步提升广州现代服务业发展水平，全面提升广州现代服务业的供给能力、供给效率和供给品质，使广州内需动力充分释放，人民群众消费升级需求进一步满足。同时，加快现代服务业向"专业化、品牌化、国际化"发展的步伐，下大力气建设具有国际影响力的现代服务业强市，焕发"千年商都"活力，为加快广州建设国际大都市和率先基本实现社会主义现代化奠定坚实的现代服务业基础。

二、发展原则

《中华人民共和国国民经济和社会发展第十四个五年规划和2035年远景目标纲要》明确提出了"坚持党的全面领导、坚持以人民为中心、坚持新发展理念、坚持深化改革开放、坚持系统观念"的5个基本原则。《广东省国民经济和社会发展第十四个五年规划和 2035 年远景目标纲要》《广州市国民经济和社会发展第十四个五年规划和 2035 年远景目标纲要》中也明确提出要遵循以上 5 个原则，因此，广州在推动现代服务业出新出彩过程中，也要以这 5 个基本原则为指导，并结合城市经济结构发展规律、世界现代服务发展趋势、广州现代服务业发展现状和目标进行全面谋划。

在广州推动现代服务业出新出彩的总体思路指导下，在国家、广东省和广州市推动经济和社会发展的 5 个基本原则指引下，结合城市现代服务业渗透性强、融合发展态势明显的特征，本书认为，广州在确定推动现代服务业发展原则时，既要充分考虑国家、广东省和广州市对经济社会发展的要求，又要尊重城市现代服务业发展规律和趋势，同时还要充分考虑其在实现"老城市新活力"中的作用，以及与"综合城市功能出新出彩""城市文化综合实力出新出彩""现代化国际化营商环境出新出彩"之间的关系，形成发展合力。为此，广州推动现代服务业出新出彩要遵循"坚持和加强党的全面领导、坚持以人民为中心、坚持新发展理念、坚持深化改革开放、坚持系统观念、坚持融合发展、坚持科技创新支撑、坚持精准施策"等 8 个发展原则。

（一）坚持和加强党的全面领导

习近平总书记指出："党政军民学，东西南北中，党是领导一切的。坚持党的领导，首先要坚持党中央权威和集中统一领导，这是党的领导的最高原则，任何时候都不能含糊，不能动摇。"[①]

要坚持和加强党对一切工作的领导，是习近平新时代中国特色社会主义思想的重要组成部分。要深入贯彻新时代党的建设总要求，增强"四个意识"、坚定"四个自信"、坚决做到"两个维护"，坚持和完善党领导经济社会发展的体制机制，发挥中国特色社会主义的制度优势，加强党对推动现代服务业出新出彩的全面领导，

---

① 习近平：《在全国组织工作会议上的讲话》，人民出版社 2018 年版，第 2 页。

新引擎新动能：广州现代服务业的跃升

激发党员干部干实事、谋发展的热情，营造风清气正的良好政治生态，更好发挥党总揽全局、协调各方的优势。不断提高贯彻新发展理念、加快构建新发展格局的能力，为推动现代服务业出新出彩提供根本遵循。

（二）坚持以人民为中心

习近平总书记 2021 年 5 月 13 日在河南省南阳市淅川县考察时指出："我们党的百年奋斗史就是为人民谋幸福的历史。人民就是江山。我们共产党打江山、守江山，都是为了人民幸福，守的是人民的心。"[①] 因此，习近平总书记要求："一切国家机关工作人员，无论身居多高的职位，都必须牢记我们的共和国是中华人民共和国，始终要把人民放在心中最高的位置，始终全心全意为人民服务，始终为人民利益和幸福而努力工作"。[②]

要坚持人民主体地位，坚持共同富裕，维护社会公平正义，坚持将人民安居乐业放在首位，提升现代服务业服务人民群众多样化需求的能力，激发全市人民创新、创业、创造的力量，形成广州推动现代服务业出新出彩的动力之源。同时，发挥现代服务业的融合能力，让现代服务业出新出彩成果更多、更好、更公平地惠及广大人民群众，促进人的全面发展和社会全面进步，增进人民福祉，不断实现人民群众对美好生活的向往。

（三）坚持新发展理念

坚持新发展理念最终的目标是要实现高质量发展，习近平总书记要求："推动经济高质量发展，既要深刻认识贯彻新发展理念、构建新发展格局对推动地方高质量发展的原则要求，又要准确把握本地区服务和融入新发展格局中的比较优势，走出

---

① 《习近平在推进南水北调后续工程高质量发展座谈会上强调 深入分析南水北调工程面临的新形势新任务 科学推进工程规划建设提高水资源集约节约利用水平》，《人民日报》2021 年 5 月 15 日。
② 《习近平谈治国理政》第 3 卷，外文出版社 2020 年版，第 139 页。

一条符合本地实际的高质量发展之路。"①

要将新发展理念贯穿到推动现代服务业出彩出新的全过程、各领域，为加快构建新发展格局提供更好和更坚实的基础，积极推动现代服务业的质量变革、效率变革、动力变革，在提高现代服务业投入产出效率上下功夫，在提升现代服务业发展动力上下功夫、在提高现代服务业配置全球资源能力上下功夫，在推动现代服务业与先进制造业、现代农业融合发展上下功夫，在实现现代服务业更好地服务民生上下功夫，为实现更高质量、更有效率、更加公平、更可持续、更为安全的发展提供现代服务业基础，助力加快构建新发展格局。

（四）坚持深化改革开放

习近平总书记指出："改革越到深处越要担当作为"②，强调"要坚持以开放促改革、促发展、促创新，持续推进更高水平的对外开放"③。

要以更大的政治勇气和政治智慧，在更高起点上推进改革开放，坚定不移走改革开放之路，与时俱进全面深化改革和扩大开放，积极探索有利于提高资源配置效率、有利于调动全社会积极性的改革开放举措，把握城市发展的规律，深挖现代服务业全链条，培育链头企业、优化全链条布局、抢抓链条重构机遇、利用链条推进粤港澳大湾区现代服务业合作，强化创新在现代服务业出新出彩中的核心地位，破解制约现代服务业出新出彩的技术难题，构建支撑现代服务业发展的自立自强的科技支持体系。

（五）坚持系统观念

党的十九届五中全会提出："全面建成小康社会后，我们将开启全面建设社会主

---

① 《习近平在广西考察时强调　解放思想深化改革凝心聚力担当实干　建设新时代中国特色社会主义壮美广西》，《人民日报》2021年4月28日。
② 《习近平谈治国理政》第3卷，外文出版社2020年版，第177页。
③ 《习近平谈治国理政》第3卷，外文出版社2020年版，第211页。

义现代化国家新征程，发展不平衡不充分问题依然突出，经济社会发展中矛盾错综复杂，必须从系统观念出发加以谋划和解决，全面协调推动各领域工作和社会主义现代化建设。"

要坚持系统思维，强化全局性谋划，将推动现代服务业出新出彩放在国家发展大局中考虑，将推动现代服务出新出彩放在世界经济转型发展的大背景中考虑，统筹人才、资金、信息、基础设施建设，通过系统组织，更好地发挥现有资源优势，协调生产性服务业、生活性服务业和新兴服务发展的关系，推进服务业与其他产业、服务业内部细分行业之间相互融合、相互渗透，创新服务供给，拓展增值空间，打造现代服务业出新出彩体系，探索新时代具有中国特色的推动现代服务业出新出彩的城市样板。

（六）坚持融合发展

习近平总书记指出："世界正在进入以信息产业为主导的经济发展时期。我们要把握数字化、网络化、智能化融合发展的契机，以信息化、智能化为杠杆培育新动能。要突出先导性和支柱性，优先培育和大力发展一批战略性新兴产业集群，构建产业体系新支柱。要推进互联网、大数据、人工智能同实体经济深度融合，做大做强数字经济。"[1]《关于推动先进制造业和现代服务业深度融合发展的实施意见》要求："通过鼓励创新、加强合作、以点带面，深化业务关联、链条延伸、技术渗透，探索新业态、新模式、新路径，推动先进制造业和现代服务业相融相长、耦合共生。"[2]

要提升现代服务业服务实体经济的能力和水平，要打破传统产业划分思维，积极发挥现代服务业链接各类产业的能力，推动产业融合发展，防止"产业空心化"，推动生产性服务业、生活性服务业和新兴服务业的全产业链渗透。加快发展高附加

---

[1]《习近平在中国科学院第十九次院士大会、中国工程院第十四次院士大会上的讲话》，《人民日报》2018年5月29日。

[2]《关于推动先进制造业和现代服务业深度融合发展的实施意见》，2019年11月15日，见http://www.gov.cn/xinwen/2019-11/15/content_5452459.htm。

值的现代服务业，打造技术一流、资源节约、环境友好型现代服务业产业链，坚持现代服务业与先进制造业、现代农业的深度融合，现代服务业与提升城市活力深度融合，现代服务业与满足人民群众对美好生活的向往深度融合，为推动现代服务业出新出彩规划实施提供落脚点。

（七）坚持科技创新支撑

习近平总书记十分重视科技创新的发展，尤其重视科技创新成果支撑经济和发展的作用。2020年9月11日，习近平总书记主持召开科学家座谈会并发表重要讲话时指出："坚持面向世界科技前沿、面向经济主战场、面向国家重大需求、面向人类生命健康，不断向科学技术广度和深度进军。"[1]习近平总书记"四个面向"的判断为我国科技创新发展支撑经济社会发展指明了方向。

要深入研究科技创新规律，研判世界科技创新发展趋势，特别是要把握科技创新支撑广州现代服务业发展的路径，与融合发展相结合，将科技创新的活力注入现代服务业发展中，让科技创新助力广州现代服务业品牌打造、招牌擦亮、活力再现，支撑现代服务业出新出彩。

（八）坚持精准施策

习近平新时代中国特色社会主义思想中蕴含着"精准思维"，这种精准思维是马克思主义哲学与中国实施高质量发展实际结合起来，逐步成为习近平新时代中国特色社会主义思想的重要组成部分[2]。

要以"绣花针"功夫和"钉钉子"精神破解制约城市发展的各类障碍，建立"研究—研判—措施—检查—反馈—调整"一体化的工作机制，发挥现代服务业链接城市生产和生活的纽带，融合和渗透各类产业的能力，优化城市发展动力的优

---

[1] 《习近平在科学家座谈会上的讲话》，《人民日报》2020年9月12日。
[2] 韩庆祥：《习近平新时代中国特色社会主义思想中的"精准思维"》，《新华日报》2020年6月9日。

势，激发城市发展活力，坚持具体问题具体分析，科学研究、精准施策、突出实效。同时，强化方向引领，注重研究的导向性作用，深入分析城市产业发展规律、现代服务业发展规律，特别是在现代服务业发展趋势的基础上，明确发展方向，为精准施策提供指引。

三、发展目标

结合广州推动现代服务业出新出彩的总体思路和发展原则，广州推动现代服务业出新出彩发展目标要处理好短期和长期发展的关系，短期就是明确"十四五"期间的发展目标、重点发展方向、具体举措，长期就是要服务于2035年基本实现社会主义现代化。因此，发展目标的确定，一是明确功能定位，就是从广州推动现代服务业出新出彩可以为广州城市综合功能、城市地位提升提供支撑的角度，明确功能；二是将功能定位进一步细化为发展方向，为后续采取针对性措施提供依据。

为实现以上两个目标，广州在推动现代服务业出彩出新过程中，需要充分考虑以下四个因素。一是遵循产业发展规律，特别是现代服务业发展规律；二是借鉴世界和国内主要城市现代服务业发展情况；三是科技发展带来的现代服务业新业态蓬勃发展；四是考虑广州现代服务业发展现状和趋势。

第一，融合发展和渗透发展已经成为现代服务业发展的重要方向。现代服务业作为一个新的产业形态，涌现了很多新行业、新业态和新模式，日益成为我国经济和社会发展的重要力量。从我国对现代服务业的分类看，其渗透能力很强，成为促进产业发展的重要力量。根据2012年2月22日，科技部发布的《现代服务业科技发展"十二五"专项规划》的界定，我国现代服务业主要包括基础服务、生产和市场服务、个人消费服务和公共服务4大类，并且从4大类所包括的行业看，其已经渗透到国民经济的各个领域，涉及人民生活的方方面面（见表4-1）。

第四章 广州推动现代服务业出新出彩的战略谋划

表4-1 中国现代服务业的4大类及其包括的行业情况

类别	包括行业
基础服务	通信服务和信息服务。
生产和市场服务	金融、物流、批发、电子商务、农业支撑服务以及中介和咨询等专业服务。
个人消费服务	教育、医疗保健、住宿、餐饮、文化娱乐、旅游、房地产、商品零售等。
公共服务	政府的公共管理服务、基础教育、公共卫生、医疗以及公益性信息服务等。

资料来源：《现代服务业科技发展"十二五"专项规划》。

第二，现代服务业已经成为世界和国内主要城市产业的主要组成部分。从世界范围来看，湾区作为城市群发展的高级形态，其产业结构的演进遵循从港口经济到工业经济再到服务业经济最后到创新经济的过程。从现代服务业的概念已经包括的大类和行业来看，其同时具备服务业经济和创新经济的双重特征。另外，从国内主要城市的发展规划看，现代服务业已经成为其产业发展的主要方向。例如，在"十四五"时期，北京提出：推进专业服务领域开放改革，加快向价值链高端延伸。促进生活性服务业规范化、连锁化、便利化、品牌化、特色化、智能化发展。[1] 上海提出：大力发展知识密集型服务业，加快做强专业服务、信息服务、科技服务、文化创意等优势服务业，培育数字内容、在线服务、文体娱乐等新兴服务业，推动生产性服务业向专业化和价值链高端延伸，推动生活性服务业向高品质和多样化升级。[2] 深圳则提出：推动生产性服务业向专业化和价值链高端延伸。加大专业服务业领域开放力度，打造专业服务业产业集群，加快建设一批专业服务业示范基地；推动生活性服务业高品质多样化发展，加快推进生活性服务业数字化发展，推动新

---

[1] 北京市发展和改革委员会：《北京市国民经济和社会发展第十四个五年规划和2035年远景目标纲要》，2021年4月1日，见http://fgw.beijing.gov.cn/fgwzwgk/ghjh/wngh/ssiwsq/202104/t20210401_234 1992.htm。

[2] 上海市人民政府：《上海市国民经济和社会发展第十四个五年规划和2035年远景目标纲要》，2021年1月30日，见https://www.shanghai.gov.cn/nw12344/20210129/ced9958c162 94feab926754394d9db91.html。

一代信息技术深度应用，增强个性化、多样化、柔性化服务能力。①

第三，科技发展推动现代服务业新业态层出不穷、蓬勃发展。21世纪的竞争，归根结底是科技创新的竞争。习近平总书记强调，当今世界正经历百年未有之大变局，我国发展面临的国内外环境发生深刻复杂变化，我国"十四五"时期以及更长时期的发展对加快科技创新提出了更为迫切的要求。加快科技创新是推动高质量发展的需要，是实现人民高品质生活的需要，是构建新发展格局的需要，是顺利开启全面建设社会主义现代化国家新征程的需要。②由此可见，科技发展必将成为未来经济和社会发展的最大推动力，也会推动现代服务业发展的深层次变革，最突出的表现就是现代服务业新业态层出不穷，呈现蓬勃发展之势，同时城市在现代服务业发展领域的竞争更加激烈。这就使得现代服务业发展的水平将不仅仅取决于传统业态的知名度和品牌影响力以及新业态发展的数量和规模，更取决于城市把握和顺应科技发展的能力以及科技创新融入现代服务业所有业态的模式、程度和效果。

第四，广州已经进入现代服务业为主导的产业结构阶段。按照可比价计算，2020年广州现代服务业增加值已达11081.21亿元，占服务业增加值比重达到了65.1%③。同时，《广州市国民经济和社会发展第十四个五年规划和2035年远景目标纲要》中也明确提出要促进现代服务业繁荣发展，并提出："推动现代服务业和先进制造业、现代农业深度融合，促进现代服务业和先进制造业、现代农业深度融合，深化业务关联、链条延伸、技术渗透，支持智能制造系统解决方案、流程再造等新型专业化服务机构发展。培育具有国际竞争力的服务企业。"④广州具有强大的本地消费市场。2020年，广州全市社会消费品零售总额达9218.66亿元，2021年第一季

---

① 深圳市人民政府：《深圳市国民经济和社会发展第十四个五年规划和2035年远景目标纲要》，2021年6月9日，见http://www.sz.gov.cn/cn/xxgk/zfxxgj/ghjh/content/post_8854038.html。
② 《习近平在科学家座谈会上的讲话》，《人民日报》2020年9月12日。
③ 广州市统计局、国家统计局广州调查队：《2020年广州市国民经济和社会发展统计公报》，2021年3月28日，见http://tjj.gz.gov.cn/tjgb/qstjgb/content/post_7177236.html。
④ 广州市人民政府：《广州市人民政府关于印发广州市国民经济和社会发展第十四个五年规划和2035年远景目标纲要的通知》，2021年5月19日，见http://www.gz.gov.cn/zwgk/ghjh/fzgh/content/post_7288095.html。

度全市社会消费品零售总额达到 2629.57 亿元，同比增长 31.7%。2021 年 7 月 19 日，广州成为首批国际消费中心城市培育对象。

在这样的背景下，广州推动现代服务业出新出彩面临着不小的挑战，但是以加快建设现代服务业强市为抓手，推动广州经济动能转换和城市功能升级符合城市经济发展的规律，也符合产业结构演进的规律。广州要在现代服务业发展的大潮中充当领跑者，在确定功能定位和找准发展方向过程中，需要处理好以下两个关系。

一是处理好与世界和国内主要城市之间的关系，明确功能定位。广州要将推动现代服务业出新出彩放在落实国家重大发展战略的高度，充分利用世界主要大城市经济转型的机遇，利用国家大力推进粤港澳大湾区建设的机遇，抢抓广东推进"一核一带一区"战略的机遇，在与深圳的双城互动中主动作为，加强与北京、上海等现代服务业强市合作，做我国现代服务业发展的引领者、世界现代服务业发展的创新者，为广州建设国际大都市，以及具有全球影响力的现代服务经济中心奠定世界顶尖的现代服务业基础（见图 4-1）。

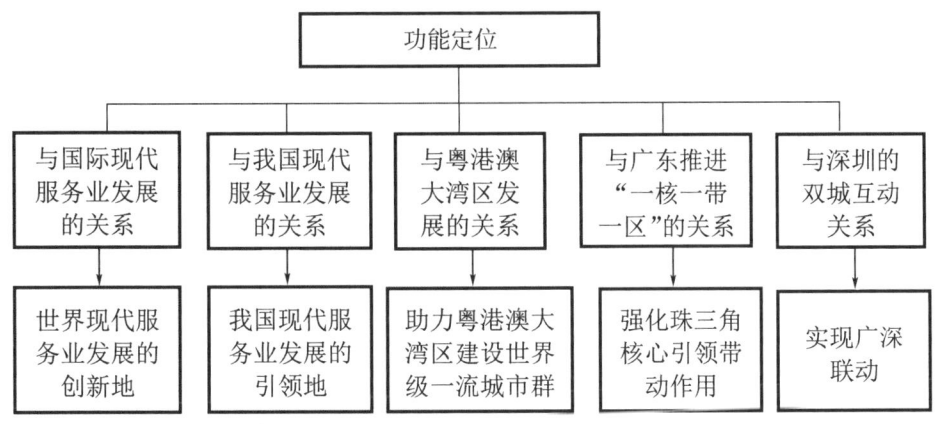

图 4-1　广州现代服务业出新出彩功能定位需要处理的 5 个关系

二是处理好现代服务业三种主要业态之间的关系，找准发展方向。现代服务业的渗透性强的特性，使得产业之间的界限日益模糊，势必对发展策略的系统性和针对性提出了更高的要求。此时，就需要处理好整体与部分的关系，换句话说就是根据广州现代服务业发展的实际情况，结合世界和国内主要城市的发展经验，以产业结构演变规律为指导，对广州现代服务业进行进一步细分，然后在每一个细分领域确定重点发展行业和发展方向解决好部分的问题，再根据细分领域之间的联系将三者有机结合在一起，形成"1+1+1>3"的发展效果。因此，本书将广州现代服务业的发展方向细分为生产性服务业、生活性服务业和新兴服务业三类，并根据三类服务业与生产、生活与创新之间的关系，提出三类服务业分别着力打造生产性服务业保障体系、生活性服务业供给体系和新兴服务业支撑体系，同时以系统化思维看待和处理三者之间的关系，共同形成广州现代服务业出新出彩综合体系（见图4-2）。

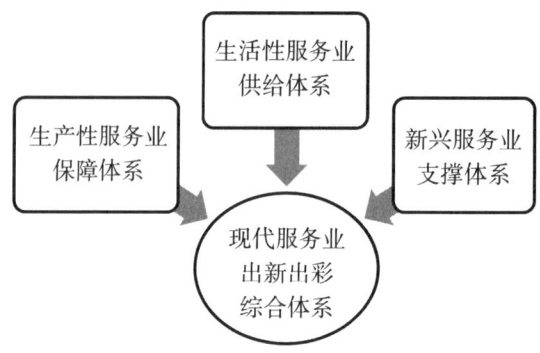

图4-2 广州现代服务业出新出彩综合体系

（一）功能定位

发挥推动现代服务业出新出彩的引领作用，以创新性思维、手段、技术系统性推进各项工作。既面向世界前沿，又注重自身优势挖掘，从为全产业链发展提供全方位服务的视角，确定广州推动现代服务业发展的功能定位为全面塑造现代服务业发展能力，具体为强化生产性服务业为商品生产和服务提供中间投入和服务的能力；提升生活性服务业为促进消费升级、提高人民生活质量的能力，夯实新兴服务业为技术创新提供支撑的能力，打造广州推动现代服务出新出彩品牌，为我国推动现代服务业高质量发展提供样板。

（二）发展方向

立足广州经济发展所处阶段，深刻认识国际、我国、粤港澳大湾区、广东省和广州市经济发展内在规律，从引领世界和我国现代服务业高质量发展的高度认识广州推动现代服务业出新出彩，把握广州未来产业发展的趋势，根据不同类型服务业的特点，确定具体的发展方向，即生产性服务业出新出彩、生活性服务业出新出彩、新兴服务业出新出彩，不断满足人民日益增长的美好生活需要，提高人民群众的获得感、幸福感和安全感。

以生产性服务业、生活性服务业、新兴服务业出新出彩的发展方向为指导，根据生产性服务业、生活性服务业、新兴服务业的特点，特别是与实体经济、人民生活和经济转型的关系，确立生产性服务业的具体目标是为实体经济提供保障体系，生活性服务业的具体目标是为满足人民日益增长的物质和文化生活需要提供供给体系，新兴服务业的具体目标是为经济和社会发展提供更好的支撑体系，共同打造广州现代服务业出新出彩综合体系。

1. 生产性服务业出新出彩

从生产性服务业主要为商品生产和服务业提供中间投入、服务的角度，结合国家、广东和广州对现代服务业发展的要求，广州推动生产性服务业出新出彩要实现与先进制造业、现代农业的融合发展，要向专业化和价值链高端延伸，为服务业出新出彩奠定坚实的产业基础。

2. 生活性服务业出新出彩

从生活性服务业主要为居民提供消费服务的角度，结合扩大内需、消费升级的要求，以及国家、广东和广州对现代服务业发展的要求，广州推动生活性服务业出新出彩要向高品质、多样化方向发展，切实增进人民福祉。

3. 新兴服务业出新出彩

从寻找现代服务业新增长点的角度，结合持续为城市经济发展提供动力的要求，广州推动新兴服务业出新出彩要积极谋划服务业发展的新业态，创新服务业发展新技术，拓展服务业发展的新模式，做新兴服务业发展的"领头羊"，要向展现城市特色、塑造城市服务业品牌方向发展。

第二节　广州生产性服务业发展方向

根据国家统计局《生产性服务业分类（2019）》的分类范围，生产性服务业包括："为生产活动提供的研发设计与其他技术服务，货物运输、通用航空生产、仓储和邮政快递服务，信息服务，金融服务，节能与环保服务，生产性租赁服务，商务服务，人力资源管理与职业教育培训服务，批发与贸易经纪代理服务，生产性支持服务。"[①] 由此可见，从生产性服务业的功能来看，生产性服务业就是为其他产业提供生产性支持的产业，可以为其他产业发展提供保障，并助力其他产业高质量发展。因此，广州在推动生产性服务业出新出彩过程中，要以强化生产性服务业的服务和保障其他产业的视角，积极谋划其发展，打造生产性服务业保障体系，并以广州市确定的生产性服务业重点发展行业为基础，打造涵盖重点发展行业的子保障体系（见图4-3）。

生产性服务业是现代服务业中与其他产业结合最紧密的业态，其发展可以为其他产业发展提供更好的保障，推动其他产业更高质量发展。因此，从为广州其他产业发展提供保障，进而实现生产性服务业出新出彩的角度，广州要坚持系统性和全局性谋划，既要保证长远发展，又要保障当前工作成效，突出生产性服务业的引领作用和基础作用，全面提升生产性服务业保障先进制造业和现代农业发展的能力，加快建设生产性服务业保障体系。推动生产性服务业出新出彩要根据生产性服务业融合性强、保障城市其他产业发展能力强的特点，积极推动生产性服务业向专业化、产业链和价值链的高端延伸。根据《广州服务经济发展规划（2016—2025）》《广州市服务业"十四五"规划》确定的生产服务业包括的类型、特点、服务的范围等，全面构建金融服务保障体系、物流服务保障体系、信息服务保障体系、电子商务服务保障体系、科技服务保障体系、会展服务保障体系、商务服务保障体

[①] 国家统计局：《生产性服务业统计分类（2019）》，2019年4月1日，见http://www.stats.gov.cn/tjsj/tjbz/201904/t20190417_1660042.html。

第四章　广州推动现代服务业出新出彩的战略谋划

系、节能环保服务保障体系、其他高端专业性服务业保障体系9个子保障体系（见图4-3），为服务实体经济、服务经济和社会发展提供保障，通过为产业发展提供保障，推动现代服务业出新出彩，打造生产性服务业保障体系广州品牌，实现广州产业的有机整合和引领性发展，为全国生产性服务业高质量融合发展提供借鉴。

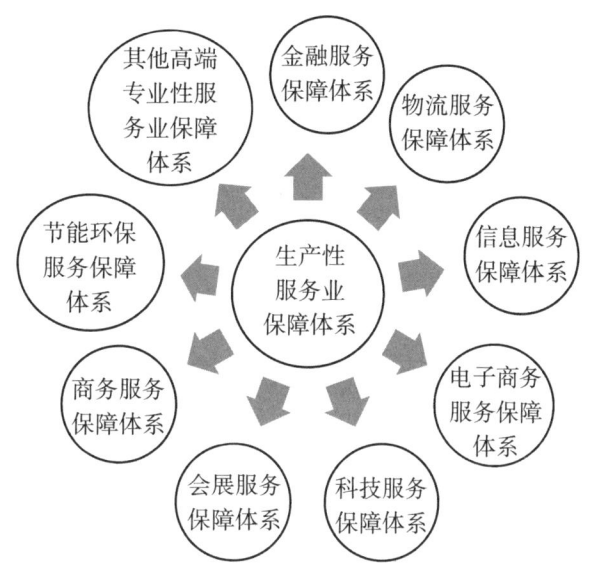

图4-3　广州生产性服务业保障体系涵盖的9个子保障体系

一、重点发展行业

金融服务保障体系重点发展的产业包括供应链金融、普惠金融、航运金融、绿色金融、科技金融、产业金融、新金融、期货交易、产权股权交易、保险、产融结合等；物流服务保障体系重点发展的产业包括航运物流、航空物流、产业物流、城市配送物流体系、第三方物流和供应链管理等；信息服务保障体系重点发展的产业包括大数据、云计算等新业态，移动互联网、应用软件等特色优势业态等；电子商务服务保障体系重点发展的产业包括电子商务服务平台、移动电子商务、跨境贸易电子商务、深化企业电子商务应用等；科技服务保障体系重点发展的产业包括人工智能、数字经济、研发设计、科技中介、检验检测认证、知识产权服务等业态；会展服务保障体系重点发展的产业包括综合性展览、专业展览，积极举办国际会议、经贸洽谈会和高端论坛等；商务服务保障体系重点发展的产业包括总部企业、商务咨询、法律服务、人力资源服务等业态；节能环保服务保障体系重点发展的产业包括节能环保服务业、新能源汽车推广应用等；其他高端专业性服务业保障体系重点发展的产业包括会计和广告营销等（见表4-2）。

表4-2 广州生产性服务业保障体系主要发展方向

保障体系	主要发展方向
金融服务保障体系	供应链金融、普惠金融、航运金融、绿色金融、科技金融、产业金融、新金融、期货交易、产权股权交易、保险、产融结合。
物流服务保障体系	航运物流、航空物流、产业物流、城市配送物流体系、第三方物流和供应链管理。
信息服务保障体系	大数据、云计算等新业态，移动互联网、应用软件等特色优势业态。
电子商务服务保障体系	电子商务服务平台、移动电子商务、跨境贸易电子商务、深化企业电子商务应用。
科技服务保障体系	人工智能、数字经济、研发设计、科技中介、检验检测认证、知识产权服务等业态。
会展服务保障体系	综合性展览、专业展览，积极举办国际会议、经贸洽谈会和高端论坛。
商务服务保障体系	总部企业、商务咨询、法律服务、人力资源服务等业态。
节能环保服务保障体系	节能环保服务业、新能源汽车推广应用。
其他高端专业性服务业保障体系	会计、广告营销。

资料来源：《广州服务经济发展规划（2016—2025）》《广州市服务业"十四五"规划》。

二、发展方向

从构建生产性服务业保障体系的角度，结合生产性服务业的特点，广州推动生产性服务业出新出彩应该处理好整体与部分的关系，生产性服务业与所服务产业之间的关系，既注重挖掘自身发展潜能，更注重与所服务产业的共同发展。真正做到

第四章 广州推动现代服务业出新出彩的战略谋划

在9个子系统之间、生产性服务业与所服务产业之间的功能互补，又做到生产性服务业的融合发展。因此，未来广州要实现生产性服务业出新出彩，就必须大力强化功能互补和全面推进融合发展。

（一）大力强化功能互补

从实现生产性服务业更高质量发展的要求出发，提升其集聚发展水平，通过分类施策，实现功能互补，进而实现"1+1>2"的目标。根据生产性服务业各业态不同的功能，确定各个业态在强化功能互补中的主要发展方向，具体为：研发设计、工业设计、商务咨询、检验检测认证着力提升产业创新能力，以满足先进制造业的需求；现代物流、采购分销、生产控制、运营管理、售后服务着力弥补产业链短板，强化产业链优势，优化全产业链覆盖，统筹产业链与城市布局的关系，以满足产品和要素快速流动的需求；供应链物流、信息数据、人力资源着力提高要素配置效率，以实现各类要素与城市发展更好的匹配（见表4-3）。

表4-3 广州生产性服务业强化功能互补的方向与重点产业

发展方向	重点产业
提高产业创新力	研发设计、工业设计、商务咨询、检验检测认证
增强全产业链优势	现代物流、采购分销、生产控制、运营管理、售后服务
提高要素配置效率	供应链金融、信息数据、人力资源

资料来源：《广州市国民经济和社会发展第十四个五年规划和2035年远景目标纲要》《广州市推动现代服务业出新出彩行动方案》。

（二）全面推进融合发展

全面推进融合发展，通过融合发展提升生产性服务业服务其他产业的能力，同时实现自身发展技术的创新，并通过"生产性服务业+"的模式实现生产性服务业技术与其他产业的技术融合。

发展方向主要是两个方面，一是产业融合，二是技术融合。在产业融合方面，推动现代服务业与先进制造业、现代农业深度融合，深化业务关联、链条延伸、技术渗透，支持智能制造系统解决方案、流程再造等新型专业化服务机构发展。在技术融合方面，推动人工智能、云计算、大数据、物联网等先进技术与服务业深度融合（见表4-4）。

表4-4 广州生产性服务业融合发展的方向

融合发展方向	主要内容
产业融合	深化业务关联、链条延伸、技术渗透，支持智能制造系统解决方案、流程再造等新型专业化服务机构发展。
技术融合	推动人工智能、云计算、大数据、物联网等先进技术与服务业深度融合。

资料来源：《广州市国民经济和社会发展第十四个五年规划和2035年远景目标纲要》《广州市推动现代服务业出新出彩行动方案》。

第三节 广州生活性服务业发展方向

根据国家统计局《生活性服务业统计分类（2019）》，生活性服务业是指满足居民最终消费需求的服务活动，主要涵盖居民和家庭服务、健康服务、养老服务、旅游游览和娱乐服务、体育服务、文化服务、居民零售和互联网销售服务、居民出行服务、住宿餐饮服务、教育培训服务、居民住房服务、其他生活性服务等12个领域[①]。由此可见，生活性服务业的功能来看，其主要为居民供给全方位的高质量的服务，与人民的衣食住用行密切相关。要满足人民对美好生活的追求，城市就必须不断提升生活性服务业供给的数量和质量，强化生活性服务业供给能力，进而提升城市服务能力，打造满足城市居民高质量生活需要的生活性服务业供给体系，并以广

---

① 国家统计局：《生活性服务业统计分类（2019）》，2019年4月17日，见http://www.gov.cn/gongbao/content/2019/content_5425338.htm。

州市确定的生活性服务业重点发展行业为基础，打造涵盖重点发展行业的8个子供给体系（见图4-4）。

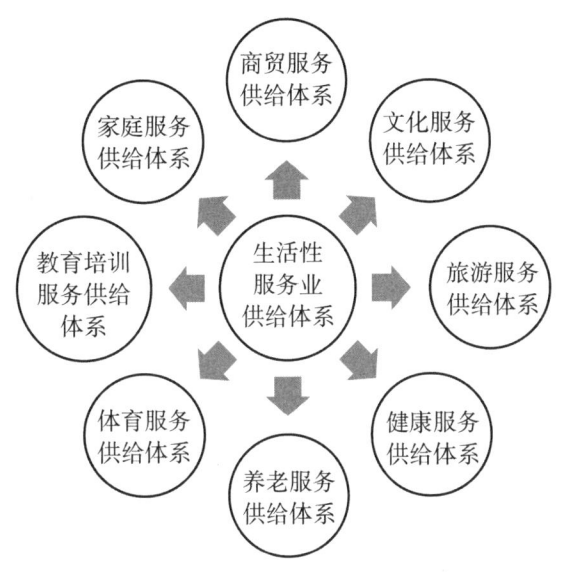

图4-4　广州生活性服务业供给体系涵盖的8个子供给体系

从广州现代服务业出新出彩满足人民日益增长的物质文化生活需要的角度，全面推进生活性服务业供给侧结构性改革，满足人民群众对更优质生活的全方位需求，打造全覆盖的广州生活性服务业供给体系，根据《广州服务经济发展规划（2016—2025年）》和《广州市国民经济和社会发展第十四个五年规划和2035年远景目标纲要》确定的生产服务业包括的类型，推动餐饮、健康、养老、育幼、文化、旅游、体育、家政、物业等生活性服务业向高品质和多样化升级，重点发展商贸、文化、旅游、健康、教育、体育、养老等服务产业，努力把文化产业、旅游业打造成为生活性服务业的支柱产业。加快建设商贸服务供给体系、文化服务供给体系、旅游服务供给体系、健康服务供给体系、养老服务供给体系、体育服务供给体系、教育培训服务供给体系、家庭服务供给体系等8个子供给体系（见图4-4），为增进人民群众福祉奠定基础。

一、重点发展行业

商贸服务供给体系主要发展方向为住宿餐饮业品牌打造、提质增效，文商旅融合发展等；文化服务供给体系主要发展方向为新闻出版、广播电视电影、音乐、演艺和版权等优势产业，工业设计、动漫和网络游戏、音乐制作等文化创意产业与工业、旅游业等产业深度融合等；旅游服务供给体系主要发展方向为优化旅游发展空间布局，推动旅游资源整体开发和旅游业转型升级，建设世界旅游名城和国际旅游目的地、集散地等；健康服务供给体系主要发展方向包括健康管理、医疗保健、健康文化、健康旅游等为重点的综合健康服务业联动融合发展，打造以医药产品、医疗及康复器械、健康管理服务等领域为重点的健康服务产业集群等；养老服务供给体系主要发展方向为居家和社会养老服务、医养融合发展、养老产业集聚、跨境养老服务合作等；体育服务供给体系主要发展方向为健康娱乐业、竞赛表演业、体育休闲业、体育培训业、体育会展业等；教育培训服务供给体系主要发展方向为构建多元化、多层次的教育培训体系，加快发展职业教育、社区教育和远程教育等；家庭服务供给体系主要发展方向为育幼、家政、物业等；公益性、基础性服务供给体系主要发展方向为公益性、基础性服务行业等（见表4-5）。

表4-5　广州生活性服务业供给体系主要发展方向

供给体系	主要发展方向
商贸服务供给体系	住宿餐饮业品牌打造、提质增效，文商旅融合发展。
文化服务供给体系	新闻出版、广播电视电影、音乐、演艺和版权等优势产业，工业设计、动漫和网络游戏、音乐制作等文化创意产业与工业、旅游业等产业深度融合。
旅游服务供给体系	优化旅游发展空间布局，推动旅游资源整体开发和旅游业转型升级，建设世界旅游名城和国际旅游目的地、集散地。
健康服务供给体系	健康管理、医疗保健、健康文化、健康旅游等为重点的综合健康服务业联动融合发展，打造以医药产品、医疗及康复器械、健康管理服务等领域为重点的健康服务产业集群。

（续表）

供给体系	主要发展方向
养老服务供给体系	居家和社会养老服务、医养融合发展、养老产业集聚、跨境养老服务合作。
体育服务供给体系	健康娱乐业、竞赛表演业、体育休闲业、体育培训业、体育会展业。
教育培训服务供给体系	构建多元化、多层次的教育培训体系，加快发展职业教育、社区教育和远程教育。
家庭服务供给体系	育幼、家政、物业。
公益性、基础性服务供给体系	公益性、基础性服务行业。

资料来源：《广州服务经济发展规划（2016—2025）》《广州市国民经济和社会发展第十四个五年规划和2035年远景目标纲要》。

二、发展方向

根据生活性服务业的特点，生活性服务业供给的数量和质量是城市品质的最重要部分，也是城市得以吸引人才和留住人才的基础，同时生活性服务业又与城市居民的生活息息相关。为此，广州推动生活性服务业出新出彩，既要考虑保障城市居民的生活水准，又要考虑如何供给更高品质的产品和服务，为广州吸引人才、留住人才奠定基础，为城市竞争力提升奠定生活基础。因此，广州推动生活性服务业出新出彩要在两个方面努力：一是全面高质量生活性服务业的覆盖面；二是切实保障高品质的供给，以供给侧结构性改革助推消费需求数量和质量双提升。

（一）全面提升覆盖面

随着经济社会发展，人民对生活性服务业的需求范围要求更广、档次要求更高。根据生活性服务业与人民生活息息相关的特点，广州生活性服务业出新出彩需要全面提升生活性服务业的覆盖面，全力实现两个全覆盖：一是人民生活需求全覆盖；二是生命周期全覆盖。其中，人民生活需求全覆盖是指生活性服务业要覆盖到人民对"衣食住行"高质量需求的各个方面、各个环节。生命周期全覆盖是指生活性服务业要为人民提供能覆盖"生老病死"全生命周期的高质量服务。

（二）切实保障高品质

人民对美好生活的向往就是我们的奋斗目标，而生活性服务业出新出彩的关键就是不但能满足人民群众的生活需求，而且能满足人民群众对高品质生活的需求。广州推动生活性服务业出新出彩要通过主动研究、主动创新、提前谋划、适度超前，切实保障所提供的生活性服务业的高品质供给，更好满足人民群众对更优质生活的需求。

第四节　广州新兴服务业发展方向

新兴服务业主要是指现代服务业中的"三新"服务业，即服务业中的新产业、新业态、新商业模式，代表了现代服务业发展的方向，可以说是现代服务业发展的先导，也是经济和社会发展的先导，是现代服务业中最具创新性和活力的部分。从新兴服务业的功能来看，其为城市发展提供源源不断的动力，是支撑城市发展的重要产业之一，因此，广州必须抢抓新兴服务业的发展机遇，发挥广州比较优势，大力发展新兴服务业，加快建设广州新兴服务业支撑体系，培育广州现代服务业发展新增长点，为现代服务业出新出彩提供可持续发展动力，同时，为广州现代服务业发展"有特色、出品牌、强实力"提供基础。

新兴服务业发展的创新性强，也就意味着其发展方向具有不确定性，并且目前尚没有关于新兴服务业的权威分类，根据国家统计局《新产业新业态新商业模式统计分类（2018）》，"三新"包括："现代农林牧渔业、先进制造业、新型能源活动、节能环保活动、互联网与现代信息技术服务、现代技术服务与创新创业服务、现代生产性服务活动、新型生活性服务活动、现代综合管理活动。"① 再结合《广州服务经济发展规划（2016—2025年）》和《广州市国民经济和社会发展第十四个五年规划和2035年远景目标纲要》确定的新兴服务业包括的类型，从为广州现代服务业出新出彩提供可持续发展的动力支撑体系的角度，广州新兴服务业发展要促进新技术应用、推动新产业发展、实现新业态融合、推动新模式品牌化，积极打造数字经济支撑体系、共享经济支撑体系、平台经济支撑体系、政府服务支撑体系等4个子支撑体系（见图4-5），为广州现代服务业出新出彩和广州经济社会发展注入源源不断的新动力。

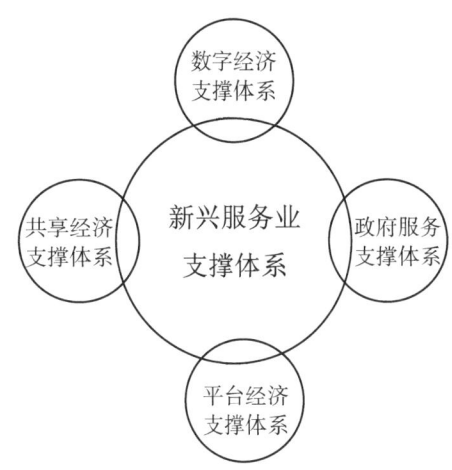

图 4-5 广州新兴服务业支撑体系涵盖的 4 个子支撑体系

一、重点发展行业

数字经济支撑体系主要发展方向为人工智能、云计算、大数据、数字化转型标杆企业、数字产业集群，产业数字化、数字产业化等；共享经济支撑体系主要发展方向为众创、众包、众扶、众筹等；平台经济支撑体系主要发展方向为信用经济等；政府服务支撑体系主要发展方向为数字政府、数字社会、资源共享等（见表4-6）。

表 4-6 广州新兴服务业支撑体系主要发展方向

支撑体系	主要发展方向
数字经济支撑体系	人工智能、云计算、大数据、数字化转型标杆企业、数字产业集群，产业数字化、数字产业化。

---

① 国家统计局：《新产业新业态新商业模式统计分类（2018）》，2018年8月27日，见http://www.stats.gov.cn/tjsj/tjbz/201808/t20180827_1619266.html。

(续表)

支撑体系	主要发展方向
共享经济支撑体系	众创、众包、众扶、众筹。
平台经济支撑体系	信用经济。
政府服务支撑体系	数字政府、数字社会、资源共享。

资料来源：《广州服务经济发展规划（2016—2025）》《广州市国民经济和社会发展第十四个五年规划和2035年远景目标纲要》。

二、发展方向

根据新兴服务业的特点，其具有很强的创新性，是城市发展的动力源泉，也可以成为城市发展的标签，更是世界主要城市现代服务业竞争最激烈的领域，因此，广州要推动现代服务业出新出彩，必须在新兴服务业领域有更大作为，要强化新兴服务业规律研究，广州发展新兴服务业的环境分析研判等，在发展过程中做到两个结合：一是引领性与差异性相结合；二是创新性与渗透性相结合，争取广州新兴服务业发展早出成效、早出品牌。

（一）注重引领性与差异性相结合

把握产业结构演变内在规律，从利用新技术、孵化新产业、发现新业态、打造新模式的角度，站在广州建设国际化大都市的高度，打破产业界限，培育引领性新兴服务业；同时，深入研究广州服务业发展的传统优势与所处发展阶段，广州经济社会发展的环境与未来趋势，从服务国家发展大局、推动粤港澳大湾区分工合作的角度，聚焦广州新兴服务业发展特色，实现差异化发展，为广州新兴服务业发展带动粤港澳大湾区经济一体化提供保障。

（二）注重创新性与渗透性相结合

创新是第一动力，新兴服务业发展没有现成的模式可以借鉴，广州新兴服务业只有在发展中加强，在创新中提高，树立创新性思维，形成创新性思路，实施创新性措施，才能实现创新性谋划；同时，结合新兴服务业特点，发挥其推动跨产业融合的优势，发挥其渗透性，打通产业之间的微联系，为进一步发挥广州产业发展集聚优势提供支持。

第五章
广州推动现代服务业出新出彩的路径

第一节 推动广州现代服务业数字化转型

服务业数字化是运用数字技术、数字平台和数字网络对服务业供给和需求质量效率进行提升的过程，是推动服务业供给侧结构性改革和高质量发展的重要路径。国家高度重视服务业数字化发展，早在 2017 年，国家发展改革委就出台了《服务业创新发展大纲（2017—2025 年）》，明确提出："树立互联网、大数据思维，推动信息技术在服务领域深度应用，促进服务业数字化智能化发展。"党的十九届五中全会提出："推动生产性服务业向专业化和价值链高端延伸，推动各类市场主体参与服务供给，加快发展研发设计、现代物流、法律服务等服务业，推动现代服务业同先进制造业、现代农业深度融合，加快推进服务业数字化。"可以看出，推动服务业数字化转型与发展的思路和方向已经十分明确。

事实上，服务业数字化已经成为我国产业数字化的先行者和引领者。根据中国信息通信研究院发布的《中国数字经济发展白皮书（2020 年）》，2019 年，不计入信息通信、软件和信息技术服务业，服务业数字经济增加值占行业增加值比重为 37.8%；不计入电子信息制造业，工业数字经济增加值占行业增加值比重为 19.5%；农业数字经济增加值占行业增加值比重为 8.2%，服务业数字化进程远远快于制造业数字化和农业数字化进程。广州是服务业大市，服务业增加值占地区生产总值的比重超过70%，推动服务业数字化发展潜力巨大。当前及未来一段时间，广州可围绕城市功能定位和产业发展方向，以生产性服务业和生活性服务业数字化为"双轮驱动"，以优势服务业数字化转型升级和数字服务业培育壮大为重点精准发力，建设全国服务业数字化引领城市，助力服务业强市建设。

一、推动生产性服务业数字化转型

（一）推动金融业数字化转型

金融是数据资源高度密集的行业，也是数字化转型的感知度较为明显的行业。根据麦肯锡2018年发布的研究报告《全球数字化银行的战略实践与启示》，在数字时代，如果银行业不主动推进数字化转型，那么2025年全球银行业的净资产收益率将下降到5.2%；如果主动拥抱数字化转型，那么到2025年就可以获得3500亿美元的收益机会。可见，数字化将成为银行等金融业机构未来增强竞争能力的关键。当然，在工业时代兴起的银行业在迎来数字化机遇的同时，也面临传统组织架构和运营模式的束缚。近年来，广州金融业发展迅速，在国际金融中心体系中的排名保持稳定，未来要进一步加快提升金融业的竞争力和影响力，必须加快推动金融业数字化转型。一是加快推动金融基础设施数字化，利用5G、人工智能、区块链、云计算、物联网、大数据等技术加快推动金融机构经营网点设施数字化升级，鼓励金融机构推广使用人工智能终端更好提供金融服务，促进结算、支付、交易、数据等系统数字化、智能化。二是推动金融机构和数字企业在产品设计、运营管理、服务营销、终端应用、数字共享等领域开展深度合作，提升金融机构精准服务效率，降低金融机构经营风险。三是在依法合规的前提下，鼓励高科技企业依托自身技术和数据等优势、传统金融机构依托自身市场和品牌等优势，投资设立新兴科技金融和金融科技机构及服务平台，促进金融新产业新业态的发展。

（二）推动商贸业数字化转型

商贸业在现代经济体系中往往起着源动力作用，以商流为起点，可驱动物流、资金流、信息流、技术流，继而带动航运物流、金融、信息、制造等产业发展。广州是"千年商都"，因商而生、因商而兴，商贸在一定程度上代表了广州的城市灵魂、性格。凭借广交会数十年形成的影响力，国际上高度认同广州的商都地位。然而，随着全球城市体系的演化和发展，面对国内外城市的激烈竞争，尤其是在信息技术和电子商务快速发展的时代背景下，全球商贸业和商贸中心也迎来新一轮发展契机。主动适应数字经济时代，广州应以贸易数字化和数字贸易为主线，加快完善数字商贸基础设施建设，降低商贸企业接入数字基础设施成本，加快建设支持"买全球、卖全球"的全球贸易信息、交易和服务平台，以数据驱动贸易与生产更紧密融合融通，打造全球供应链超级链接城市。发挥天河国家数字服务出口基地和南沙自贸试验区等特殊功能区体制机制优势，积极争取政策探索建立面向全球的数据流动开放环境，打造数字贸易示范城市。持续巩固跨境电商等电子商务优势，积极培育直播电商等新兴业态，促进大数据设施与跨境电商平台的融合运用，建设跨境电商的全国数据中心。立足广州会议会展、批发市场、批发零售、饮食美食行业基础优势和发展需要，加快发展数字会展、数字零售、数字餐饮、数字批发等具有广州特色的数字商贸新业态。

（三）推动物流业数字化转型

物流业是广州供应链稳定运行和经济要素循环畅通的直接保障。近年来，广州物流业发展迅速，根据同济大学联合多家机构发布的《中国城市物流竞争力报告（2020）》，广州仅次于上海位列第二。然而，根据国家发展改革委和交通运输部于2020年发布的《关于进一步降低物流成本的实施意见》，我国物流业成本仍然较高，未来必须通过加强信息开放共享、发展智慧物流等方式提升物流业效率。显然，要持续巩固提升物流业竞争力，广州必须着眼于数字化推动物流业质量效率进一步提升。重点包括：一是加快推动物联网、互联网、云计算、大数据等新一代信息技术在货物溯源、库存管理、货物跟踪、货物监管、在线调配、支付结算等领域广泛应用。二是加快推进多式联运信息平台建设，推动广州机场物流、港口物流、铁路物流、公路物流以及城市配送之间的信息，促进不同类型物流环节高效衔接。三是积极推动粤港澳大湾区信息平台和公共服务平台建设，推动大湾区物流信息系统和物流网络设施对接畅通，共建具有国际影响力的物流枢纽。四是推动物流园区、货运站、配送点等物流节点数字化智能化，鼓励物流企业开发智慧物流新工具、新软件、新平台，推进物流标准化建设，带动物流产业链关联企业、关联空间协同数字化转型。五是积极探索电商物流、智能分拣、无人配送等新兴物流业态。

二、推动生活性服务业数字化转型

（一）推动文化数字化转型

广州是岭南文化中心地、古代海上丝绸之路发源地、中国近现代革命策源地、当代改革开放前沿地，是岭南传统文化、商贸文化、海洋文化、现代文化等多元多样文化的集聚中心，拥有大量的历史文化遗迹和独具魅力的城市文化。面向未来，通过数字化盘活这些文化资源，促进文化事业繁荣和文化产业竞争力提升，是广州建设社会主义文化强国的城市范例的重要战略举措。具体而言，一是大力推进全市各级图书馆、博物馆、景区景点、文娱场所、文化产业园等数字化转型，促进文化资源上网上云，推动与粤港澳大湾区各文化场馆和文化重点区域文化资源互联互通和共建共享，提升数字化文化产品和服务供给水平。二是依托北京路国家级文化产业示范园区等重点文化功能区，鼓励文化企业与数字企业融合创新、集聚发展，建设具有国际影响力的数字文化产业集群。三是鼓励新闻传媒企业运用数字新技术促进转型升级和创新发展，促进新闻媒体采编、经营、营销全面数字化，支持数字内容、数字出版、数字营销、视听三屏融合服务、新闻移动客户端等新兴传媒业态发展，打造数字传媒之都。四是以云演艺业态、云展览业态、沉浸式业态等形式，推动中国音乐金钟奖、中国（广州）国际纪录片节、中国国际漫画节、广州国际设计周、广州时尚周等品牌文化活动线上线下融合举办，提升广州重大文化活动的传播力、辨识度和知名度。五是大力鼓励网络企业、IT企业和通信企业参与网络文化内容产品的生产和经营，大力发展移动互联网、新媒体、流媒体、网络视频、移动电视、动漫网游、网络社区、在线音乐、无线音乐、数字出版、文化O2O、文化微商、文化电商等文化产业新业态，提升文化产品数字化经营和传播的影响力、对广州经济和文化发展的带动力。

（二）推动教育数字化转型

随着人工智能、5G技术、移动互联网技术的发展，知识和信息传播发生了深刻变化，教育数字化发展也迈进了新时代。广州拥有数量众多的中小学校和各级高等院校，教育资源丰富，无论是在校中小学生数量还是在校大学生数量都位居全国前列。因此，主动迎接数字时代到来，广州应发挥教育基础优势，着眼于人民对优质、公平、均衡教育的迫切需求，深入推进教育信息化、数字化、智能化，从供给侧促进教育高质量发展，着力打造全国智慧教育示范区和智慧学习型城市标杆。一是加快建设稳定、安全、高速的现代化校园网络，加强数字化教室、数字化图书馆、数字化实验室、数字媒体制作室等硬件基础设施建设，打造智慧学习空间和智慧校园。二是加快推进5G、大数据、移动互联网、虚拟现实等新技术在智慧教学、智慧阅读、智慧评价、智慧培训、智慧治理等全领域全流程应用，构建涵盖智能学习、交互式学习的新型教育体系。三是加快完善校园智慧管理平台和教育大数据平台，建设促进校际间、校地间图书馆、博物馆、文化馆等资源共建共享，促进优质教育资源线上线下融合供给，增强学习和教育的自主性、泛在性和个性化。四是着力提升教师数字化教学能力和学生数字化基础素养，加强中小学阶段对人工智能、机器人等课程的学习，推动职业教育和高等教育以数字技术开发与应用为重点加强科研实验和人才培养，促进产学研深度融合。

(三) 推动医疗数字化转型

医疗数字化对提高医疗资源效率、居民就医便利化和降低医疗成本都具有十分重要意义。2000年以来，我国逐渐拉开医疗数字化转型发展的序幕。2020年新冠肺炎疫情的暴发和蔓延，则大大加快了医疗数字化的进程。根据波士顿咨询公司发布的《2020数字化医疗洞察报告》，2014年以来中央各部委先后出台了30多项医疗数字化政策，实施"互联网+"融合发展的公立医院数量超过1000家，超过100万医生在线上平台注册并提供线上问诊服务，第三方数字化医疗平台超过100家。截至2019年，我国数字化医疗用户达到6.2亿，约占移动互联网用户的70%。广州拥有丰富的医疗人才、医疗案例、医疗资源，具备良好的发展数字医疗的基础条件，医疗数字化转型需求大。面向未来，一是要加快全民健康信息平台、智慧医疗便民服务平台、分级诊疗和医联体信息平台等各类医疗数字化平台建设、完善与集成，推动医疗机构之间实现信息数据互联互通和开放共享，形成高效对接、便捷惠民的一体化医疗卫生服务网络。二是大力发展数字医疗技术，加快跨学科研究，创新以信息技术、通信技术、电子技术等数字化技术，融合临床技术，形成新型医疗诊疗技术体系，成为医疗资源全面整合的基础支撑。三是鼓励互联网医院、互联网药店等医疗新业态发展，规范发展远程诊疗服务、互联网健康咨询服务、慢性病互联网复诊服务等。四是鼓励广州高等院校、科研院所、医疗研发企业和医院等机构开展协同创新，在数字医疗技术研发、数字医疗设备应用和数字医疗场景开发等领域率先取得突破、形成示范。五是适应医疗数字化发展需要，积极探索推进医疗保障体系改革，促进医保服务线上线下协同发展、融合发展。

三、建立促进服务业数字化转型体制机制

服务业数字化转型涉及数字基础设施和软硬件部署，是一个系统性、战略性、复合性的工程，必须通过加强顶层设计和总体规划，做出统筹设计、综合研判，注重系统性、整体性、协同性推进，才能最终形成主动迎接和推动变革的强大合力。

（一）完善服务业数字化转型的推进机制

依托广州推进服务业发展的组织机制，按照国家和省"十四五"时期服务业发展尤其是服务业数字化转型部署，制定广州服务业数字化发展战略、规划和政策，就服务业数字化转型发展中全局性、关键性、方向性和阶段性问题及其相互关系进行分析研判和战略决策，构建各部门通力合作、协同推动的战略实施机制，统筹推进服务业数字化转型发展产业。充分发挥财政资金撬动、扶持作用，采取"引导基金、母基金、子基金"三层架构模式，引导金融资本、社会资本共同设立服务业数字化发展基金，重点支持服务业数字化关键领域、重点平台、重大项目以及各类试点示范。

（二）完善服务业数字化转型的监测监管机制

在国家发布数字经济统计指标和统计方法之前，探索建立与广州服务业数字化发展相适应的监测体系，及时掌握广州服务业数字化转型进展与趋势，提前对服务业数字化转型面临的风险挑战做出预测、研判和预警。及时跟进国内外数字经济立法和监管的动态，加快推动《广州市数字经济促进条例》立法，完善广州数字经济监管机制，重点加强对数字平台治理、数字流通安全、知识产权保护等领域的监管，引导各类数字经济企业开展良性竞争和规范发展，为服务业数字化创造良好环境。

第二节 健全广州现代服务业产业生态

一、加快现代服务业结构优化和升级

在生产经营领域，现代服务业本身不仅是构建现代化产业体系的重要组成部分，也是制造业和农业转型升级的重要支撑者和推动者。随着新一轮科技革命和产业变革的演进，全球范围内新技术、新应用、新产业、新模式不断涌现，要求服务业必须根据产业发展新趋向新变化不断进行创新发展。在生活消费领域，现代服务

业质量高低直接体现为人民生活品质、人民获得感和幸福感。随着社会不断进步和人民生活水平的持续提高，社会对服务业的需求也越来越专业化、多样化，要求服务业必须不断提高供给质量。生产创新和生活追求永无止境，意味着现代服务业发展、升级与创新也一直在路上。改革开放以来，广州服务业持续快速增长，服务业规模总量不断扩张，对经济增长贡献程度越来越高。面向未来，着眼于现代化产业体系建设和人民对美好生活的向往，广州必须以推进供给侧结构性改革提高服务业供给质量和效率为核心，加快推动传统优势服务业转型升级，积极培育壮大服务业新产业、新业态、新模式，大力发展总部经济、平台经济、分享经济、流量经济、首店经济、首发经济等持续提升现代服务业辐射能级，打响、擦亮"广州服务"品牌，建设具有国际影响力的现代服务业中心。

（一）全面提升服务业质量

经过多年积淀和发展，广州的服务业已经形成了一定特色和优势。面向未来，应立足已有优势，结合城市功能定位和发展目标，加快导入新技术新应用，深入推进实施服务业高质量发展战略，促进服务业提质升级。第一，聚焦增强国际商贸中心功能，着力提升商贸业发展质量，大力推动传统商圈、专业批发市场、美食餐饮业转型升级，促进夜间经济繁荣发展，建设国际消费之都。积极发展国际中转贸易、大宗商品贸易、离岸贸易、服务贸易、数字贸易等新兴贸易业态，提升国际商贸资源配置能力，增强全球贸易枢纽功能。充分发挥广交会品牌优势，推动高端会议与展览业融合发展，积极举办有世界影响力的商品创意展览、产品发布会，建设国际会展中心。第二，聚焦增强国际综合交通枢纽功能，着力提升航空航运服务业发展质量，大力推动现代航运服务集聚区和临空经济示范区建设，集聚高端服务要素，加快发展现代航运物流服务业、航空物流服务业、邮轮游艇、跨境电商、航运金融、航空金融、商务服务、人才服务、总部经济、航运贸易、航空贸易等现代服务业，提升国际航运枢纽和国际航空枢纽软实力。第三，聚焦增强国际科技教育文化功能，着力提升科技教育文化服务业质量，鼓励企业、高校、科研院所共建高水平科技创新孵化器等创新创业平台，大力发展知识产权服务、创新创业辅导、科研成果转化服务等科技创新服务业。大力推动北京路国家级文化产业示范园区、文化产权交易所等文化产业发展平台和各类共性文化服务平台建设，加快促进文化与旅游、工业、科技产业融合发展，鼓励文化企业通过资源整合、兼并重组等方式做强做大，提升新闻出版、动漫游戏、音乐表演等优势文化产业核心竞争力。第四，聚焦增强国际资源配置枢纽功能，着力提升金融业发展质量，以广州期货交易所建设为契机，适应绿色经济、创新经济、流量经济、平台经济、商贸经济、总部经济发展需要，围绕服务国家金融布局和粤港澳大湾区国际金融枢纽建设，加快在绿色金融、科技金融、租赁金融、贸易金融、文化金融和跨境投融资等领域培育金融特色和优势，加快国际化金融中心建设。第五，聚焦增强国际宜居宜业功能，着力提升生活性服务业质量，坚持以人民为中心的发展思想，高品质、高标准发展与居民生活息息相关的健康休闲、医疗教育、养老育幼、家政服务、社区服务、物业管理等生活服务业，全面提升广州对国际人士、创新人才的吸引力，支撑中国特色社会主义国际大都市建设。

（二）培育壮大新兴服务业

新兴服务业代表现代服务业未来发展方向，是服务业不断获取发展动能、持续保持发展活力的关键。广州培育壮大新兴服务业的重点领域包括：一是培育壮大数字服务业。在未来相当长一段时期，发展数字经济、建设数字经济创新引领型城市将是广州增强城市发展动力引擎的战略选择。在数字核心产业当中，应大力发展基础软件、工业软件、软件外包、开源社区、大数据、云计算、边缘计算、智能计算、区块链、物联网、工业互联网等软件与信息技术服务业，夯实数字经济发展根基和底座。着眼于推动产业数字化，应大力发展云外包服务、平台分包服务、众包服务、设计服务、业务运营服务、数字技术研发服务、数字商业应用服务等新业态，为大中小企业数字化转型提供完善的解决方案和全产业链服务。二是培育壮大数字创意服务业，促进5G、人工智能、虚拟现实、增强现实、大数据等新技术在文化产业领域的深度应用，围绕数字内容、动漫、影视、网游、直播、数字音乐、短视频、数字设计、数字出版、创意设计、网络社区等领域，加快建设具有国际影响力的数字创意产业园，培育数字创意头部企业、冠军企业和精品 IP，推动数字创意产业集群化发展。三是培育壮大科技和高技术服务业，把握粤港澳大湾区建设国际科技创新中心的机遇，加强与港澳合作引进创新资源共建各类创新创业孵化器、创新协作与共享平台，大力发展研发与试验服务业、科技推广服务、科技中介服务业、知识产权服务业等科技服务业。围绕广州生物医药、新能源、新材料等战略新兴产业重点发展方向，顺应全球产业发展大趋势率先在生物技术服务业、节能环保技术服务业、新能源技术服务业、工程技术咨询服务业、精密模具设计服务业等高技术服务业领域取得突破、形成优势。

（三）提升服务业辐射能级

广州提升服务业辐射能级和影响力，关键是要在总部经济、平台经济、分享经济、流量经济、首店经济、首发经济等领域加快培育一批枢纽性企业、枢纽性组织、枢纽性平台，强化全球高端资源配置能力。总部经济是指各类企业、机构和组织总部经济社会活动对所在地经济产生的溢出效应和带动效应，其显著特征就是资源集聚性、决策控制性和辐射影响性。综观纽约、伦敦、新加坡等全球城市，通过发展总部经济强化决策控制功能是巩固提升其城市地位的关键。广州要推动服务业出新出彩、建设具有全球影响力的现代服务经济中心，必须充分发挥科研院所、开放包容、宜居宜业和产业基础优势，制定针对总部经济的支持和招商政策，加快推动总部经济发展。平台经济是畅通国民经济循环、推动上下游企业协同发展、促进供给与需求高效匹配和优化资源配置效率的重要经济形态。我国已经制定相关政策文件，明确要着眼长远推动平台经济规范健康持续发展。广州国际商贸中心地位显著，发展平台经济基础条件较好。面向未来，一方面要大力发展实体型平台和企业，重点以期货交易所、数据交易所、大宗商品交易所、文化交易所、金融资产交易所、知识产权交易所、航运交易所等各类交易所为重点，加快构建"广州价格"

和"广州标准",巩固并提升"广州市场"的地位;另一方面要顺应数字经济发展趋势,按照包容审慎和规范发展的监管理念,明确发展导向和政策支持,大力发展虚拟型平台和企业,重点促进工业互联网平台、电商物流平台、互联网创新创业平台、金融服务平台、公共服务平台、网络社交平台、政务服务平台等平台建设,推动线上平台与线下平台融合发展。分享经济是利用新技术新应用促进分散闲置资源有效分享利用、实现市场供需匹配和价值转化的新兴经济形态。广州发展分享经济,重点要聚焦生产、创新、流通、配置、消费等领域,加快培育具有广泛影响力的分享经济企业和分享经济平台,促进产业链上设备、要素、服务的开放共享,提升分享文化和分享经济的渗透率。流量经济依托交通、门户、流通、平台、网络等枢纽优势,通过汇聚、整合、配置各类要素流,从而提升一个城市或者地区的经济发展能级。广州发展流量经济,重点是要充分发挥国际综合交通枢纽、国际商贸枢纽、综合性门户城市优势,构建通达世界的要素畅通网络,完善要素市场和要素服务业,建设要素流量吸附的空间载体和平台载体,增强要素对全球要素流量的集聚能力、配置能力、控制能力,同时将流量源源不断注入现代化产业体系当中进而形成经济社会发展的新动能。首店经济和首发经济是知名品牌、知名企业开设首店和举办首发活动所形成的经济社会效应。首店经济和首发经济具有引领时尚潮流和标定行业风向的功能,对提升一个城市和地区的影响力和知名度具有重要意义。围绕打造全球购物天堂和国际消费中心,广州应大力吸引国内外一线品牌和未来潜在品牌在广州开设国内或者洲际首店,着力构建完备的首发平台体系和首发服务方案,吸引知名品牌、品牌大师、知名产品在广州举办全球首发仪式,引领全球设计、时尚、消费新潮流。

二、大力推动现代服务业与制造业深度融合发展

推进现代服务业与制造业融合发展,既是推进制造业转型升级的必然要求,也是扩大服务业市场、夯实服务业发展根基的必然要求。近年来,我国先后出台了

《关于推动先进制造业和现代服务业深度融合发展的实施意见》《关于进一步促进服务型制造发展的指导意见》《关于加快推动制造服务业高质量发展的意见》等政策文件，旨在推动现代服务业与制造业融合发展，加快构建现代化产业体系。广州现代服务业发达，制造业门类齐全，珠三角地区更是我国制造业重地，因此，推动现代服务业与制造业融合发展，无论是对广州还是对珠三角地区产业转型升级来说，都具有重要意义。

（一）大力发展服务型制造新兴业态

根据国家工业和信息化部于 2016 年发布的《发展服务型制造专项行动指南》，服务型制造是制造业和服务业融合的新兴业态，是制造业企业通过组织创新、生产创新、经营创新和服务创新，不断增加服务要素在投入和产出当中的比例，从以加工制造为主导向以制造和服务并重发展，从单纯出售产品向出售产品和服务并重转变，从而实现产业链延长和产品附加值提升。广州推动服务型制造业发展，一是要以示范带动服务型制造发展，在汽车制造业、装备制造业、都市工业等优势行业优势企业整合优质资源强化工业设计服务、定制化服务、供应链管理、全生命周期管理、总集成总承包等服务能力，推动制造业企业从提供产品设备向提供系统服务方案转变，形成一批国家级服务型制造示范企业和标杆企业。二是要以创新驱动服务型制造发展，支持制造业企业与数字技术企业深度融合，推进设计研发、生产制造、供应链管理以及售后服务等关键环节的柔性化数字化改造，适应个性化等市场新需求开展的服务模式和商业模式创新，推动产业链上的供应商、制造商、经销商、服务商及顾客之间形成实时紧密网络协同关系。三是要以共享推进服务型制造发展，支持制造业龙头企业利用自身设备、组织、工具和生产线等产线优势，面向行业中小企业提供共享工厂服务、共享设备服务等共享制造服务；支持制造业龙头企业利用自身创新能力优势面向中小企业提供工业设计、产品设计、产品开发、数据分析、检验检测等场地、设备、实验室乃至技术人才等创新共享服务。

（二）大力推动制造服务业高质量发展

对标对表国家相关部委发布的《关于加快推动制造服务业高质量发展的意见》要求，发挥广州服务型经济体系优势，重点面向珠三角地区高质量发展制造业产业链各环节所需要的现代服务业，形成服务业与制造业相互促进、相互支撑的良性发展格局。一是聚焦制造业研发设计等产业链上游环节，积极发展工业设计、科技咨询、科技评价、成果转化、科技金融、知识产权等创新创业服务业，完善"政产学研金"协同协作的一体化服务体系，助力制造业企业提升创新能力。二是聚焦制造业生产制造等产业链中游环节，积极发展智能制造服务、节能环保服务、检验检测服务、供应链管理服务等，助力制造业企业提升生产效率和能源效率。三是聚焦制造业品牌培育、市场营销等产业链下游环节，积极发展服务外包、售后服务、现代物流、精准营销、广告设计、全生命周期管理等服务业，助力制造业企业提升品牌影响力和美誉度。四是适应个性化、定制化和多元化消费市场需求，鼓励服务业企业利用自身感知市场优势，向制造业环节拓展业务，探索开展以服务为主导的反向制造，更好地实现市场高质量供给和需求牵引相适应、相匹配、相平衡。

（三）构建服务业与制造业融合平台载体

平台是服务业和制造业实现融合的载体。遵循开放、共享、共治的基本原则，广州应着力构建以下几类平台。一是要积极构建行业垂直型共享平台，以汽车、机械、电子、装备、食品、化工、家具、纺织等行业为重点，鼓励龙头企业发挥自身在产业链、供应链和创新链的主导地位，牵头建设生产能力共享平台、产能设备共享平台、科技仪器共享平台、产品检测共享平台、创新人才共享平台、教育培训共享平台、共性数据共享平台、设计服务共享平台、供应链服务共享平台等，以平台吸引垂直行业中小企业集聚发展，助力中小企业转型升级。二是要积极发展服务行业的平台型组织和企业，鼓励服务业企业积极面向制造业转型升级发展需要，设立工业互联网平台、产业互联网平台、消费互联网平台、制造业咨询平台、电子商务平台、知识产权保护平台、人力资源服务平台、金融信息服务平台等第三方平台型企业，实现服务业和制造业横向资源整合与优化配置。三是要积极推动政府、科研院所和各类民间组织共建各类公共服务平台，协同完善服务业与制造业融合发展的平台生态体系。

三、积极促进现代服务业与现代农业融合发展

促进现代服务业和现代农业融合发展，是拓展服务业市场、提升农业生产效率、实现农业经济价值的必然选择。近年来，国家高度重视推进现代服务业与现代农业融合发展，始终把推动第一、二、三产业融合发展作为培育农业新产业新业态、促进农村产业发展、构建现代农业的重要内容。广州虽然已经是国内一线城市，2020年常住人口城镇化率已经超过86%，户籍人口城镇化率超过80%，第一产业增加值为288.08亿元，仅占地区生产总值的比重为1.2%左右，但是从行政区划来看，广州周边区域还有不少农村地区。广州市社会科学院发布的《广州城乡融合发展报告（2021）》蓝皮书显示，广州农村行政区划面积为5651.36平方千米，占全市行政面积的比重达到76%。显然，乡村仍然是广州城市发展版图中的重要组成部分，农村农业的现代化与广州建设国际大都市、迈上现代化新征程息息相关，推动现代服务业与现代农业融合发展对广州仍具有重要意义。与此同时，近年来广州农村居民收入不断增长，农村基础设施持续完善，城乡融合程度越来越高，农村文化精神生活更加丰富，为广州推动现代服务业与现代农业融合发展奠定了良好基础。另外，广州所在的粤港澳大湾区城镇人口众多、经济发展水平较高，对绿色农业、休闲农业、体验农业等农业新业态有很大需求，也是促进现代服务业与现代农业融合发展的重要因素。

（一）构建现代服务业和现代农业融合的产业链条

农业产业链包括农资供给、农业生产、农产品流通、农产品消费等环节。推动现代服务业和现代农业融合，关键是要不断提升农业产业链各个环节当中服务要

素投入和产出比例，以达到延伸农业产业链、再造农业价值链、建设现代都市农业的目的。一是聚焦农业生产领域大力发展农业科技服务业，推动农业种植和农产品加工水平不断提升。重点是发挥广州农业科研创新资源优势，围绕种业、园林、果蔬、花卉、水产、奶业、粮油、畜禽等领域的生产和加工，推动行业龙头企业与广州涉农科研院所共建联合实验室、协同创新中心、工程研究中心，争取建设一批国家级科技创新和科研创新平台，构建政产学研深度融合的农业科技服务体系，助力农业新品种培育、新技术应用和新成果推广，从供给侧推动农业结构性改革，增强农业创新竞争力。二是聚焦农产品流通领域大力发展农业流通服务业，畅通农业生产要素循环流转，提高农产品流通效率，拓展农产品市场辐射范围。重点是发挥广州国际商贸和物流中心优势，结合农产品供应地和消费地空间布局特征，加强在增城、从化、花都、南沙等涉农地区建设农产品集散中心和农业休闲旅游集散中心；以建设粤港澳大湾区"菜篮子"工程为契机，加快完善线上与线下相结合的农产品贸易与流通体系，促进冷链物流、城市配送等适应农产品配送需要的物流业态繁荣发展。聚焦农产品消费需要，发挥广州农业基础优势和区域市场需求大优势，推动龙头企业与农村集体经济组织开展合作，大力发展农业体验、农业观光、休闲农业、会展农业、乡村旅游、农业创意、农业电商商务、农业定制化服务等农业新兴业态，积极开展推介和精准营销，形成一批具有影响力的农业品牌，持续提升广州农业的吸引力。

（二）完善现代服务业和现代农业融合的平台载体

现代服务业和现代农业融合发展是时代所趋。积极搭建现代服务业和现代农业融合发展平台体系，推动服务业要素和农业要素跨行业有效配置，是广州加快建成我国现代服务业和现代农业融合发展先行区和示范区的重要任务。一是加快建设现代服务业和现代农业融合发展的组织平台，着力打造功能强大的农业服务综合体。鼓励农业龙头企业建设农业服务平台，向平台型企业和农业服务提供商转变。支持发展农业专业合作社等农业生产经营组织，通过发挥组织优势高效对接农业金融、农业科技、农业流通和农业销售等服务资源,全面提升农业高质量服务水平。二是加快建设现代服务业和现代农业融合发展的实体平台,培育壮大一批国家级和省级特色专业村镇、现代农业产业园区、农业公园等空间载体,引领都市农业发展方向。这些空间平台可以有效促进人才、资金、技术等关键生产要素在乡村地区集聚,是现代服务业和现代农业融合的枢纽节点,在推动农业产业链向两端延伸、催生农业新兴业态等方面均有重要作用。三是加快建设现代服务业和现代农业融合发展的数字平台,打造全国智慧农业示范区。加快推动数字技术龙头企业与农业龙头企业深度融合,建设一批 5G 智能农业园、智慧农业示范基地,促进"5G+农业""人工智能+农业""直播+农业""区块链+农业""互联网+农业"发展。进一步完善粤港澳大湾区"菜篮子"平台功能,积极建设农业大数据平台,实现农业信息化生产管理、农产品安全可溯源、农产品销售精准对接。促进线上线下融合,积极举办各类农业发展博览会和农业科技创新大会,促进农业会展和农业贸易的发展。

(三)健全现代服务业和现代农业融合的支撑体系

加快出台《广州现代服务业与现代农业融合发展规划》,明确广州现代服务业与现代农业融合发展的目标思路、重点方向、重点领域、重点平台,强化体制机制创新和组织保障。强化城乡交通基础设施、流通基础设施、数字基础设施、公共服务基础设施建设,为现代服务业要素下沉农村地区提供基础保障。完善文化旅游、商务金融、科技创新、农村农业等多部门协作协调机制,联合制定支持现代服务业和现代农业融合发展的政策体系,形成促进文化与农业、旅游与农业、商贸与农业、科技与农业融合发展的合力。加大力度推进"粤菜师傅学堂""乡村人才学院"建设,加强与国内涉农科研院所合作,强化乡村振兴领军人才、新时代农业新型人才培养,探索构建跨行业人才交流分享平台和创新创业平台,为现代服务业和现代农业融合发展提供人才支撑。加快推进农村集体产权制度改革,有序推进农村土地流转,建立健全农村建设用地使用和监管机制,建立健全有利于现代服务业和现代农业融合发展用地保障机制和项目合作机制。率先探索建立现代服务业与现代农业深度融合发展的评价标准和评价指标，及时跟踪监测广州现代服务业与现代农业深度融合进程。

第三节 深化广州现代服务业开放合作

深化现代服务业[①]开放合作是广州推动现代服务业"出新出彩"、打造具有全球影响力的现代服务业经济中心、实现现代服务业强市的重要手段。本节将从深入推进现代服务业对外开放合作、加强现代服务业对内开放合作、着力打造现代服务业开放发展平台三个方面分析广州深化现代服务业开放合作的路径，为广州增强国际合作与竞争优势、形成高水平对外开放新格局提供支撑。

一、深入推进现代服务业对外开放合作

深入推进现代服务业对外开放合作是广州培育国内国际竞争新优势、建设具有国际影响力的现代服务业强市的重要内容。根据中共广东省委全面深化改革委员印发的《广州市推动"四个出新出彩"行动方案》、《广州市国民经济和社会发展第十四个五年规划和2035年远景目标纲要》、广州市2021年度政府工作报告等重要文件，广州要着力从扩大服务业对内、对外开放，构建开放平台等方面对深入推进现代服务业对外开放，构建多层次、立体化的现代服务业开放新格局。

---

① 2021年4月20日，《广州市国民经济和社会发展第十四个五年规划和2035年远景目标纲要》提出，现代服务业是以现代科学技术特别是信息网络技术为主要支撑，建立在新的商业模式、服务方式和管理方法基础上的服务业产业。广东省对现代服务业的认定包括9个类别的行业：现代物流业、金融服务业、新兴信息技术服务业、科学研究和技术服务业、租赁和商务服务业、健康服务业、房地产业、文化创意和设计服务业、其他现代服务业。

（一）扩大现代服务业对外开放

扩大现代服务业对外开放是广州深化现代服务业开放发展的基础。根据《中共广东省委全面深化改革委员会关于印发广州市推动"四个出新出彩"行动方案的通知》《广州市国民经济和社会发展第十四个五年规划和 2035 年远景目标纲要》等重要文件指示，广州应扩大金融服务、物流服务、科技创新服务、商务会展以及其他高端专业服务等重点优势领域的对外开放水平，加快形成以金融服务、物流服务、科技创新服务等重点优势领域为主导的现代服务业对外开放体系，提升广州在国家经济发展和对外开放中的支持引领作用。

1. 扩大金融业对外开放，建设国际金融枢纽

根据国家实施金融开放的总体安排[①]，有序扩大金融业的对外开放，建设国际金融枢纽是广州扩大现代服务业开放、实现经济高质量发展的内在要求。一是扩大金融业对外开放领域，推动金融业逐步向银行业、保险业、证券业、基金管理、期货等多个领域全面开放转变，吸引优质金融资源集聚广州，推动金融业向系统化、制度化开放。二是增强金融业的国际交流与合作，引入国际化的参与模式、服务模式和交易模式，参与全球经济资源配置和国际金融市场定价，拓展国际市场，提升广州金融业的国际化发展能力和国际市场竞争力。三是充分利用新一代信息网络技术赋能金融业发展的机遇，最大限度鼓励创新，优化金融市场互联互通安排，持续完善对外开放金融产品体系、服务体系，完善对冲工具、衍生品和其他金融产品，提升广州金融业服务全球经济的能力和服务效率。四是对标国际标准和国际规则，加强广州期货交易所建设，积极参与国际金融治理体系改革，提高开放条件下的金融监管和金融风险防范能力，确保国家金融安全。

2. 扩大现代物流业对外开放，建设国际物流枢纽

经济全球化引起的国际化采购、国际化生产、国际化销售致使全球物流需求快

[①] 国家层面制定了一系列的金融开放政策措施。例如，2019 年 7 月 20 日，国务院金融稳定发展委员会办公室对外发布的《关于进一步扩大金融业对外开放的有关举措》，等等。

速增长，扩大现代物流业对外开放、建设国际物流枢纽是广州推进现代服务业对外开放的必然选择。一是充分发挥广东自由贸易试验区和广州集国际海港、空港、铁路枢纽于一体的物流发展优势，加强与世界其他国家的港口、机场、陆路运输等现代物流基础设施网络与配套建设，优化现代物流基础设施全球布局，基本形成海港空联动、陆海内外联通的综合国际物流通道，实现国际多式联运的无缝衔接。二是扩大物流业对外开放领域，深化国际物流业的交流与合作，探索形成具有国际竞争力的现代物流业发展制度、标准和协同运作模式，建立健全国际物流信息共享机制，提升物流运输效率，将广州建设成集公路运输、多式联运、城市配送、冷链物流、金融物流服务、国际货代、商贸展示交易等多功能于一体的国际物流枢纽。三是增强"互联网+"等先进技术和交通运输技术在物流领域的推广与应用，创新国际物流运作模式、探索新型物流业态，引导物流业向供应链物流、电商物流、衍生服务等专业化、高端化物流服务延伸，构建以新技术、新管理为核心的现代物流体系，将广州打造成全球效率最高、成本最低和最具竞争力的国际物流中心。

3. 全面推进科技服务业对外开放，建设国际科技服务中心

科技服务业[①]具有人才智力密集、科技含量高、产业附加值大、辐射带动作用强等特点。全面推进科技服务业对外开放是促进科技与经济深度融合的客观要求，是广州实现科技创新引领产业升级和全球价值链攀升的关键环节。一是全力推进科技服务业高质量"引进来"和高质量"走出去"双向开放，以科技创新打造国际合作和竞争新优势，积极融入全球科技创新网络，整合全球科技创新资源，开展科技服务全球战略布局，基本形成覆盖科技创新全链条的科技服务体系。二是探索科技服务开放合作新模式、新途径、新体制，积极推进以技术、专利、规则和标准等为纽带的全球科技服务交流与合作平台建设，提升广州科技服务的市场化水平和国际

---

① 科技服务业是指运用现代科技知识、现代技术和分析研究方法，以及经验、信息等要素向社会提供智力服务的新兴产业，主要包括科学研究、专业技术服务、技术推广、科技信息交流、科技培训、技术咨询、技术孵化、技术市场、知识产权服务、科技评估和科技鉴证等活动。前述科技服务业概念参见《加快发展科技服务业 撬起创新驱动的杠杆》，2014年8月20日，见http://www.gov.cn/xinwen/2014-08/20/content_2737719.htm。

竞争力，引领国际规则和标准的制定，参与全球治理。三是依托现代信息网络技术推动技术集成创新和商业模式创新，积极发展新型科技服务业态、创新科技服务模式、丰富科技服务内容、建设科技服务体系，打造以广州科技服务业为引领的全球科技服务生态链。

4. 扩大会展服务业对外开放，建设国际会展之都

商务会展业具有效益高、联动性高、导向性强、凝聚性好、专业性浓、交融性大等特点。扩大会展服务业对外开放，建设国际会展之都是广州扩大现代服务业开放、建设现代服务业强市的必然选择。一是办好广州博览会、广州国际汽车展览会、中国（广州）国际茶业博览会、中国国际老龄产业博览会等专业展会，全面提升中国进出口商品交易会（简称广交会）集聚优秀企业、展示优质品质、促进行业交流、对接国际规则等方面的积极作用，培育领军型展览集团和全球专业展览，建设国际会展之都。二是推动本地会展企业开展国际交流与合作，获取全球展览业协会（UFI）认证，引领国际会展规则制定。三是引进一批国际化会展服务企业，高标准建设具有世界领先水平的品牌场馆，积极承接高端国际会议、国际知名品牌展会、专业展会和国际交流论坛，实现国际国内会展服务业的高效对接，提升广州会展服务业的辐射面和国际影响力。四是利用新一代信息网络技术驱动会展服务新业态、新模式、新机制，探索"新业态＋会展"，创新"一展多地""一会多地"等会展服务新模式，促进会展服务业价值链延伸，构建完整的会展产业生态圈。

5. 扩大其他高端专业服务业对外开放，建设高端专业服务业示范中心

高端专业服务业[①]是一种创新企业商业模式，催生新领域、新行业的现代服务业，是引领产业转型升级的重要力量。进一步扩大高端专业服务对外开放领域，建设高端专业服务业示范中心是广州实现现代服务业高质量开放的重要路径。一方

---

① 根据《广州市人民政府办公厅关于加快发展高端专业服务业的意见》《广州市高端专业服务行业分类表》，高端专业服务业包括贸易代理服务、法律服务、会计审计及税务服务、咨询服务、广告服务、人力资源服务、会议展览及相关服务、工程技术与设计服务、工业及专业设计服务、知识产权服务等10大类。

面，鼓励本地企业积极发展贸易代理服务、法律服务、会计审计及税务服务等其他高端专业服务，实施本地高端专业服务企业"走出去"和国际高端专业服务企业"引进来"并举，强化高端专业服务的国际交流与合作，促进全球高端专业服务资源向广州集聚，打造高端专业服务业集聚区。另一方面，鼓励企业发展商务咨询服务、人力资源服务、工程技术及设计服务、工业及专业设计服务、知识产权服务等其他高端专业服务业，强化高端专业服务业的国际品牌意识与协同发展水平，构建完备的、与世界接轨、高水平的国际化高端专业服务业体系，提升高端专业服务业的渗透性和对整个产业链的带动作用，引领现代服务业向全球价值链高端攀升。

（二）深化穗港澳服务贸易开放合作

粤港澳大湾区建设将广州与香港、澳门的开放合作推向程度更深、范围更广、空间更大的新阶段。广州应充分把握粤港澳大湾区全面合作的战略契机，贯彻落实《广东省现代服务业发展"十三五"规划》《粤港澳大湾区发展规划纲要》，深化穗港澳服务贸易[1]创新合作，设立粤港澳服务贸易自由化省级示范基地，率先实现穗港澳服务贸易自由化，携手港澳集聚国际高端资源，打造深化粤港澳合作载体。

一是在《内地与香港关于建立更紧密经贸关系的安排》《内地与澳门关于建立更紧密经贸关系的安排》（简称CEPA）[2]系列协议的总体框架下，充分发挥广州毗邻港澳的区位优势、深化服务贸易创新发展试点城市优势、粤港澳大湾区建设的核心引擎优势，在开放合作路径、服务贸易发展模式等方面先行先试，打造南沙粤港澳全面合作示范区，建立与国际贸易规则相适应的高标准制度规则，探索适应穗港澳

---

[1] 根据2015年11月27日签署的《内地与香港关于建立更紧密经贸关系的安排》服务贸易协议，服务贸易是指：(1) 自一方境内向另一方境内提供服务；(2) 在一方境内对另一方的服务消费者提供服务；(3) 一方的服务提供者通过在另一方境内的商业存在提供服务；(4) 一方的服务提供者通过在另一方境内的自然人存在提供服务。上述 (1)(2)(4) 统称为跨境服务。

[2] CEPA英文全称为Mainland and Hong Kong Closer Economic Partnership Arrangement 及 Mainland and Macao Closer Economic Partnership Arrangement。

服务贸易自由化发展的体制机制、政策措施与开放路径,深化广州对港澳更深层次的制度性开放,最大限度地激发市场活力,建设穗港澳服务贸易自由化示范基地。

二是根据全球服务贸易发展的新形势新特点,加强互联网与数字经济技术在穗港澳服务贸易中的运用,探索穗港澳服务贸易数字化发展路径,完善跨境支付、境外消费、自然人移动等模式下的服务贸易市场准入制度,推动服务贸易设施智能化改造和业态调整,加快以数字技术为支撑、高端服务为先导的"服务+"整体出口和跨境服务贸易的"一站式"服务发展,提升穗港澳服务业的可贸易性,推动穗港澳数字化服务贸易新业态、新模式快速发展。

三是扩大广州对香港、澳门服务贸易领域的开放,加强广州与港澳在金融、旅游、管理咨询、仓储物流、项目策划、研发设计、科技服务、检验检测、国际结算、会展等多个领域的开展服务贸易,优化服务贸易结构;充分利用香港和澳门的国际化专业服务优势,学习港澳先进经验,加强穗港澳服务贸易合作与协同,以服务贸易为手段实现穗港澳现代服务业集聚联动发展,为广州现代服务业发展带来更多的国际化优质资源和创新服务,扩展和优化服国际服务网络,携手港澳建设内地现代服务业企业"走出去"的综合基地,在更高层次参与国际经济合作和竞争。

四是创新穗港澳服务贸易发展模式,培育在岸服务外包市场,加快国际离岸服务外包、跨境电子商务等以"互联网+"为先导的新型服务贸易方式的应用和推广,探索"产业链+物流链",促进服务贸易领域新技术、新产业、新业态、新模式蓬勃发展;加强穗港澳在服务贸易人才培养、资格互认、标准制度等领域的合作,促进服务贸易要素跨境自由流动,加速推进建立与国际投资和服务贸易规则相适应的高标准制度规则,在更大范围内实现服务贸易自由化发展。

(三)积极拓展国际服务贸易开放合作

立足国际视野谋划和推动现代服务业开放发展,是广州抢占国际经济制高点的主攻方向。这要求广州发挥在现代服务业开放合作上先行先试的优势,拓展与世界发达经济体、新兴市场国家、RCEP域内国家、"一带一路"沿线国家等的服务贸

新引擎新动能：广州现代服务业的跃升

易①开放合作，以国际服务贸易为重点建设面向世界的现代服务业中心。

一是加强与世界发达经济体的服务贸易开放合作，深耕发达经济体等传统市场。坚决贯彻落实《广州市加快服务贸易和服务外包发展的实施意见》，加强与纽约、伦敦、巴黎、东京等世界服务业一流城市建立互动交流机制，进一步扩大高端专业服务、新兴服务等多个领域的合作，汲取国际经验，巩固欧洲、日本等优势市场，提升"广州服务"的全球价值链地位；对标国际服务贸易标准和规则，放宽现代服务业市场准入，吸引国际优质服务企业落户广州，积极融入全球服务贸易网络，推动广州现代服务业的经济规模和国际竞争力进入世界前列。

二是加强与新兴市场国家的服务贸易开放合作，加大新兴市场开拓力度。充分发挥广州在现代物流、会展、科技服务、互联网信息服务等现代服务业重点领域的优势，加强与俄罗斯、印度尼西亚、巴西等新兴市场国家的服务贸易开放合作，拓展广州现代服务业在新兴市场国家的市场范围，进一步扩大商务服务、通信服务、科技服务、金融服务、互联网信息服务等多个领域的开放合作，优化服务贸易结构。以优质高效的服务深度嵌入新兴市场国家的本土产业链、供应链，提升广州现代服务业的服务能力和国际影响力，培育和打造以广州为引领的现代服务业国际品牌。

三是加强与RCEP域内国家的服务贸易开放合作。充分利用我国签署《区域全面经济伙伴关系协定》（RCEP）的重大机遇，发挥广州深化服务贸易创新发展试点城市的优势，加强与日本、韩国、东盟等RCEP域内国家和地区的服务贸易开放合作，推动RCEP域内服务贸易规则和标准对接，扩大服务贸易合作领域，逐步打造以广州为引领的现代服务业产业链，推动RCEP构建完整的区域产业链、价值链。积极参与推进双边、多边和区域服务贸易和全球经贸规则的谈判与制定，推动国际服务贸易和投资自由化便利化，逐步增强广州现代服务业在制定国际服务贸易标准和规则上的引领作用。

---

① 世界贸易组织界定的服务贸易十二大领域产品及相关技术：商务服务、通信服务、建筑及相关工程服务、金融服务、旅游及旅行相关服务、娱乐文化与体育服务、运输服务、健康与社会服务、教育服务、分销服务、环境服务及其他服务。

四是加强与"一带一路"沿线国家的服务贸易开放合作，推动广州走向更广阔的国际舞台。紧抓国家实施"一带一路"重大发展战略的机遇，利用多层次区域合作叠加优势，加大广州服务业品牌宣传和推广，积极承接和参与"一带一路"沿线国家基础设施建设、国际运输、金融等服务，加强服务贸易开放合作；探索推进"一带一路"国际金融平台、"单一窗口"平台与"一带一路"沿线国家口岸互联互通，推进国家间的优势、特色现代服务业标准国际化，促进"一带一路"国际服务贸易和投资自由化便利化；把沿线国家的制度差异转化为制度优势和发展动能，把经济层次性转化为合作优势，发展跨境电商、电子支付、服务外包等创新型服务贸易方式，催生服务贸易新业态新模式，探索形成"一带一路"沿线国家服务贸易创新发展体制机制新优势，携手沿线国家建设中国企业"走出去"综合服务基地，构建更高层次的开放型经济。

（四）优化提升现代服务业对外开放合作模式

在世界现代服务业全球化和新技术革命赋能服务业开放发展的背景下，深入推进现代服务业对外开放发展，还要求广州要着力优化提升现代服务业对外开放合作模式，重塑和升级广州现代服务业国际竞争新优势，提升"广州服务"的国际影响力和美誉度，打造"中国服务"国家品牌的广州标杆。

一是探索开展"产业+园区+制度"等现代服务业开放模式集成创新。充分发挥广州"双区"建设、"双城联动"、广州南沙自贸区、南沙粤港澳全面合作示范区、保税区等平台和制度优势，先行先试，持续推进制度性开放的改革与创新、推进服务贸易创新发展试点开放平台建设，建立健全现代服务业产业链国际化信息互通和利益共享机制，形成与国际接轨的制度创新体系；引进一批示范项目和示范园区，探索建立"产业+园区"等更加灵活的开放模式，推动服务业扩大开放在重点园区示范发展，鼓励企业以并购、联合投资以及在境外设立研发中心、分销中心、物流中心等方式参与全球高端资源配置；探索"研发+制造""总部+基地""前端+后台""总装+配套""装备+服务""工程+服务"等国际合作新模式，扩大技术、标准和服务出口，提升现代服务业的可贸易性，构建跨境服务贸易产业链，更加积极地参与国际产业分工体系。

二是加快科学技术赋能现代服务业开放发展进程，创新"互联网+服务"开放发展新模式。一方面，利用数字技术赋能现代服务业扩大开放，加快服务贸易数字化发展进程，推动以数字技术为先导的现代服务业开放合作，打造数字化服务贸易新型网络平台，促进平台经济、共享经济、体验经济等开放新模式健康快速发展；另一方面，基于互联网信息技术的应用，开展海外基地展示、服务外包、跨境电子商务等，探索设立跨境合作区、境外经贸合作区，建立跨境电商平台和保税商品展示交易平台等，提供金融服务、保税仓储、物流配套、检验检疫、国际结算等配套服务，拓展现代服务业国际合作新空间和新领域；探索"总部+跨境电商/海外仓""网购保税进口+线下自提"等开放合作新模式的试点和推广，拓展第三方电子商务平台、智能制造服务平台、云服务平台等建设，推进中国（广州）跨境电子商务综合试验区建设。

二、积极加强现代服务业对内开放合作

广东省已迈入以服务经济为主的发展新阶段，扩大现代服务业对内开放是深化现代服务业开放合作的重要内容。这要求广州深入贯彻落实《粤港澳大湾区发展规划纲要》，扩大对国内市场的开放合作，包括加强与珠三角地区[①]的开放合作、增强对广东的辐射带动作用、拓展与国内其他地区合作开放，提升广州现代服务业对国内需求的适配性，抢占国内现代服务业制高点，服务构建新发展格局。

（一）加强与珠三角地区的开放合作

广州是支撑珠三角地区经济发展的重要引擎。深化现代服务业开放合作，必然要求广州率先加强与珠三角地区现代服务业发展的开放合作，强化广州支撑粤港澳

---

① 珠三角地区包括广州、深圳、珠海、佛山、惠州、东莞、中山、江门、肇庆9市。

大湾区的核心引擎功能。

1. 深化广州与深圳在现代服务业领域的分工与合作

广州和深圳是珠三角地区经济发展程度最高的两个区域，二者均已进入以现代服务业为引领的服务经济发展阶段。作为支撑粤港澳大湾区建设的核心引擎，广州和深圳在现代服务业领域竞争性与互补性并存。推动广州现代服务业发展出新出彩，要求广州深入贯彻落实《粤港澳大湾区发展规划纲要》《广东省国民经济和社会发展第十四个五年规划和2035年远景目标纲要》等，深化与深圳现代服务业的分工与合作，实施现代服务业错位发展，推动构建具有全球影响力的大湾区双子城。一是以"双区"建设、"双城联动"为指引，推进广州在主动对接、支持、服务深圳先行示范区和经济特区的过程中增强与深圳现代服务业的先进经验交流、资源共享、要素自由高效便捷流动，探索建立广深现代服务业优势互补和产业联动发展的战略合作机制。二是进一步落实共建广深港澳科技创新走廊、大湾区综合性国家科学中心，细化广州与深圳在金融、数字经济、科技服务、会展、互联网信息服务及其他高端专业服务领域的分工与合作，创新业务外包等合作新模式，构建错位发展、优势互补、协作配套的现代服务业体系。三是增强广州南沙粤港澳全面合作示范区功能，以南沙示范区为平台推进广州与深圳前海深港现代服务业合作区的交流与合作，推动广深联合港澳建设现代服务业开放合作重大发展平台，联手打造世界级现代产业集群。

2. 加强广州与珠三角其他城市的现代服务业分工与合作

珠三角地区是我国经济最为发达的区域之一，其现代服务业发展水平位居全国前列。根据《广东省现代服务业发展"十四五"规划》《粤港澳大湾区发展规划纲要》等指导性文件，以现代服务业与先进制造业、现代农业深度融合发展为引领，扩大广州对珠三角其他区域的开放，细化广州与珠三角地区现代服务业的分工与合作，推动珠三角建设以广州、深圳为引领的世界现代服务业基地，打造服务泛珠三角、辐射全国及东南亚地区服务业中心区。一是加强广州现代服务业与佛山高端制造业、肇庆旅游及先进装备制造业等的深度融合发展，提升广佛肇（怀集）经济合作区平台,落实广佛肇在研发设计、工业设计、信息技术服务等领域的分工合作,形成"广州研发+佛山高端制造+肇庆成果转化"的产业分工;二是加强广州现代服务业与东莞、惠州等珠江东岸电子信息产业的深度融合发展,着力推进广州与珠江东岸在科技服务、信息技术服务、电子商务、知识产权服务等服务业领域的分工合作,推动集成电路研发设计、芯片设计、科技金融、智能穿戴等新兴产业发展;三是加强广州现代服务业与珠海、中山、江门等珠江西岸先进装备制造产业的融合发展,加快建设中德工业服务区、中德生物医药(中山)产业园等生产性服务业集聚区,搭建检验检测、教育培训、法律服务等公共服务平台,推动产业融资租赁、研发设计、信息系统、第三方物流、电子商务等与先进制造业紧密相连的生产性服务业快速发展。

(二)增强对广东的辐射带动作用

2018年12月,中共广东省委、省政府《关于构建"一核一带一区"区域发展新格局 促进全省区域协调发展的意见》提出,要加快构建"一核一带一区"[①]区域发展新格局。广州作为广东省的省会城市,也是区域发展新格局中珠三角核心区的主要成员。新时期,广州要充分把握粤港澳大湾区建设重大战略机遇,探索"研发+制造""总部+基地""前端+后台""总装+配套"等跨区合作模式,深化与沿海经济带东西两翼和北部生态发展区的现代服务业开放合作,增强广州对沿海经济带东西两翼和北部生态发展区的辐射带动作用,推动全省优化现代服务业空间布局,构建以现代服务业为引领的产业生态圈。

1. 增强广州对沿海经济带东西两翼的辐射带动作用

充分发挥广州在现代服务业领域的领先优势,扩大现代服务业对沿海经济带

---

① 2018年12月,广东省委、省政府印发《关于构建"一核一带一区"区域发展新格局 促进全省区域协调发展的意见》,提出加快构建形成由珠三角地区、沿海经济带、北部生态发展区构成的"一核一带一区"区域发展新格局。其中,珠三角地区包括广州、深圳、珠海、佛山、惠州、东莞、中山、江门、肇庆9市;沿海经济带包括:珠三角沿海7市、东翼4市(汕头、汕尾、揭阳、潮州)、西翼3市(湛江、茂名、阳江);北部生态发展区包括韶关、梅州、清远、河源、云浮5市。

东西两翼的开放水平,加强现代服务业分工合作,加快建设与先进制造业、现代农业、新型城镇化要求相配套的现代服务业体系,增强现代服务业的供需适配性,将沿海经济带打造成现代服务业区域发展中心。一是加强广州与汕头、汕尾、揭阳、潮州等4个粤东城市的现代服务业分工合作,推进广州现代服务业与制造业、农业深度融合,实施"港产联动",辐射带动粤东地区的金融、工业设计、创业孵化、软件信息、技术服务、电子商务等生产性服务业发展,带动海洋服务、现代旅游、文化创意等生活性服务业发展,将"汕潮揭"临港空铁经济合作区打造成交通枢纽性服务业发展集聚区,引领推动粤东地区产业转型升级。二是加强广州与湛江、茂名、阳江等3个粤西城市的现代服务业分工合作,深化广州国际性综合交通枢纽和湛江全国性综合枢纽的对接合作,增强粤西地区的临港优势,辐射带动粤西地区现代物流、电子商务、金融、信息、中介、知识产权等生产性服务业发展,着力推进生产性服务业多层次集聚发展,提升广州与粤西地区的产业互补水平,建立健全广州与湛江"省会城市+省域副中心"协作机制。

2. 增强对北部生态发展区的辐射带动作用

充分发挥广州在现代服务业领域的领先优势,扩大广州现代服务业对韶关、梅州、清远、河源、云浮等5个城市组成的北部生态发展区的开放水平,加强广州与北部生态发展区的现代服务业分工合作,拓展广州现代服务业发展的腹地。具体来说,根据北部生态发展区的要素禀赋、产业发展基础和生态环境条件,加强广州现代服务业与北部生态发展区生态环保、机械、冶炼、农林等产业的融合发展,重点突出"生态优先、绿色发展",发展山林和农业休闲旅游,建设粤北山区综合物流中心、北部生态文化旅游合作区、中农批电子商务城等,辐射带动绿色金融、环境服务、现代旅游服务、运输服务、农业社会化服务、健康服务、养老服务等服务业发展,全力打造生态经济发展新标杆。

(三)拓展与国内其他地区开放合作

充分发挥广州现代服务业的领先优势,增强对国内现代服务业的要素集聚能力，扩大广州现代服务业开放领域，拓展现代服务业国内市场，加强与国内主要服务业中心城市的开放合作，深化广州现代服务业对内开放程度，充分挖掘和释放广州现代服务业的潜力，增强广州对国内大循环的支撑作用。

1. 增强对国内其他地区现代服务业要素的集聚能力

广州是我国最早实施改革开放的区域之一，具有丰富的改革开放经验。在国家进一步扩大开放的新阶段，广州要充分发挥自身的经验优势，拓展现代服务业对内开放合作，增强对国内其他地区现代服务业的要素集聚能力，进一步夯实现代服务业发展基础。一是要聚焦制度创新，改革阻碍现代服务业对内开放发展的体制因素和不适应政策，优化现代服务业对内开放的制度设计，统筹推进现代服务业对内对外开放，推动由商品要素流动型开放向规则等制度型开放转变，增强现代服务业对内开放工作的系统性与协同性。二是充分释放国家支持现代服务业发展的政策红利，围绕商务服务、现代物流、金融、旅游、数字经济、电子商务、科技服务、会展等重点领域，放宽市场准入，促进消除行政壁垒、完善监管体系、优化市场环境，最大限度地激发现代服务业市场主体，探索"产业+平台+园区"等开放新模式，提升现代服务业的竞争力。三是充分发挥广州位居改革开放前沿及毗邻港澳的区位优势，发挥联结港澳及国际市场的枢纽作用，积极承接和参加全国性及国际性会展、会议、论坛等活动，强化对广州的宣传推介，提升广州现代服务业在国内的影响力，引导树立"广州品牌"，吸引国内其他地区优质的现代服务业要素、公司到广州设立分支结构，将广州打造为现代服务业集聚发展的高地。

2. 拓展与国内主要服务业中心城市的开放合作

拓展广州现代服务业的开放，还要求广州要充分发挥自身现代服务业领先优势，拓展与国内主要服务业城市的分工合作。

一是继续拓展广州现代服务业对国内其他地区的开放领域，开拓国内服务业市场。包括扩大传统的贸易、物流、旅游等服务业的对内开放合作，更要扩大现代物流、金融、信息技术服务、研发设计、商务咨询等生产性服务业的开放合作，大力支持服务业与国内其他地区各产业的跨界融合发展，推动业态创新、模式创新，引领经济结构升级；扩大网络经济、数字经济、科技服务、高端专业服务等新兴服务业领域对内开放合作，支持服务业多业态融合发展，推动服务业内部细分行业生产要素配置和服务系统集成，创新服务供给，拓展增值空间，提升广州现代服务业与国内现代服务业需求的匹配度，增创广州现代服务业发展新优势。

二是拓展广州与国内主要服务业中心城市的开放合作，建立国内现代服务业合作网络，引领优化现代服务业空间格局。拓展与北京（国家服务业扩大开放综合示范区）在科技创新、服务业开放、数字经济等重点领域的合作，与上海、天津、海南、重庆4个全国服务业扩大开放综合试点[①]的分工，汲取先进经验，争取成为下一个试点区域；拓展与天津等28个全面深化服务贸易创新发展试点区域的开放合作[②]，扩大服务业双向开放，实施错位发展、优势互补，推进建立以广州为引领的多层次服务业经济中心；拓展与浙江、福建等其他自贸试验区的开放合作，共同打造现代服务业开放发展的更高端平台；拓展与国内其他服务业中心城市的开放合作，增强广州现代服务业对国内其他地区服务业的辐射带动能力，巩固提升广州现代服务业的发展水平。

三、着力打造现代服务业开放发展平台

广州要充分发挥南沙自由贸易试验区的作用，加快推进南沙自由贸易区试验

---

① 2015年5月，国务院批复同意在北京市开展为期3年的服务业扩大开放综合试点。截至2021年5月，北京一共开展了3轮服务业扩大开放综合试点，并于2020年开始启动服务业扩大开放综合示范区建设，旨在建设以科技创新、服务业开放、数字经济为主要特征的自由贸易试验区。2021年增设天津、上海、海南、重庆4省市进行试点，对充分竞争、有限竞争、自然垄断领域竞争性业务、特定领域服务业4个类别，科技、金融、教育等12类重点服务领域进行开放试点。

② 2020年8月，国务院《关于同意全面深化服务贸易创新发展试点的批复》、商务部《全面深化服务贸易创新发展试点总体方案》，同意在北京、天津、上海、重庆（涪陵区等21个市辖区）、海南、大连、厦门、青岛、深圳、石家庄、长春、哈尔滨、南京、苏州、杭州、合肥、济南、威海、武汉、广州、成都、贵阳、昆明、西安、乌鲁木齐和河北雄安新区、贵州贵安新区、陕西西咸新区等28个省、市（区域）全面深化服务贸易创新发展试点，试点期限为3年。

新引擎新动能：广州现代服务业的跃升

区、南沙粤港澳全面合作示范区两个现代服务业开放发展重大平台建设，同时大力支持广州期货交易所等其他现代服务业开放发展平台，形成支撑广州现代服务业开放发展的平台群，推动广州在更大范围、更宽领域、更高层次参与现代服务业国际合作与竞争，提升广州现代服务业发展质量和国际竞争力。

（一）充分发挥南沙自由贸易试验区作用

广州南沙自由贸易试验区成立于 2014 年 12 月 31 日，与深圳前海蛇口自由贸易试验区、珠海横琴片区自由贸易试验区共同组成了中国（广东）自由贸易试验区。在进一步深化现代服务业开放发展之际，广州要充分利用南沙自由贸易试验区的优势，督促落实南沙自由贸易试验区建设的实施方案，推进建设南沙高水平对外开放门户的枢纽，着力打造广州现代服务业开放发展重点平台。

一是加强制度创新。充分发挥南沙自由贸易试验区先行先试的优势，主动对标高标准国际服务贸易规则，汲取国内国际自贸区先进经验，深化南沙自由贸易试验区的制度创新，在金融、物流、数据跨境流动等重点领域率先实现突破，打造国际服务贸易新规则策源地；推动南沙自由贸易试验区开展重大政策创新，加强与深圳前海、珠海横琴两个自由贸易试验区的开放合作，携手共建粤港澳大湾区自由贸易组合港，共同争取国家、广东省赋予更大的改革开放自主权，推进南沙自贸试验区扩容提质，打造更高层次、辐射带动作用更强、引领广州现代服务业对外开放的新高地。

二是扩大开放领域。以南沙自由贸易试验区和海港为核心，围绕国际航运中心建设，重点发展航运物流、特色金融、跨境电子商务、供应链管理、会展、游艇展览、咨询评估以及其他高端专业服务等现代服务业产业，扩大开放领域，着力推进以生产性服务业为主导的现代产业新高地和具有世界先进水平的综合服务枢纽；鼓励有条件的服务企业"走出去"，积极参与国际竞争与合作，同时积极承接国际先进服务业转移，吸引优质跨国服务企业和高层次人才等高端要素资源聚集南沙，推进更高水平的服务贸易自由化便利化，打造广州现代服务业"引进来"和"走出去"并举的高质量发展平台。

三是强化中心城区与南沙自由贸易试验区的战略联盟。充分发挥南沙海港的区位优势和政策优势,加强南沙港与广州白云国际机场、铁路运输、公路运输的互联互通,完善多式联运航运综合服务体系,构建信息互联互通的航运服务平台,强化南沙港口全球网络辐射力,加快建设广州国际物流枢纽;加强南沙与天河中央商务区、琶洲国际会展中心区两个粤港澳服务贸易自由化省级示范基地的合作,加强与广州国家知识产权服务业集聚发展试验区、广东省知识产权服务业集聚发展示范区、试验区的战略合作,特别是着重加强与广州国际金融城、中新知识城、琶洲人工智能与数字经济试验区的战略合作,推动南沙自由贸易试验区成为粤港澳大湾区知识产权服务高地,以知识和科学技术为支撑,大幅提升广州现代服务业的层次和能级。

(二)强化南沙粤港澳全面合作示范区的现代服务业开放合作功能

南沙享有国家级新区、自由贸易试验区和毗邻港澳等多重优势,《粤港澳大湾区发展规划纲要》《广州市国民经济和社会发展第十四个五年规划和2035年远景目标纲要》《中共广东省委全面深化改革委员会关于印发广州市推动"四个出新出彩"行动方案的通知》等重要文件赋予南沙全力打造粤港澳全面合作示范区的战略定位。广州要充分利用南沙多重优势,强化南沙粤港澳全面合作示范区的现代服务业开放合作功能,建成支撑广州现代服务业开放发展的重要引擎。

一是强化南沙粤港澳全面合作示范区对广州现代服务业开放发展的枢纽平台与示范作用。紧抓"双区"建设、"双城联动"重大发展机遇,以南沙粤港澳全面合作示范区基础设施"硬联通"推进穗港澳规则制度"软联通",着力建设广州现代服务业开放发展枢纽平台;强化制度集成创新和穗港澳现代服务业标准与规则制度衔接示范,探索建立标准互认、资金互通、市场互联机制,推进穗港澳服务贸易自由化便利化发展,建设内地与港澳规则相互衔接的示范基地,打造内地与港澳深度合作示范区;推进南沙粤港澳全面合作示范区建立与国际高标准投资和贸易规则相适应的制度规则,携手港澳集聚国际高端资源,建设广州现代服务企业"走出去"和"引进来"的综合服务基地和国际交流平台,打造广州现代服务业高水平对外开放门户枢纽。

二是强化南沙粤港澳全面合作示范区对广州高端现代服务业全面开放合作的引领作用。坚持南沙粤港澳全面合作示范区走高端化、服务化、国际化发展之路，重点深化穗港、穗澳在金融、科技服务、研发设计、现代物流、医疗、会计等高端专业服务领域的开放合作，建设大湾区国际航运、金融和科技创新功能承载区；积极争取国家授权穗港澳服务资格互认，稳步推进法律、建筑等服务业对港澳开放，拓展穗港澳现代服务业合作的深度与广度，引领穗港澳加快形成以高端生产性服务业为主导的现代产业体系；创新高端现代服务业开放发展的新业态新模式，发展总部经济、跨境电子商务、服务外包，培育建立穗港澳跨界电子商务示范基地、全球服务外包合作示范平台等，建设广州高端现代服务业全面开放发展的重要窗口。

（三）优化提升其他现代服务业开放发展平台

除了以上两个重点平台之外，广州还要大力建设广州期货交易所、广交会等其他现代服务业开放发展平台，形成支撑现代服务业开放发展的平台群。

一是高标准建设广州期货交易所重大金融平台[①]，强化广州期货交易所支撑广州现代服务业开放发展的功能。一方面，坚决落实党中央、国务院的决策部署，积极稳妥推进碳期货的研究开发工作，高标准建设广州期货交易所，加快集聚期货业区域性总部及仓储、交割等功能的上下游机构，打造期货全产业链，建立和完善期货现货联动发展的交易市场体系，探索开展碳排放权交易外汇试点，力争打造国际一流期货交易所，提升广州对金融商品和大宗商品的定价权。另一方面，发挥广州期货交易所国家级金融基础设施和平台作用，深化与上海期货交易所、中国金融期货

---

① 2021年1月22日，经国务院同意，中国证监会正式批准设立广州期货交易所，它是继上海期货交易所、郑州商品交易所、大连商品交易所、中国金融期货交易所之后中国内地设立的第5家期货交易所，也是境外机构首次获准入股内地的期货交易所。2021年2月5日，广州期货交易所股份有限公司成立，落户广州南沙，法定代表人胡政，注册资本30亿元人民币，是我国第一家混合所有制的交易所。其中，上海期货交易所、郑州商品交易所、大连商品交易所、中国金融期货交易所股份有限公司、中国平安保险（集团）股份有限公司的持股比例均为15%，广东珠江投资控股集团有限公司和广州金融控股集团有限公司的持股比例均为9%，香港交易及结算所有限公司的持股比例为7%。2021年4月19日，广州期货交易所在广州宣布揭牌成立。参见《广州期货交易所揭牌成立》，《广州日报》2021年4月20日。

交易所等金融机构的开放合作,吸引带动银行、证券、基金、期货公司等更多金融机构及总部企业入驻广州,引导资本市场在穗深化布局;强化香港交易及结算所入股广州期货交易所的优势,实现广州、香港、深圳等大湾区核心城市在金融业务上的强强联合,形成在国际国内具有超强辐射影响力的粤港澳金融圈,汇聚全球金融资源,打造广州现代服务业开放发展的重要金融支撑平台。

二是强化中国进出口商品交易会(以下简称广交会)的全方位对外开放平台作用,全力推进广州现代服务业开放发展。首先,充分发挥广交会广泛链接全球市场优势,放大广交会国际品牌效应,推进广州现代服务业更快捷高效地开拓国际市场,促进现代服务业在更高层次上运用国内国际两个市场、两种资源,大幅提升现代服务业全球供需的匹配性,打造广交会为现代服务业国际一流专业性开放平台。其次,实施"广交会+互联网"行动计划,创新线上线下广交会服务融合新模式,发挥广交会对行业上下游的辐射带动作用,带动邮政、运输、商品检验、产品质量认证等配套服务,为广州现代服务业开放发展创造更多商机,推动现代服务业深度融入全球价值链、引领全球价值链。最后,以广交会为蓝本积极探索"新业态+会展",建设高水平会展综合体,办好广东21世纪海上丝绸之路国际博览会、广州博览会、广州国际汽车展览会、中国(广州)国际茶业博览会、中国国际老龄产业博览会等专业展会,培育领军型展览集团和全球专业展览,引领现代服务业走向全世界,共建国际会展之都。

三是推进广州"一区三城十三节点"①发展平台强强联合,携手港澳打造支撑现代服务业开放发展的高端平台集群。以粤港澳大湾区国际科技创新中心建设为契机,联动推进琶洲人工智能与数字经济试验区(含广州大学城)、中新广州知识城、

---

① 根据2020年广州市政府工作报告,"一区"是指广州人工智能与数字经济试验区,范围包含琶洲核心片区(含广州大学城、约48平方千米)、广州国际金融城片区(8平方千米)、鱼珠片区(25平方千米)。"三城"是指南沙科学城、中新广州知识城、广州科学城。"十三节点"是指广州国际生物岛、天河智慧城、中大国际创新谷和南中轴创新带园区、广州国际健康城、天河·公园智谷片区、增城经济技术开发区核心区、黄埔云埔片区、增城·太平洋夏埔片区、广州南站商务区、增城·珠江国际智能科技产业园片区、黄埔临港经济区、空港经济区、白鹅潭现代服务业集聚区。

广州科学城、南沙科学城"一区三城"创新核建设，建成具有全球影响力的总部经济集聚区和科技创新资源集聚区，引领构建全球合作创新网络，辐射带动相关高端专业服务业开放合作；加强"一区三城"与国际金融城、万博商务区、南站商务区、白鹅潭商务区、白云新城等主要经济功能区以及国际生物岛、天河软件、增强新型显示等价值创新园区的服务平台设施与资源共建共享，携手港澳共建国际高端资源集聚区，打造国际高端资源共享服务平台群，以科技创新和平台协作赋能广州现代服务业向高端化、集群化、国际化发展。

第四节 增强广州现代服务业创新能力

现代服务业的构成比较复杂，既包括随着现代技术发展、新服务需求产生而形成的新兴服务领域，也包括运用现代技术实现了技术升级、服务方式再造或创新的传统服务领域。无论是新兴服务领域还是传统服务领域的发展，技术在其中都发挥了不可替代的作用。新时期，通过创新赋能加快现代服务业发展已经成为全国各区域推动现代服务业平稳快速发展的共识，多数地区很早便开始着重发挥科技创新在引领现代服务业发展模式中的重要作用。尽管全国各区域发展现代服务业使用的科技手段和政策各有不同，归根结底无不在发挥科学技术提升现代服务业创新能力的作用。立足于新发展阶段，实现广州现代服务业出新出彩必然需要依靠创新科技作为支撑，大力促进人工智能、云计算、大数据、物联网等先进技术与服务业深度融合，推动现代服务业在新产业、新业态、新模式方面实现突破和跨越。适应新发展格局，现代服务业的发展需要更加注重科学技术的迭代更新，以市场需求为主要导向积极发挥新科技对现代服务业的引领和推动作用。在推动广州现代服务业出新出彩的过程中，增强广州现代服务业创新能力核心在于科技创新，然而如何通过科技创新实现现代服务业创新能力的提升，则需要考虑多种路径和综合因素。

第五章　广州推动现代服务业出新出彩的路径

一、积极构建区域创新系统

(一) 打造现代服务业区域创新平台和载体

现代服务业创新平台和载体能够为建立和完善区域创新系统提供有利条件。《广州市推动现代服务业出新出彩行动方案》要求，"把握粤港澳大湾区全面合作战略契机，以创新为主要动力，以打造高端化专业化发展平台为重要抓手，着力提升广州现代服务业发展能级"。在积极推进广州区域创新系统的构建过程中，应该充分发挥广州科技创新发展的总体优势，结合辖区内不同区域科技发展环境的具体状况，着重利用各科技产业发展的比较优势深化人工智能、云计算、大数据、物联网、5G等先进技术与服务业的融合，极力打造特色化、专业化、高端化的发展平台和载体，为广州全面推进区域创新系统建设提供支撑。具体而言，需要继续强化南沙粤港澳全面合作示范区和前海深港现代服务业合作区以及横琴粤港澳深度合作示范区的合作，着重加快南沙粤港深度合作园、粤澳合作葡语国家产业园、穗港澳国际健康产业城的建设与发展，积极探索建设国际数据安全流动试验区。大力提升广州南站现代化综合运输能力水平、不断完善相关功能和站场设施配套，积极推动谋划建设国际医学中心。进一步推进部省市共建国家级软件产业基地等重大平台的政策落地和建设。探索促进私募股权交易的便利举措，加快建设民间金融街、国际金融城。同时，全面推进粤港澳大湾区国际科技创新中心广州创新合作区建设，大力支持广州参与共建综合性国家科学中心，强化南沙科学城、中新广州知识城、广州科学城、琶洲人工智能与数字经济试验区（含广州大学城）与光明科学城、深港科技创新合作区、西丽湖国际科教城、东莞中子科学城等重大创新载体的对接合作，打造南沙庆盛科技创新产业基地等一批创新产业平台。培育一批创新孵化器和服务平台，着力建设创新发展示范区，推动科技服务平台设施共建共享。此外，利用区域性公共服务科技平台，不断拓展金融投融资、国内外贸易、现代化生产以及服务网络，创新对外投资方式，推动"广州技术""广州标准""广州质量"发展。

（二）强化现代服务业区域创新主体合作关系

在区域创新系统的构建过程中，区域创新主体的参与不可或缺。以往区域发展过程中创新主体之间在技术研发中的合作关系相对较为薄弱，"政企学研资中"合作网络关系有待加强。在"大科技"的时代背景下，面对国内外经济发展环境的快速变化和新技术革命的挑战，一方面需要科技自立自强支撑区域形成独立自主的创新体系，另一方面也需要创新主体加强各自之间的联系与合作水平。即在关键核心领域实现独立突破"卡脖子"技术难题的同时，注重加强区域之间关联性较强的科技主体之间的合作网络关系，推动区域协同创新发展。其一，深入推进"政企学研资中"联动，提升有效协作水平，增强创新主体联合创新动力。进一步整合企业、学校、研究院等优势科研资源，打破实业界、学界在科技创新合作方面的界限和障碍，充分发挥政府在推动校企研合作中的推动作用。大力提升科技创新活动在纵向与横向方面的联动水平。其中，纵向重点突破企业、学校等各自领域内部之间的合作关卡，实现不同类型企业在相同或者相似领域内联合攻克关键技术的难题，聚焦不同高校的比较优势共同针对同一技术领域进行联合创新。横向重点发挥政府、企业、学校、研究院等在区域创新中的不同作用，实现各主体之间的互联互通与相互合作，提升创新研发效率和成果转化率。此外，还可以考虑组建跨地区的产学研协同创新联盟，为各类创新要素的流动提供服务。其二，整合区域主体发展优势，提升区域协同创新发展水平。在区域生产要素分配方面，积极推动穗港澳科技人员、财政科研资金等顺畅流通，提升科研仪器设备通关便利水平与大型科学设施、科技资源共享共用能力。在机构合作方面，积极联合港澳高校设立实验室、工程中心和创新中心，不断深化与港澳生物医药科技创新合作。支持创建粤港澳大湾区大数据技术国家工程实验室，推进大数据中心（IDC）项目建设。探索建立粤港澳三地数据流动融合机制。积极参与共建综合性国家科学中心，联合深圳共建人工智能与数字经济省实验室。通过这些方式，实现不同区域之间的协同合作创新。在空间布局方面，通过科学分工、合理布局现代服务业发展的空间结构，错位发展琶洲人工智能与数字经济创新试验区等一批聚集高端要素的现代服务业集聚区。同时，加强与周边城市战略合作及产业链对接，为加快建设广深港澳科技创新走廊、珠江两岸产业带提供配套服务。

（三）建立现代服务业区域创新发展新模式

现代服务业区域创新发展新模式是构建区域创新系统的重要途径。如下几方面将为新发展格局下提升广州现代服务业发展创新能力，建立区域创新发展新模式提供有利条件。其一，强化科技"聚链、延链、补链、强链"建设。作为广州科技创新要素相对较为集中的地区，天河区、黄埔区、增城区在强化科技"聚链、延链、补链、强链"建设中各具特色。其中，天河区是广州 CBD 核心区域，高端人才和金融资本丰富。黄埔区、广州开发区是高新技术产业和战略性新兴产业集聚区域，它们是广州建设国际科技创新枢纽和国家科技产业创新中心的核心区域。充分发挥这些地区在建立完整科技创新链条中的作用，应按照"技术进链、企业进群、产业进带；缺链补位、短链拉长、弱链增强、同链错构"的思路，重点围绕破解产业发展"卡脖子"难题，推动区域关键技术创新链条的强链、补链、固链，打造区域发展关键技术全链条，以匹配后疫情时代广州产业价值链和创新链变化。其二，提升现代服务业与科学技术融合发展水平。以创新驱动为引领，促进"互联网+"、大数据、人工智能、物联网、区块链与现代服务业各领域的深度融合发展。例如，全面推进中国电信粤港澳大湾区 5G 云计算中心项目建设，进一步推动 5G 与实体经济各行业各领域的深度融合，加快企业"上云""用数""赋智"，以增强生产制造的精密性、匹配供需要求的精准性，不断深化产业分工。此外，这些也可以为广州琶洲人工智能与数字经济试验区、广深科技创新走廊提供数据存储、传输等基础性的支撑，也将进一步加速催化无人驾驶、互联网医疗等对传输时延和速度有严格要求的新经济新业态的产生，促进 5G、人工智能、大数据和区块链等新兴产业发展。其三，借助制度、科技、校地协同的创新叠加优势，积极培育现代服务业集聚区内的新业态和新模式。大力鼓励共享经济类型企业的发展，健全共享经济在企业登记管理、信用体系构建、风险管控等方面的体制机制，构建以信任与规则并重为基础的共享经济发展模式。积极推进体验经济发展，鼓励企业挖掘生产、制造、流通各环节的体验价值，利用5G、人工智能、虚拟现实（VR）以及物联网等新技术创新体验模式，拓展线上线下新型体验服务内容。

二、增强企业创新主体功能

（一）鼓励企业不断加大科创投入

通过加大企业科创投入的方式提升企业创新能力，是实现增强企业创新主体功能的重要保障，也是推动广州现代服务业创新能力提高的一种策略。具体来看，需要注重三个方面的发展。其一，健全研发投入效益加回机制，不断推进大中小企业加大科技创新投入。推动企业研发投入强度稳步增长，需要在相关企业中逐步实行如下政策，将研发投入的资金在考核时添加到效益之中，进一步提升科技指标权重，加大科技奖励在考核之中的加分力度，以促进企业科创投入的持续增加。其二，充分发挥科研院所转制企业的作用，在推进技术研发时不断增加科创投入。积极推动国有企业建立一批高水平创新联合体、产业技术创新联盟和公共研发平台，继续完善"双创"平台建设，促进大中小企业合作发展。同时，不断加快推动5G、人工智能、工业互联网、"物联网+"、大数据、区块链等创新技术与实体产业融合发展，加速相关企业的网络化、数字化、智能化转型升级。其三，引导企业积极投入数字化建设，适应并引领数字经济发展潮流。基于广州在数字新基建方面的现实发展状况，需要引领企业在5G、人工智能、工业互联网等新基建领域发挥作用。在5G领域，大力开展5G发展"头雁"行动，持续加大5G基站、5G专网、智慧灯杆等基础设施的建设，打造一批大数据中心，培育引进5G产业链企业，推动形成5G产业集群。在人工智能领域，积极开展人工智能场景构建行动，大力推进"智路""智车""智品""智园"建设，吸引企业在"智路""智车""智品""智园"等系列"智链"的发展中进行科技创新。在工业互联网领域，推进工业互联网融合创新行动,加快建设标识解析体系,推动企业加速"上云上平台",提升工业企业互联互通水平。通过企业汇智方式集聚人流、资金流、信息流等生产要素流大力发展工业软件,推动"定制之都"建设。其四,不断完善创新体制机制,引导企业加大创新投入。大力支持国企科技创新,提升科技型企业在股权与分红权方面的激励力度,针对攻关团队内部个人持股比例、股权激励范围、收益分红比例等给予特殊支持。同时,鼓励央企使用综合政策,通过推动技术成果作价入股、创新业务员工跟投计划、科技成果转化分红激励等多种方式,进一步推动体制机制的完善与创新。

(二)提升企业科技创新能力

增强企业创新主体功能作为提升广州现代服务业创新能力的重要途径之一,需要依靠企业科技创新能力的提高。新发展阶段企业在应对新发展格局的情况下,除了运用传统手段增强本身创新能力以外,应该适时抓住数字经济发展的机遇。重点发展数字化产业、推动产业数字化发展。未来发展中需要注重大数据、人工智能以及数字应用服务企业的发展,着重推进相关企业在5G领域、工业互联网领域、高端软件领域对关键核心技术的攻克,以及为有关领域的发展提供便利的基础设施条件。具体来看,广州既要充分发挥主攻大数据、人工智能等前沿科技的人工智能产业研究院、亚信数据全球总部等相关重大平台的作用,积极培育相关方面的新科技企业、推动相关企业转型升级。也要创造条件助推网易、腾讯微信等相关枢纽型数字科技企业和细分行业的数字应用服务企业的发展,积极发挥这些企业的示范带动作用,实现相关企业行业整体创新能力的提升。就不同发展领域而言,在人工智能领域,应着力发展智能网联和新能源汽车,启动建设国家车联网先导区。大力提升广州人工智能与数字经济试验区、南沙国际人工智能价值创新园等产业载体的发展水平和服务能力,继续扶持科大讯飞、云从科技、佳都科技等一批细分行业龙头企业发展,不断扩大人工智能产业规模。在5G领域,按照"5G网络建设为基础、5G融合应用为牵引、5G产业创新为核心"的发展思路,积极培育和扶持相关企业发展,加速5G基站建设、增加"5G+"示范应用项目,继续提升网络规模和生态氛围,推动相关大中小企业发展。在工业互联网领域,应该充分利用已经聚集的20余家知名工业互联网平台,为现代服务业发展提供技术平台支撑。在超高清视频领域,大力培育广佛惠超高清视频和智能家电国家先进制造业集群,启动建设花果山超高清视频产业特色小镇、全球超高清视频演示展示中心,积极吸纳、带动更多企业协同发展,共同攻克相关关键核心技术瓶颈。在高端软件领域,继续推进部省市共建软件产业基地发展,着重培育信创产业生态发展,扶持相关企业快速成长。通过不断推动这些领域的发展,提升企业整体科技创新能力。

(三)打造区域品牌效应

区域品牌效应是一个地区相关企业发展能力大小的一个重要标志。通过培育、提升区域品牌,着力打造区域品牌效应也是企业创新能力增强的重要表现。在新发展阶段广州定位高远,凭借"千年商都"的美誉,结合不断涌现的新兴服务业和新发展模式,运用信息化、数字化推动传统服务业转型升级,为现代服务业的发展提供源源不断的发展动力,也为擦亮广州品牌、焕发服务业发展新活力提供了契机。中共广州市委十一届六次全会强调,"要坚定不移推动现代服务业出新出彩,推动生产性服务业高端化发展、生活性服务业品质化发展、服务业集聚集群集约发展,建设现代服务业强市"。[①] 广州从"千年商都"到"会展之都""定制之都",既凸显了广州生产性服务业高端化发展、生活性服务业品质化发展的水平,也表明了服务业集聚集群集约发展的程度。这一过程也是优化"广州服务"、壮大"广州制造"、提升"广州创造"、叫响"广州标准"、振兴广州"老字号"、扩大"广州价格"影响力的重要途径。在未来的发展中,仍需继续增强产业的核心竞争力,不断打造"广州服务""广州制造""广州创造""广州质量""广州标准""广州价格"等以"广州"字眼为主的品牌知名度,全面实现擦亮广州经济品牌,增强区域品牌效应。重新打造"广州"品牌,继续将其推向国内外更加广阔的市场。

---

① 《以更大担当奋力开创广州工作新局面》,《南方日报》2019年1月9日。

三、强化市场创新主导作用

(一)以市场需求为导向

市场是检验产品优劣的唯一标准,也是科技创新是否适应发展的试金石。从以往社会经济发展的实践经验来看,一项成功的科技创新活动或者一项具有影响力的创新成果必然需要经得起市场的检验,能够为解决社会经济发展的难题提供巨大便利。因此,通过强化市场创新主导作用来增强广州现代服务业创新能力,需要从市场的需求端出发,根据新发展阶段、新发展格局下广州现代服务业出新出彩的要求,以满足社会经济发展对现代服务业的新要求为核心,推动相关产业和行业中各类企业进行创新发展。从现代服务业的构成来看,在生产性服务业发展方面,结合社会经济发展对交通、信息、金融、租赁以及商务服务等产业的传统需求,加速传统服务产品和服务模式创新,不断推进生产性服务业与先进制造业的深度融合以满足当前广州发展的现实需求。在生活性服务业发展方面,重点结合广州在医疗保健、住宿、餐饮、文化娱乐、旅游以及商品零售等产业的发展现状,不断拓展商贸服务业、旅游业、健康服务业、养老服务业等发展范围,增加其服务产品类型,不断扩大供给、提高质量以满足当前居民多样化、品质化、高端化的新需求。在新型服务业方面,结合社会经济发展对网络通信、数字影视、网络传媒、IT信息服务、现代物流、远程教育、电子商务等方面的现实要求,不断打造专业化发展平台、拓宽服务渠道,并通过相关产业的协同发展、相关企业的联合创新不断提升服务水平。最终实现以市场需求为导向,推动创新发展满足供给需求两侧的要求。

(二)以市场发展新模式、新业态为引领

当前,我国工业化、城市化、信息化进程已经进入后期,服务化、社区化、智能化浪潮即将来临,在5G、"互联网+"、大数据、区块链、人工智能、物联网、移动终端等新技术广泛应用背景下,以往传统的工厂时代、产品时代、店铺时代渐渐成为过去。这样的背景下,在广州大力推进现代服务业出新出彩的过程中,强化市

新引擎新动能：广州现代服务业的跃升

场创新主导作用，必然需要以市场发展新模式、新业态为引领，大力推进现代服务业与先进制造业的深度融合。当前，广州传统服务业逐渐加速向数字化、信息化转变，服务业集聚集群集约发展势头强劲。与此同时，伴随着5G、"互联网+"、云计算、大数据、物联网等新一代信息技术与相关行业的深度融合，广州新兴服务业呈现蓬勃发展的趋势。例如，在"互联网+家具定制"模式中，企业能够应用信息通信技术开展定制化服务，增强个性设计和柔性制造能力，形成对消费需求具有动态感知能力的设计、制造和服务新模式[1]。此外，随着AI技术的发展，机器人、无人机发展迅速，这在一定程度上对现代服务业发展带来了一定的冲击。未来AI除了应用在军事领域以外，其与大众行业的融合发展也是一种必然趋势。"人工智能+"将衍生出众多发展新模式、新业态和新产业。这些将是广州现代服务业出新出彩重点把握的关键领域，也是提升广州现代服务业创新能力的重点。做强做大广州现代服务业，着力打造高端化发展势头，需要以这些为引领，也需要不断提升电子商务、健康服务、融资租赁、检验检测、互联网金融、绿色金融等行业的发展水平。

（三）以市场在资源配置中的决定性作用为基础

众所周知，市场在资源配置中具有决定性的作用。增强广州现代服务业创新能力，推动相关科技创新发展需要充分发挥市场的决定性作用。习近平总书记在"科技三会"中明确提出，发挥市场在资源配置中的决定性作用，让机构、人才、装置、资金、项目都充分活跃起来，形成推动科技创新强大合力。当前，依据市场的发展，现代服务业已经并将继续涌现出各种各样的新型业务、新型业态和全新的企业组织形态。面对这一新特点想要全面推动相关服务业的发展，必然倒逼原有市场准入制度放宽这类企业的准入标准。此外，广州在打造服务业强市的过程中提出要做强做大现代服务业，并推动其发展高端化。换言之，这在一定程度上要求广州着

---

[1] 《现代服务业渐成广州经济新引擎 带动老城出新彩》，2019年1月16日，见https：//news.ycwb.com/2019-01/16/content_30177095.htm。

力推动生产性服务业向专业化和价值链高端延伸,推动生活性服务业向精细化和高品质转变。面对这一要求,在双循环新发展格局下需要以相关产业发展为基础,构建以市场为主导,企业为主体,高校、科研院所为支撑,"政企学研资中"深度融合的创新成果转化体系,健全并完善创新成果转化链条。在这一过程中,需要着重发挥市场优势,全面连接产业与市场的链条,以市场回报来驱动产业创新。此外,结合我国不同区域以及国外现代服务业技术市场发展状况,根据广州自身在生产性服务业和生活性服务业方面的发展特色,大力发展相关技术或者深化相关技术与有关产业的融合发展,着重打造引领时尚消费潮流的新模式、新业态,以适应国内外市场的变化。

四、加强政府创新推动作用

(一)优化市场营商环境

良好的市场营商环境有利于促进现代服务业的新产业、新业态、新模式产生,提升其发展创新能力,推动广州现代服务业出新出彩。优化市场营商环境作为加强政府推动创新发展的一种有效路径,新发展格局下应该着重把握三个方面。其一,大力推动数字营商环境便利化。对标国际高标准高水平,探索构建与广州数字经济创新发展相适应、与数字经济地位相匹配的数字营商环境。在科研条件相对较好的区域设立试点(如天河区和黄埔区等),开展数据跨境传输安全管理试点工作。其二,优先扶持先行先试区域,为创新提供稳定的市场发展环境。支持创建国家级营商环境改革创新实验区和科技型民营中小企业发展先行示范区,着重积累营商环境发展经验、重点扶持科技型大中小民营企业创新发展。同时,拓展区域要素流通渠道,优化管理模式,推动试行香港工程建设管理模式,放宽港澳专业人才在穗执业等。大力营造"人才友好"新环境,"重点推出向港澳开放科技计划、建设保障型人才住房、提升服务科技企业能力;加快推进穗港澳三地科技创新规则对接,将市科技计划项目向港澳开放申报,加快创新要素在粤港澳大湾区的自由流通"[①]。其三,积极利用"互联网+",打造现代化营商环境。充分利用现代科学技术手段,深入推进"互联网+政务服务""互联网+监管"的融合发展,提升城市治理能力和治理体系的现代化水平,加大力度支持企业创新活动,减少烦琐的审批流程以及相关不合理的制度安排对大中小民营企业创新活动的阻碍。通过云管理的模式,不断提升营商环境市场化、法治化、国际化和便利化的水平,打造竞争新优势。

(二)完善市场管理体系

市场管理体系的完善有利于发挥其在经济发展过程中的基础性作用,也为广州现代服务业出新出彩过程中培育新产业、新业态、新模式提供了管理体制保障。广州现代服务业发展基础较好,市场发展水平较高。新发展阶段从完善市场管理体系方面来推动政府加强对创新的支持,需要全面探索完善管理体制,不断深化"放管服"改革,大力推进形成职能更加优化、权责更加一致、统筹更加有力、服务更加到位的服务行业管理体制。在顶层设计方面,需要不断强化对现代服务业改革、开放、创新、发展重大事项的统筹协调。完善和强化地方现代服务业发展的统筹协调决策机制。在行业管理方面,不断完善现代服务行业的管理制度,加大对现代服务业及其相关服务贸易行业的改革、开放、创新支持力度。探索下放行业管理和审批权限,率先推进放宽服务市场准入,进行压力测试,充分释放现代服务业及其相关行业的发展潜力。在制度支撑方面,大力改善地方政府现代服务业发展绩效评价与考核机制,为广东乃至全国现代服务业工作考核探索成熟路径与管理模式。在完善共享机制方面,大力推行联动协作,充分利用合作平台率先探索出有利于科学统计、完善政策、优化监管的信息共享机制,加强统筹协调决策。在区域要素流动方面,尽量减少因不同行政区划原因造成的市场壁垒,协同制定统一的市场规则,确

[①] 《从科学发现、技术发明到产业发展、生态优化、人才支撑——广州探路科技全链条发展》,《经济日报》2020年4月29日。

保高技术人才、资金流、信息流等各种生产要素的顺畅流动。

（三）健全推动技术创新的政策措施

加强政府创新推动作用能够为增强广州现代服务业创新能力提供必要的支撑。就目前而言，实现政府对现代服务业创新的推动作用，需要大力实施有利于充分发挥市场基础性作用的政策措施。结合广州现代服务业发展现实状况，为了适应现代服务业发展面临的新形势和新任务，应该不断推进政策创新，推动建立系统性、机制化、全覆盖的政策体系。在财政政策方面，除了持续大力支持高端服务业发展以外，对于传统服务业、技术型生产性服务业、满足居民迫切需求的生活性服务业等仍需加大财政政策支持，适当采取减免税费、增设创新补贴等措施。对于服务贸易而言，则需要进一步发挥好服务贸易创新发展引导基金等相关基金的作用，带动社会资本支持服务贸易创新发展和贸易新业态培育。在金融政策发展方面，不断拓宽现代服务业创新发展的融资渠道，鼓励金融机构创新适应现代服务业发展特点的金融服务。同时，大力支持扩大知识产权融资，发展创业投资。在优化信贷政策方面，运用贸易金融、股权投资等多元化金融工具加大对现代服务业国内国外市场开拓的支持力度，在一定条件下适度放宽现代服务业领域相关优质企业的信贷条件，争取在多个方面给予其创新发展支持。在管理创新平台运营的政策方面，要适应平台经济快速发展需要，加快完善有利于平台型企业发展的融资支持、复合型人才供给、兼并重组等政策，明确平台运营规则和权责边界，提升整合资源、对接供需、协同创新功能。

五、发挥科技创新关键作用

在新时期推动广州现代服务业出新出彩的过程中，科技创新发挥了关键的作用。无论是积极构建区域创新系统、增强企业创新主体功能、强化市场主导作用，还是加强政府创新推动作用，均是为了增强广州现代服务业的创新能力。换言之，

新引擎新动能：广州现代服务业的跃升

这些措施也是为了充分发挥科技创新在推动广州现代服务业中的作用。具体而言，科技创新作用的发挥重点体现在以产业创新推动现代服务业转型升级方面。即通过运用新技术创新产业发展模式、延伸产业链条，实现服务业与制造业的深度融合，以产业创新为动力推动现代服务业转型升级。其一，发挥科技创新在培育新业态与新模式中的作用。当前，在广州5G、"互联网+"、云计算、大数据、物联网等新一代信息技术与产业发展正在进行深度融合，这将催生出更多新业态、新模式，并推动广州新兴服务业快速发展。同时，随着人工智能技术的不断发展及其与大众产业的融合，"人工智能+"的发展模式也正在逐步形成。此外，关键技术"卡脖子"问题日益严重，这也将倒逼相关产业行业集中大量优势资源对其进行研发攻克。这些都将需要通过提升科技创新能力来实现跨越和突破。其二，发挥科技创新在发展数字经济、实现经济发展数字化中的作用。积极利用数字技术协同整合产业链、价值链，助推产业数字化转型，拓展服务业制造业融合深度，大力发展寄递物流、仓储、研发、设计、检验检测测试、维修维护保养、影视制作、国际结算、分销、展览展示、跨境租赁等新兴服务贸易。同时，大力推进5G智慧港口、"5G+AI智慧教育"、智能充电、"BIM技术+智慧城市"、"工业互联网+企业"等新模式的发展。全面推动制造业生产数字化，实现在科学城创建工业互联网融合发展示范区；大力推进区块链、人工智能等关键技术融合发展，积极推动黄埔港打造人工智能与数字经济试验区；实施生物科技数字化智能化升级，大力推动在生物岛建设生物安全智慧岛等。其三，发挥科技创新在推动传统领域转型升级中的作用。广州拥有"千年商都"美誉，传统服务业发展较为成熟。面对发展新环境和新挑战，创新传统服务产业发展动能，优化消费环境，应该着力推动旅游、运输、医疗、教育、文化等产业专业化、高端化、区域化、国际化发展。在新冠肺炎疫情防控常态化条件下需要着力加强旅游、体育等领域的区域合作，利用现代技术积极打造中高端旅游项目。同时，不断完善医疗、教育等产业发展的现代化基础设施以吸引国外人流来华学习、就医、购物等，引导消费回流。如发展智慧医疗，充分发挥"互联网+医疗"的优势，提升就医效率。

第六章
广州推动现代服务业出新出彩的策略

面向社会主义现代化新征程，紧紧围绕"四个出新出彩"的要求，广州必然需要抓住时代大变革大变局趋势，必然需要持续发挥现代服务业的引擎功能，不断优化现代服务业发展格局，培育壮大新发展动能，以打造高标准的综合营商环境，促进现代服务业高质量发展，着力深化改革，创新政策供给，强化市场在资源配置中的决定性作用，在助力构建新发展格局中，筑牢现代服务业支撑扩大内需这一战略基点的重要功能，加快广州全面建设成为具有国际竞争力的现代服务业强市。

众所周知，现代服务业的发展是一项系统性、长远性工程，不仅涉及产业业类、业态发展的单向视角，更与城市空间布局、城市发展环境、城市法规和政策实施、城市改革发展、城市要素资源配置等多个方面相互关联、相互影响。在前面的章节中，我们分析了广州服务业细分行业的发展重点、发展方向和主要措施。本章节主要是从更加宏观、更为整体的视角，尝试分析推动现代服务业出新出彩的关联领域相关策略。

第一节 优化现代服务业空间布局

空间布局决定了产业要素的配置流向、集散形态、生产效率和政策导向，对

新引擎新动能：广州现代服务业的跃升

现代服务业的高质量发展具有重大战略意义。经过多年的积累，广州服务业布局基本成型，在未来一段时期仍然要不断优化现代服务业要素资源配置结构，我们建议要构建"一带、两区、两枢纽"的生产性服务业空间布局形态，推动生产性服务业"高端化"和"数字化"发展，深化"融合"与"开放"，推动以商贸业集聚区和人口集聚区为主导区域的生活性服务业布局，高品质发展生活性服务业，全面提升现代服务业对广州经济发展的引擎和集聚功能，构建创新引领、融合发展、协同推进的产业体系版图，整体推动广州现代服务业强市建设出新出彩。

一、构建"一带、两区、两枢纽"生产性服务业布局

对照广州现代服务业资源布局、人口布局、基础设施布局、自然地理条件和传统文化延续状况，城市主要生产要素和生产力的主导区域集中布局在沿珠江流域两岸、重点经济社会发展功能区和重大枢纽设施区域级周边。我们建议构建以广州市内珠江沿线为产业发展带①，以南沙新区、中新广州知识城为现代服务业重点功能集聚区域，以航空枢纽、航运枢纽为现代服务业特色发展组团的"一带、两区、两枢纽"生产性服务业布局模式。

（一）做优做高沿江产业带

《广州市国民经济和社会发展第十四个五年规划和2035年远景目标纲要》明确提出要打造沿江产业带。沿珠江自西向东顺延而下，沿线集聚了广州的主要就业人口、市场主体和各类产业发展平台，经济实力强，交通网络完善，产业集聚程度高，辐射带动能力强，是支撑广州国际商贸中心、现代服务业和高新科技产

---

① 珠江产业带是指依托流经广州的珠江、流溪河、增江和东江河流两岸纵深延伸一定范围，集聚资源、要素的带状地域，珠江产业带水道总长度约373千米。为研究需要，根据服务业资源的空间布局，本章涉及的沿江产业带主要指从老鸦岗起至南海神庙的珠江前、后航道沿岸地区，水道总长约67千米以及南海神庙至南山区龙穴岛的滨江沿岸地区，水道长度约60千米。

业发展的核心区域，是广州超大城市生产性服务业的核心集聚区和生活性服务业的主要集聚区，在空间布局维度上，沿江产业带仍然将是打造现代服务业强市的核心区域。而且，在未来现代服务业高质量发展的趋势下，这一区域需要努力结合科技和产业变革趋势，创新服务业发展模式，提升和释放服务业的强大辐射带动作用，对标国际一流的城市沿江经济带（产业带），以珠江为纽带，遵循流域经济发展规律，推动核心引领、串点成线、带动全局，打造以广州人工智能与数字经济试验区为核心引领，沿线若干组团为支撑的"一核引领、多片带动"的产业布局（见表6-1），将广州打造成从量的积累迈向质的飞跃，从点的突破迈向系统能力提升的技术创新策源地、经济增长新引擎，推动广州实现老城市新活力的首要动力源。

1. "一核引领"：广州人工智能与数字经济试验区

以广州人工智能与数字经济试验区为主体，打造广州生产性服务业核心区，建设成为现代服务业出新出彩的首要区域，辐射带动现代服务业强市建设。

广州人工智能与数字经济试验区涵盖了南北两岸两个功能区，包括琶洲片区、大学城片区、国际金融城片区、鱼珠片区4个片区，面积达81平方千米，试验区发展的关键方向在于以数字经济及关联产业为主导产业，培育发展新技术新产业新业态新模式，形成经济发展新动能，打造成为广州生产性服务业的核心区，建设成为广州面向数字经济时代的首要增长极，争取国家支持，尽快成为国家级数字经济试验区。

珠江南岸人工智能与数字经济产业创新集聚区（琶洲片区、大学城片区）是数字经济产业化的核心片区，琶洲片区重点发展数字经济及其核心产业，特别是新一代人工智能产业、区块链、商用密码、信创产业、数字金融、数字展贸、数字文化产业。大学城片区发展的重点在于人才培育与输出，在基础前沿领域，原始创新攻关上努力突破，重点发展科技成果转移转化服务业，联合打造出龙头企业牵头、高校院所支撑、各创新主体相互协同的创新联合体，提高科技成果转移转化成效。

珠江北岸人工智能与数字经济产业融合发展区（含国际金融城片区）是产业数字化的主要区域，国际金融城片区重点在于培育和壮大现代金融服务体系，支撑科技创新和实体经济的发展。一是要创新和强化金融平台机构的服务功能，提升广州期货交易所、上海保险交易所南方中心、产权交易中心、中证报价南方中心、深圳证券交易所广州基地和广东股权交易中心、广州碳排放权交易中心、广州知识产权交易中心、广州航运交易所等金融平台的强大服务功能。二是要加强金融服务体系的内外开放合作，推动建立粤港澳大湾区国际商业银行、港澳保险服务中心，努力建设成为粤港澳大湾区金融合作示范区，协同发展国际供应链金融、航运金融、绿色金融，大力发展科技金融创新与合作，加快金融体制的改革，促进知识产权证券化，构建金融有效支持实体经济的体制机制，推动国家级金融科技创新监管试点。鱼珠片区重点发展以区块链、人工智能应用、数字贸易与金融、密码产业为特色的信息软件业集聚区，以千年黄埔港为底蕴的新贸易创新中心。

2. "多片支撑"：生产性服务业优化提升区

在沿江产业带（见表6-1）中，要着力优化或重塑沿江多个生产性服务业集聚片区，包括珠江荔湾段、越秀段、海珠段、番禺段、南沙段，重点片区包括白鹅潭商务区、花果山国家级超高清视频产业示范区、越秀民间金融街、北京路国家级文化产业示范园区、海珠广场文创金融产业创新区、中大国际创新谷、天河中央商务区、天河高新区、黄埔临港经济区、广州国际生物岛、黄埔云埔片区、广州南站商务区、万博商务区、莲花山—海鸥岛生态文化旅游区等。这些片区已经具备长期积累的生产性服务业基础，关键在于优化提升各片区的发展效率，利用生产性服务业要素集聚、服务设施完善和文化底蕴深厚等优势，加快"三旧"改造、功能置换、提质增效，大力发展具有片区特色的现代服务业，使其成为促进城市中心区服务业转型升级和高质量发展、建设现代服务业强市的重要支撑。

第六章 广州推动现代服务业出新出彩的策略

表6-1 广州沿江产业带重点片区服务业主要发展方向

区段	平台	发展方向
核心引领区	琶洲片区	重点发展互联网总部、人工智能、现代会展和新媒体等产业，打造生态型中央创新区。开展"以会招商"工作，争取数字经济、互联网等高端会议在琶洲举办。争取设立"琶洲粤港澳大湾区人工智能与数字经济试验区"，将琶洲纳入国家级创新发展平台。加快推动琶洲互联网创新集聚区建设，推动阿里巴巴、唯品会、复星等一批项目建成完工，推动腾讯、唯品会、小米、国美等入驻企业业务导入。提升琶洲地区展馆及配套设施，推进琶洲广交会展馆四期、琶洲会展大厦等会展项目加快建设。
优化提升区	白鹅潭地区	重点发展电子商务、金融、总部经济等生产性服务业，打造产业金融服务创新区和央企总部集聚区。积极谋划国家级电子商务集聚区启动区域项目，引进和培育壮大一批电商龙头企业或产业链重点企业落户，建设国家级电商产业园。重点吸引金融、研发设计、精准医疗等优质企业入驻。推进北斗科技产业园、白鹅潭国际金融中心、广船地块央企总部、广州国际医药港等项目建设。
	中国（广州）超高清视频创新产业示范区（越秀）	重点发展超高清视频产业及关联产业，建设成为以4K超高清产业数字内容制作为核心的千亿级超高清视频产业特色小镇。
	广州民间金融街（越秀）	重点发展普惠金融、商务咨询等服务业，集聚了小额贷款、融资担保、典当、融资租赁、商业保理、法律服务、投资咨询等特色金融形态市场主体。
	北京路国家级文化产业示范园区	建设以广州创意大道产业基地为核心的文化创意区、以北京路商圈为核心的文化商贸区、以世界优秀旅游目的地为载体的国家4A级文化旅游区、以广州民间金融街及海珠广场文化金融CBD为载体的文化金融区，发展智慧文旅、动漫游戏、创意设计、影视产业等主导产业；培育发展数字文化、"AI+文化产业"、"5G+文化产业"等新兴产业；创新发展非遗文化产业、传媒出版等提升型产业；强化发展文化金融、知识产权等支撑产业。
	海珠广场文创金融产业创新区	主要发展基金产业、金融商务、数字普惠金融、风投创投、产业金融等"金融+现代服务产业"形态。
	中大国际创新谷	加快旧村改造，重点围绕信息、能源、先进制造、医药、环保、艺术设计等重点领域，建设技术创新、技术转移、成果孵化、创业中心和人才创新基地。
	天河中央商务区	重点发展总部经济、金融、商务服务等生产性服务业，打造具有国际影响力的中央商务区。以世界500强和中国500强企业为重点招商目标，提升区域经济能级。推进万科总部、粤海总部大厦等一批重大项目建设。

（续表）

区段	平台	发展方向
优化提升区	天河高新区	围绕新一代信息技术、人工智能、数字创意等产业，形成一批创新型产业集群。
	黄埔港新贸易创新中心	把黄埔临港片区打造成为服务"一带一路"的新贸易创新中心，建设国际总部与产业金融中心区、航运服务商务区、国际科技展贸区、全球智创集聚区四个组团，重点发展总部经济、人工智能和数字经济、航运服务、现代金融、高端商贸、跨境电商、智能贸易、邮轮游艇、科创文化等产业。
	广州国际生物岛	创新体制机制，以引进和培育创新型研发结构、国内外总部企业分支机构或类金融机构为主导，重点发展生物医药及关联产业。
	广州南站商务区	重点发展以高端商务服务业为主导、IAB产业为支撑、文体旅游为特色的现代服务业产业体系。
	万博商务区	重点发展新一代信息技术、电子商务、金融投资、现代物流和"互联网+"等生产性服务业。

（二）做大做新两大国家级功能区

两大国家级功能区是指南沙粤港澳全面合作示范区、中新广州知识城，是广州面向未来发展生产性服务业的重要两极，以立足广州、服务全省、辐射粤港澳大湾区为发展目标，大力发展新模式新业态，聚"增量"、扩"体量"、求"质量"，勇担国家使命，打造成为广州现代服务业出新出彩的重大区域。

1. 南沙粤港澳全面合作示范区

南沙作为国家战略性平台，需要加快大力发展现代服务业，补齐产业发展短板，显然是未来做强南沙实体经济，带动广州乃至大湾区高端化、协同化发展的重要举措，也是广州现代服务业发展中不可或缺的重要一极。

打造生产性服务业高质量发展平台。聚焦加快建设粤港澳大湾区国际航运、金融和科技创新功能承载区，打造一批高水平服务业集聚区和创新平台。以南沙自贸片区包含的明珠湾起步区区块、海港区块、南沙枢纽区块、庆盛枢纽区块、南沙湾区块、蕉门河中心区区块、万顷沙保税港区块7个片区为核心，打造高端高质、富有特色、多元发展、辐射全球的生产性服务业体系。以南沙科学城片区为主导，聚焦发展科技创新服务业，建设科教融合生态体系，推动中科院在穗院所整体搬迁，持续引入中科院等各类创新资源，把南沙科学城创建为大湾区综合性国家科学中心主要承载区。

构建国际一流的生产性服务业体系。要牢牢围绕粤港澳全面合作示范区的总体定位，做大做高现代服务业，聚焦服务业重点领域，做大生产性服务业，促进生产性服务业向专业化和价值链高端延伸发展，重点围绕航运物流、国际贸易、金融服务、科技服务、数据服务、文化创意、休闲旅游、人力资源服务等服务业。深化港澳游艇自由行，发挥南沙邮轮母港带动作用，建设国家邮轮旅游试验区。构建现代金融服务体系，强化金融服务实体经济的本源。打造高端商务服务基地，大力发展总部经济，提升楼宇经济服务品质，推进科技服务集聚集群发展。支持研发设计、软件数据、信息管理等服务外包发展，推动人力资源、知识产权、会计、法律等生产性服务业集聚。加快中国服务外包示范城市专业集聚基地建设，大力发展信息技术外包、业务流程和知识流程外包，推动服务外包高端化发展。建设粤港澳服务外包合作平台，加强与港澳在数据处理、软件开发、客户服务、供应链管理、云服务等领域的服务外包合作，建设全球重要的服务外包基地。

2. 中新广州知识城

中新广州知识城是国家深化知识产权改革，建设知识产权强国的重要板块，已经明确为广州"一号工程"，要全面实施中新广州知识城总体发展规划，在发展全球顶尖的生物制药、集成电路、新能源汽车和纳米科技产业等知识密集型产业的同时，大力发展知识产权服务业。

构建功能完善的知识产权服务体系。要充分抓住国家知识产权综合改革试验的重要机遇，按照国际标准规划设计，建设知识产权服务园区，做大做强国家版权贸易基地、国家商标品牌创新创业（广州）基地等平台，建设知识产权信息公共服务平台，高水平举办知识产权论坛，建设知识产权文化传播展示基地，健全产业孵化育成体系，支持龙头骨干企业、投资机构、高校院所发挥有利条件构建众创空间，培育壮大一批市场化、专业化、品牌化、国际化的知识产权服务主体，构建知识产权代理、咨询、商用化、交易、融资、法律和培训等全链条知识产权服务业体系，大力支持为技术研发、货物贸易、服务外包、海外投资、品牌输出等活动提供知识产权专业化服务，形成粤港澳大湾区独特的知识经济平台优势和产业生态，保障科技产业的高质量发展，促进知识产权强国建设。

深化知识产权支撑体系国内外合作。以构建金融支持服务体系为重点，深化国内外金融合作，健全中新广州知识城知识产权服务体系。加强与上海证券交易所、深圳证券交易所、全国中小企业股份转让系统的战略合作，发展多层次资本市场、拓宽直接融资渠道。加强与香港金融市场的互联互通和特色金融合作，开展科技金融试点，加强金融科技载体建设，扩大跨境投资空间。探索进一步放宽金融外资准入限制，支持符合条件的外资（包括香港）金融机构在知识城内设立银行、证券、保险、金融租赁、财务公司、汽车金融、消费金融公司等外资金融机构。探索中新合作共赢模式，支持知识城内企业在新加坡证券交易所直接上市，研究探索在知识城内设立中新（中国—新加坡）保险公司，增强保险机构服务实体经济和创新发展的能力，把知识城打造成中新两国与时俱进的全方位合作伙伴关系新典范，成为"一带一路"建设和粤港澳大湾区建设的重要平台载体，助力中新广州知识城建设成为知识创造新高地、国际人才自由港、湾区创新策源地、开放合作示范区。建设知识城金融云谷，设立亚洲金融创新研究院，打造国际化金融创新资源集聚地，力争在知识城先行开展外国专利代理机构在华设立常驻代表机构的试点工作。

（三）做强做大两大枢纽生产性服务业集聚区

广州拥有国际一流的空港、海港独特资源，有多个高标准高水平的自贸区、保税区、自主创新区、开发区、高新区等经济功能区，是国家对外开放的重要窗口。依托国际航空、航运枢纽，大力发展生产性服务业，是广州构建现代服务业强市版图的重大抓手。

1. 做强临空经济现代服务业集聚区

广州空港经济区是粤港澳大湾区唯一的国家级临空经济示范区，拥有国际一流的广州白云机场，并与广州北站形成高效的空铁联运网络，依托临空经济区构建以生产性服务业为主导的具有全球竞争力的航空枢纽现代服务业产业体系，形成"城市是机场的"航空大都市格局，打造成为广州现代服务业强市建设的重要一极。

重点构建四类临空生产性服务业产业集群。一是大力发展航空物流产业集群，依托白云机场构建航空货运枢纽，加快白云国际机场"超级货站"建设，以大型物流企业为引领，优先发展航空物流业，发挥南航、省机场集团等大型综合企业和联邦快递亚太转运中心、顺丰速运等大型物流企业的引领带动作用，大力支持有实力的物流企业以广州为基地建立全球物流中心，构建覆盖全球的航空物流网络。二是建设航空物流转运中心，构建多式联运现代物流服务体系，创新航空物流产品体系和业务模式，实现规模化、网络化、专业化发展，建设集货物信息、道路交通信息、政务监管和电子商务于一体的智慧物流信息系统。大力发展航空关联产业集群。充分发挥广州国际商贸中心的优势，重点发展航空制造维修、商务会展、跨境电商、生物医药和总部经济等临空高端产业，推进与"一带一路"沿线国家和地区合作，开拓亚洲、美洲、非洲市场，使其成为全球航空网络的重要节点。三是大力发展通用航空产业集群，充分利用广州作为全国低空空域管理体制改革试点的政策优势，打造全国低空空域管理运行服务先行区，加快公务机场地布局建设，加快建立以广州为枢纽的省内直升机运营网络，构建完善广州与香港、澳门之间的直升机网络，吸引有实力的通用航空企业落户，重点发展商务飞行、短途客货运、低空旅游、警务飞行、医疗救助、农业生产服务等通用航空业务，谋划中远期内成为全国第一、世界一流的公务机枢纽。四是大力发展跨境金融服务，强化国家绿色金融改革创新试验区优势，发展跨境融资、跨境并购、跨境资产转让、外币资金池等创新产品，为企业提供支付结算、投融资、跨境交易等金融服务。

重点打造四种类型国际临空经济合作平台。一是打造跨境贸易平台，以广州国际商贸中心市场优势，"互联网+"集聚优势、空港综合保税区政策优势，高质量建

新引擎新动能：广州现代服务业的跃升

设国家跨境电商综合试验区，建立临空区域跨境贸易平台，以"一带一路"沿线国家和地区为重点，吸引更多实体体验馆、电商网上体验馆前来空港经济区注册。二是打造国际会展会晤平台，以广州国际会展展览积淀的雄厚基础和经验，建设临空商贸会展平台，培育和壮大一批本土通用航空博览会展及论坛活动，吸引国际航运组织分支机构在广州设立亚太总部，举办广州航空大都市经济高峰论坛、中国（广州）国际通用航空及直升机博览会、国际航空运动休闲娱乐高峰论坛、策划"一带一路"航空贸易博览会。三是打造航空培训教育平台，吸引国际民航组织、飞行员培训教育类组织落户，支持航空企业与广州民航职业技术学院等民航相关院校合作办学，实施重大航空人才工程，加大飞行、机务、空管等紧缺专业人才培养力度。长期开展航空教育培训，举办航空专业技能、专业知识等培训班。搭建在线学习平台，整合高校、科研院所、航空企业等相关单位教育教学资源，供通用航空爱好者、从业者学习，将广州打造成国内领先、国际知名的航空人才教育、培训、认证中心。四是打造航空金融服务平台，加快申请空港综合保税区纳入自贸区范围或自贸区金融政策延伸至空港经济区，鼓励有实力的航空企业设立航空金融分支机构，发展 SPV 采购方式，吸引国内外航空金融服务企业，航空产业互联网金融平台、金融租赁、国际主权担保机构，金融与航空行业协会和中介机构注册广州，实现航空金融产业链全覆盖，打造与广州国际航空枢纽匹配的航空金融平台。

营造国际一流的产业发展环境。充分释放综合保税区平台和政策优势，大力发展机场综保区，加快推进区块链大宗商品交易平台建设运营，推动广东自贸区扩区覆盖空港经济区，制定出台广州空港优惠政策。依托综合保税区的政策优势，围绕珠三角地区"世界高端制造中心"产业配套需求，广州白云机场综合保税区重点打造"三中心"：打造全球保税物流中心，发挥区域交通网络优势，建立知名产品国际中转分拨中心，打造华南地区的国际航空物流枢纽和全球供应链的重要节点；打造全球保税维修中心，重点开展飞机零部件、电子产品、精密仪器等产品保税维修，同时争取政策突破，扩大维修产品范围，打造全球维修中心聚集地；打造亚太贸易展览销售中心，发挥机场及综合保税区的优势，开展航空指向性强的商品、奢侈品等销售展示业务，增强广州白云机场综合保税区的展览、展示、交易功能。

2. 做大临港经济现代服务业集聚区

依托国际航运枢纽基础条件优势，充分发挥自贸区、保税区、粤港澳全面合作示范区等特殊功能区的独特开放优势，努力做大生产性服务业，助推国际航运枢纽的能级提升和现代化转型。

做强国际航运贸易。坚持货物贸易与服务贸易并重、在岸贸易与离岸贸易互促发展，集聚一批外贸新平台新业态。打造国际汽车综合服务枢纽，积极发展汽车平行进口、中规车进口、二手车出口等业务。率先打造国际贸易数字化创新平台，以全球溯源中心、全球优品分拨中心和全球报关服务系统三大创新平台为抓手，建设数字贸易枢纽港，探索构建贸易工具、规则、场景三位一体的贸易便利化自由化。推动综保区多模式高速发展，推动文化艺术品保税产业中心、一般纳税人和保税维修项目落地。推动国际中转、国际分拨、进出口集拼等业务发展，打造新型国际贸易供应链管理中心。建设跨境电商枢纽基地，创新业务模式和监管模式，打造跨境电商海空联运物流渠道。积极创建国家进口贸易促进创新示范区，强化国际供应链枢纽服务功能。

大力发展国际海事服务产业。加快建设广州船员考试评估中心，吸引更多船员管理公司集聚，加快建设国际海事服务产业集聚区。探索实施船籍港转籍无缝衔接新模式。加快推动南沙国际航运中心信息平台建设。探索与港澳共建大湾区航运联合交易中心，打造高端航运服务集聚区。创新国际船舶登记制度，出台航运保险专项扶持政策，支持航运保险要素交易平台发展壮大。积极打造出口型物流基地和进口型分拨基地。推动知名跨国公司不断扩大国际采购配送业务规模，打造国际采购和配送中心。同时，集聚发展现代航运服务业，促进港城协调发展。加快发展港口物流、滨海旅游、海洋信息服务等海洋服务业。

大力发展航运金融业。大力发展跨境金融、航运金融、供应链金融、融资租赁、商业保理等航运金融行业，促进产融深度结合，有效服务实体产业发展。积极推进广州期货交易所、粤港澳大湾区国际商业银行、港澳保险服务中心等金融创新平台的建设运营，高水平推进国际金融岛、汇丰全球培训中心、国际风险投资中心等具有国际化水平的金融平台项目建设。壮大南沙全球金融综合服务基地，为粤港澳大湾区内企业搭建交流合作、要素交易和信息流通等功能性平台，形成金融要素集聚效应。推动跨境投融资便利化，进一步拓展自由贸易（FT）账户体系功能和应用，争取在跨境资金管理、资本项目可兑换等方面先行先试。争取推进合格境内投资者境外投资（QDIE）、经营性租赁业务收取外币租金、大湾区飞机租赁免征预提所得税等政策试点。支持与港澳金融机构合作，探索共同发展离岸金融业务。

二、构建"一区、多组团"生活性服务业布局

广州生活性服务业空间分布与人口集聚、商贸业集聚区高度相似，我们建议可以构建"一区、多组团"的生活性服务业布局模式。

"一区"是指打造国际消费中心城市核心区，范围主要包括天河、越秀、荔湾、海珠等中心城区，最能代表活力广州、国际商贸中心、国际消费中心城市的特质，要高质量打造成为广州建设国际消费中心城市的核心区。重点是要努力建设高品质消费集聚区，以珠江新城—天河路商圈、北京路商圈、长隆万博商圈等一批国际消费示范区为引领，改造提升上下九商圈，分类优化提升高端时尚商圈、都市文旅商圈、专业展贸商圈，加快创建国家夜间经济集聚区，推动实体商业创新发展。大力发展新消费新模式新业态，创新发展线上经济和无接触交易服务，拓展城乡消费市场。巩固提升传统消费，推动汽车消费由购买管理向使用管理转变，促进住房消费健康发展。推动服务消费扩容提质，积极引导境外教育、医疗、旅游等高端消费回流。实施消费惠民系列行动，落实带薪休假制度，扩大节假日消费。支持本地商贸龙头企业做强做大，赋予老字号老品牌新气质。健全重要产品追溯体系，促进商务诚信体系标准化，保护消费者权益，营造良好消费环境。加快消费转型升级，引导企业增加优质商品和服务供给，支持发展首店经济、品牌经济、免税经济、健康经济，实施时尚之都、美食之都、电商之都、定制之都等名片擦亮推广行动，建设国

际品牌聚集地、时尚潮流引领地、中国制造展示地、岭南文化传承地、消费创新策源地，坚持实物消费和服务消费并重、新型消费和传统消费并举，支持商贸业高质量发展，高水平建设国际商贸中心。

"多组团"是指外围区域，主要包括南沙、黄埔、花都、增城、从化等生活性服务业发展不充分的外围区域。这类区域的首要建设重点是要集聚新增人口，出台富有吸引力的人口人才集聚政策；其次是要大力提升生活性服务业规模和品质，推动生活性服务业向精细化和高品质转变，强化南沙、花都等外围区域与中心城区的战略连接，加快服务业服务内容、业态和商业模式创新，培育生活服务中高端品牌，促进平台经济优质发展，加快引进国内外领军的平台企业总部和区域分部，加快集聚一批生活性服务业企业，提质发展商业零售、餐饮、教育、医疗等服务业，大力培育首店经济，加快繁荣夜间经济。提升机场、高铁枢纽等区域的生活性服务业功能，大力提升生活性服务业品质，特别是枢纽区域的商业活动，主要包括服务旅客的商业活动、运输公司的商业活动和其他经营开发活动。提升服务旅客的商业活动品质，如零售、餐饮、娱乐、租车、银行、酒店预订、问讯、搬运服务等；提升服务航空公司的商业活动品质，如地面服务、办公设施和场所，其他经营开发活动包括房地产开发、展览展示和为观光游客提供的服务设施。例如，在空港区域，可借鉴新加坡机场和迪拜机场的经验，在机场候机楼运营中充分融入商业规划和开发的理念，为商业活动提供充分的发展机会，使机场成为乘客甚至非乘客愿意来消费和购物的地方。

第二节 重点推动现代服务业集聚空间提升工程

现代服务业的发展水平与城市综合功能提升，城市承载能力和城市现代化水平高度相关。城市的服务功能、资源分布状况、要素能级也很大程度影响了现代服务业的发展水平。鉴于当前广州现代服务业的发展特点以及广州与国际一流城市的差距，亟需推动服务业的地理集聚空间、技术应用空间的品质升级改造，特别是顺应现代服务业的发展趋势，加快广州城市有机更新，大力提升城市发展品质，实施城市品质提升和服务业态提升工程。

一、持续开展专业批发市场升级改造工程

专业批发市场几乎遍布广州全域，在全国超大城市中独具广州特色，是广州发展服务业的重要载体和平台，这类市场集贸易、消费、会展、客流、物流等功能于一体，对广州建设国际商贸中心、国际会展中心、国际购物天堂、国际贸易枢纽、采购中心和价格中心、电子商务之都等战略目标具有极为重要的支撑功能。随着全球贸易格局、贸易方式、贸易结构和科技变革等多个方面的革新影响，广州大量存在的专业批发贸易市场的经营模式、经营结构等都亟待转型升级，要着力改造提升传统专业批发市场打造"高端、高值、高效"的现代化市场空间，基本构建起以专业市场集群为主干、大中型市场为主体、布局科学，集群化、专业化、现代化、高端化和国际化水平较高，辐射影响力强大的现代专业市场，成为推动广州现代服务业出新出彩的重要支撑（见表6-2）。

表6-2 广州专业批发市场转型升级模式及其特点

升级模式	主要内容	特点
原地转型升级模式	对标国际先进和国内一流水平，重点提升市场交易、信息化应用、产业联动、展示与国际化经营功能和物流服务水平，引导向现代展贸交易中心发展。引导市场推广应用总代理、总经销、远期合约、拍卖制、竞买制、电子交易等新型批发交易方式，推动场内经营业户向公司化发展，提高专业化、组织化水平，增强商品集聚能力和影响力。	可以减少一定的阻力，获得商户信任，从一定程度上满足升级改造；城市中心可能无法承受过多的专业市场占地。
低端市场搬迁关闭模式	梳理出范围内用地不符合土地利用规划和城市规划要求、与城市规划强制性内容相矛盾、不符合规划且处于交通阻塞点的市场，以及全市所有临建类市场（含市场中的临时建筑物）。严把市场准入关，不在中心城区安排建设批发市场的储备用地，不再批准在中心城区规划建设批发市场（包括新批临建和续批到期临建），对于中心城区内的新建批发市场项目不予立项等。	可以从整体上重新进行城市规划，更好地促进转型升级；实施难度较大。

（续表）

升级模式	主要内容	特点
商流物流分离模式	结合城市交通系统改善工作，加快中心城区货运站场的调整和清理，进一步优化全市货运站场布局规划，并与专业批发市场布局规划合理衔接，发挥城区外围物流园区、货运站场在商品批发环节中的仓储、分拣、包装、配送等功能，推动专业市场的仓储和物流配送功能向主城区外围转移，在现有货运站场中选择若干区位条件好、符合用地规划的地块用于建设仓储物流园区，积极推动市场商流、物流有序分离。加强新建展贸市场与物流园区融合对接。举办新建展贸中心和专业物流园区对接会，对于原地升级改造的批发市场，引导其物流分离到专业物流园区发展，最大限度地减少市场物流对城市环境和消防隐患等负面影响。	有利于城区外节约成本，符合现代物流业发展，效率高，减少城市交通压力，符合城市新城规划，根本上符合专业市场的现代化发展，适应现代高速发展的电子信息化、网络化环境；商物流对接存在一定的风险。
线上线下融合模式	借助信息技术、网络技术将专业市场和电子商务结合起来，从"互联网+"的概念出发，通过O2O（实体批发市场到线上批发市场）模式的搭建，实现互联网与企业、线上与线下的融合，提升市场的软实力。一是向互联网品牌借力，借助互联网品牌为主要平台推广宣传，租用对应的市场板块与网站对接端口实现数据共享，提升其品牌知名度和诚信保障。二是自建电商平台，有实力有条件的大型专业市场（集群）可以考虑自己建立电商网站，开通社交媒体账号、挖掘论坛资源等，还可以开发移动平台可利用资源，建立一个闭环的自我引流渠道，实现平台品牌所有权的独立掌控。三是第三方电商机构，中小型专业市场利用第三方平台提供技术平台、咨询和信息服务，并搭建垂直电商交易平台，不仅可以利用整合专业市场的规模优势形成一定的影响力，从市场平台的角度也为一些中小型企业进行电商转型。	促进了传统企业的流程再造；大幅降低了中小企业的交易成本；规模化个性化定制成为新的经营模式；数字市场的监管难度增大。

（一）注重规划引领，分区分类升级

从广州规划实施的情况与城市更新的要求来看，分类指引、分区规划的方式符合广州专业批发市场发展的实际和转型的需求。

一是要分区域转型升级，优化批发市场空间布局。越秀、荔湾等历史文化核心城区内专业批发市场应以疏解搬迁为主，低端的商贸批发市场要逐步迁出历史城区，中高端的批发市场向零售为主的购物中心、展贸中心转变，一德路、上下九等街区中的批发市场向零售为主的传统街区特色商业街转变。升级海珠、天河、白云、番禺、黄埔等区域的专业批发市场,对影响力较大、规模较小、层次较高的批发市场主要进行转营升级,打造"功能展贸化""市场国际化""交易电子化""管理园区化""形成价格指数"的重要载体与示范区;对影响力较弱、规模较小、层次较低的低端市场结合城市更新逐步关停、搬迁。花都、从化、增城等外围城区可以作为建设批发市场优先发展区,容纳及新建从都会区中迁移的批发市场,新建的综合园区应具备物流配送、海关、检验检疫、展贸、金融等功能与完善的生活配套,形成现代批发市场园区,并发挥带动新城区城市发展的作用。

二是要分类指引,形成具有针对性的发展指引。主要可以分为现货型、展贸型、电子交易市场三类,要针对性地提出不同的发展策略。查处现货型市场周边的住改仓行为,结合周边物流、交通供给,整合和疏解完善仓储、物流等基础设施;支持专业批发市场以展贸化战略进行原地升级,通过加强展贸型批发市场与专业物流园的信息对接以及市场物流仓储服务区的规划建设,形成"市场下单,园区发货"的模式,减少市场物流对城市交通、环境的不良影响。加强专业批发市场与电子商务企业的合作,推进专业批发市场电子化,完善电子交易、物流信息、电子缴税等全方位配套服务,推动大宗商品以及广州优势行业的龙头市场建立具备广州价格指数功能的电子平台。

(二)补齐发展短板,提升批发市场竞争力

根据实际情况组合应用制度创新、服务创新、供应链创新、技术创新是广州专业市场转型升级的重要着力点和发力点。

一是立足服务创新,以功能、体验提升推进专业市场综合功能和市场品牌重塑。服务创新目的是体验提升,其中品牌重塑是第一位的,既包括专业市场品牌,也包括市场内商户企业的个体品牌。突破传统专业市场品牌笼统性、模糊性的缺陷,推动基于精细化的品牌重塑与运营管理。支持市场商户企业个体积极推进品牌建设,提升产品功能性、享受性、社会性。

二是立足供应链创新,以"市场商户+电商+物流"等方式推进渠道深度融

合。鼓励实力强的商户发挥优势，将爆品、潮牌等线上出彩的措施继续深化推进到线下，争做市场领头羊；实力相对较弱的商户可以优化经营，以"互联网＋实体＋诚信"或形成区域联盟体等特色的经营模式，来打造优势。专业市场要通过物流的资源融通、快速调配，形成"实体＋货仓"、智能物联等模式。在全渠道融合的基础上进一步创新，探索社区连锁、无人售货等模式，形成内、外部协同共生机制。

三是立足技术创新，重视引进数字、智慧等新兴技术推进专业市场整体提升。专业市场应根据自身市场的特点，进行技术化升级改造，如智能测试、智能试用、智能停车等。要抓住电商"新零售"的契机布局开展"新批发"合作，建立大数据系统，要注重依托技术和数据做好新旧客群的平衡、线上线下客群的融合。

四是立足制度创新，为专业市场转型升级提供强有力的机制体制保障。专业市场在转型升级的过程中要建立灵活的体制机制，避免原有机制体制僵化可能造成的转型升级阻碍，鼓励经营理念、业态模式的创新，要注重配套服务设施的完善，如技术服务、金融服务、网络设施、物流配套等方面。

（三）精准推动不同类型市场"关停并转"

评估广州专业批发市场的发展情况，将市场划分为鼓励、转型、限制、合并、关停等类别，按照"一场一策"、先易后难、先急后缓的原则，分阶段分步骤稳妥推进"关停并转"措施，精准推动专业批发市场转型疏解工作。

一是打造标杆示范，转型升级一批具有发展优势的专业市场。在纺织、服装、玩具、精品、皮具、皮革、电子、化妆品、眼镜、汽配、酒店用品、珠宝等行业中，选择一批行业影响力大、硬件条件好、符合产业布局、转型升级意愿强的专业批发市场，推动其向国际化、展贸化、信息化转型升级。支持专业批发市场开展硬件设施改造，优化市场布局，提升市场国际化、展贸化形象；支持优秀的市场主体收购承接老旧批发市场，实施整体改造提升；支持专业批发市场搭建电子商务平台，发展新型批发贸易方式；支持专业批发市场从传统交易向研发、设计、展会、出口等产业链高端环节延伸；鼓励专业批发市场商户从个体经营向公司化发展，提高专业化、组织化水平；加大专业批发市场领域的知识产权保护力度，培育一批知名的市场和商品品牌。支持专业批发市场通过市场采购、跨境电商等方式拓展"走出去"渠道。

二是提升资源效率，转营发展一批经营发展困难的专业市场。梳理发展前景不好、经营不善、谋求转营以及有意愿改建的专业批发市场，形成专业批发市场转营的项目库及储备项目，用好省、市城市更新改造政策，支持其转营发展其他服务业，促进提高土地利用效率，优化区域产业结构，改善人民群众服务供给。加大招商引资力度，积极引入投资主体，帮助专业批发市场转营发展为商业综合体、零售商业、电子商务、办公楼宇、教育培训、文体产业、医疗服务、创意园区等业态。

三是优化空间布局，搬迁疏解一批物流体量较大的专业市场。综合考虑国土空间规划、控制性详细规划、年度城市更新计划、区域一体化发展，以及市场搬迁意愿等客观实际，对物流量较大，对城市交通、消防安全、空气质量、环境卫生等产生较大影响，以及不符合城市规划、噪声扰民严重的市场，逐步引导其向中心城区以外区域搬迁疏解，降低中心城区的专业批发市场密度。国有企业发挥模范带头作用，支持和鼓励有发展前景的专业批发市场分期分批向中心城区以外的区域搬迁发展。推动传统批发市场与专业物流园区对接，引导仓储物流功能向专业物流园区集聚。

四是直击痛点顽疾，规范整治一批难以"关停并转"的专业市场。对难以转型升级、转营发展、搬迁疏解、拆除关闭的市场，要连同周边地区，加强城市环境、消防安全、噪声污染等方面的综合整治，提升品质化、精细化管理水平。加强专业批发市场的安全生产整治管理，集中力量整治"住改仓""住改商""三合一""群租房"等违法违规行为和各类隐患问题。加强专业批发市场周边卫生保洁和执法工作，集中整治占道经营行为，依法清理违法广告和招牌。结合环保督察整改要求，严厉打击乱排乱放废弃物、污染环境等违法犯罪行为。同时要坚决拆除关闭一批涉及违法违规的专业市场。梳理专业批发市场物业的违法建设情况，对于涉及违法建设、属于临时建设以及存在较大消防安全问题的专业批发市场，依法查控违法建设，坚决遏制新增违法建设，加快消除清理存量违法建设。

（四）融合新理念新趋势，创新运营模式

一是优化和创新专业市场运营模式。优化市场商户结构，引进品牌厂商、代理商，扶持和引导市场商户打造自主品牌。改变现有的陈旧经营模式，减少低端的现货批发业态，推进业态整体升级。推动和鼓励有条件的市场可定期或不定期举行各类展销等活动，发布和展示最新产品，并引入专业买手制，形成"以会展带动市场商业运营"的经济模式，向现代化展贸式市场转型升级。优化存量资源配置，引导与支持批发市场商户开展设计、研发活动，促进传统市场向及创客空间、创业孵化器等运营模式转型升级。位于成熟商圈的专业市场，应引入文化、娱乐、餐饮等业态，完善市场的综合服务功能。有条件的专业市场，应建设大宗商品区域交易中心，提升国际化水平和"广州价格"的国际影响力。

二是引导专业市场跨界融合发展。从跨界融合的视角去谋划专业批发市场的未来发展，而不能把专业批发市场简单地看作单一功能的交易场所。以东京筑地市场为例，筑地市场是日本最大的鱼市场，不仅交易量巨大，还带动了餐饮、旅游观光的发展，甚至成了东京的一个旅游景点，成为商旅文融合发展的成功范例；以日本静冈县沼津鱼市场为例，沼津鱼市场是一个规模不大，但市场附近聚集了众多海鲜餐馆、大型展望水门、深海水族馆等观光旅游点，沼津鱼市场走出了一条"市场＋餐饮＋旅游观光"的融合与协同发展之路。因此，推进专业市场转型升级，而应该从跨界融合、互利共赢、协同联动的视角谋划转型升级，通过拓展贸易、会展、饮食、娱乐、文化旅游、创业孵化、电子商务等功能打造现代化专业市场。

三是推动专业市场线上线下融合发展。借助成熟或整合完善批发市场现有电子商务平台，加快与生产、流通、消费等各领域的融合，积极引进先进的电子商务运营商和电子物流供应商合作，打造"前展、中交、后仓"的全产业链批发市场电子商务B2B平台。鼓励专业批发市场建设和打造电子商务平台，结合实体市场优势，打造线上线下融合的电子商务体验店，推动批发市场向"实体＋电商"的经营模式

转型升级。推动直播电商赋能专业批发市场,为直播电商企业和专业批发市场融合发展搭建交流平台;启动专业市场直播电商全平台、全产业链的战略合作,尝试多层次、全方位深度融合模式,打造产业链品牌 IP,实现线上线下商贸服务业的多渠道发展。

二、高质量开展服务业集聚区品质提升工程

(一)高品质实施城市更新行动

推进以人为核心的超大城市更新行动,坚持产城融合、职住平衡、文化传承、生态宜居、交通便捷、生活便利,完善城市更新工作机制和政策体系,深化广州城市更新重点计划。将城市更新纳入国土空间规划"一张图",建立"刚性与弹性相结合"的规划管控体系。推动试点对旧村庄更新改造房屋拆迁补偿开展行政裁决。推进成片连片改造,促进白云国际机场等重要交通枢纽、重大功能平台、重点商圈及周边区域"三旧"改造,完成一批旧街区、旧厂房改造和老旧小区改造任务。有序推进全市旧楼加装电梯。协同推进村级工业园整治提升、专业批发市场转型升级、中心城区物流园区疏解外迁和优化布局。持续整治黑臭水体、违法建设、"散乱污"场所,实现城市面貌大变化大提升。

优化空间资源要素配置,形成沿珠江水系的多中心、网络化空间格局。系统推进城市更新,提高土地利用效率,释放土地的价值空间,促进产业空间供给、产业结构升级与城市品质的提升。

先行推进中心城区等人口集聚区和重点服务功能地区及周边区域更新,着重推进城中村及周边地区存量用地改造,有序推进旧城镇、旧厂房改造以及村级工业园、低效物流园、传统批发市场的整治提升工作。对重点区域如机场周边地区、铁路枢纽周边区域、广州人工智能与数字经济试验区及周边区域、中新广州知识城片区、白鹅潭商务区等区域要开展先行改造。

大力推进城市集中建成区更新,以城市集中建成区内的旧村改造为重点,统筹

推进旧城镇、旧厂房改造，牵引整合周边村级工业园、低效物流园和传统批发市场等重点工作，实现成片连片更新，推动城市集中建成区的品质全面提升。如重点功能区、轨道站点周边、城市门户地区和景观廊道沿线区域。盘活后的土地空间要优先用于发展现代产业特别是现代服务业、高新技术产业等。在城市更新中，依托历史文化街区、名镇名村、旅游文化特色村建设旅游服务设施，发展文化旅游业。

坚持产城融合、分区实施。广州城市更新要与全市经济社会发展规划、产业发展规划相结合，加强产业导入，降低更新的综合成本，释放科技创新空间，引入科技创新产业、文化产业和现代服务业，推动村级工业园、物流园、传统批发市场转型升级；重点引入龙头企业，带动产业转型升级。在充分考虑产业发展和职住平衡的基础上，合理配置详细规划单位产业建设量占总建设量的比例。重点产业区域可以优先改造，面向未来，前瞻规划，侧重产业发展，注重产城融合。探索设置弹性用地和区域性功能留白机制，更好地适应产业发展和城市功能转换的需求。

（二）提升城市治理科学化精细化水平

对标雄安新区等国内外先进标准，优化城市空间和城市形态设计。高品质规划设计城市街区和城市家具，细致严谨做好单体建筑设计，形成更多具有中国气派、岭南风格、广州特色的精品建筑群，使建筑可阅读、街道宜漫步、城市有温度。实施社区设计师制度，优化文体设施、儿童活动场地、绿色生态街巷等设计。构建三级综合指挥调度平台，全面推广"穗智管"城市运行管理中枢，推进粤港澳大湾区智慧城市试点示范，加快建成国际一流智慧城市。搭建城市数字底座，赋能教育医疗、生态环境、公共安全、公共交通、政务司法、社会治理等领域加快数字化发展。优化综合管廊、地下空间规划建设。一体化建设智能交通基础设施，争创全国车联网先导区，建设陆海空无人交通测试基地，开展自动驾驶商业化运营试点。深化交通拥堵治理，加强交通微循环建设管理，提升通勤效率，加快建设地下停车场、立体停车场，规范电动自行车、共享单车等管理。深化肉菜市场、农贸市场升级改造。重点提升珠江两岸、旅游景点、交通枢纽、商业繁华地段、城市主干道沿线以及城郊接合部、城区接合部等环境品质，推进绿化美化亮化艺术化，优化干净整洁平安有序城乡环境。

（三）提升生态系统质量和稳定性

实施城市生态修复工程，统筹推进山水林田湖海一体化保护。严格保护城市生态绿核，持续推进白云山、麓湖、越秀山"还绿于民、还景于民"和公园拆围透绿，提升湿地品质，优化提升"空中云道"，建设广州花园。大力推进海绵城市建设，构建生态、韧性安全的河湖体系。打造世界级精品珠江。构建北部山水、中部现代、南部水乡千里碧道格局，以江河安澜、秀水长清为首要任务，高质量完成万里碧道建设的任务。落实新一轮绿化广东大行动，完善绿色生态网络，提升绿道建设管理水平，加强天然林建设保护，保护生物多样性。

三、加快推进服务业数字化转型工程

数字化转型同样是服务业发展的必然趋势。广州服务业基础厚实，应尽早推动服务业的数字化转型，超前布局数字化基础设施，以主导性服务业为主体，集群化推动行业的数字化转型。近年来，得益于"互联网+"的快速发展和渗透，服务业数字化转型不断呈现出新模式、新业态，透视出软硬件支撑、行业应用场景、立法立规等环节必将是数字化转型的必要条件。

（一）制定行业数字化转型路线图

1. 梳理好转型的任务清单

结合广州服务行业实际，优先选择数字化转型需求可行性高、需求迫切的行业，根据各行业的发展特点，梳理好数字化转型的需求和挑战，制定转型任务清单。预判好主要行业转型的路线图，更多采用行业链供应链"一链一策"的转型路径，促进服务业平台企业、大型企业、中小企业的数字化转型。

2. 协同组织落地推进

党委政府部门积极发挥引导作用，组织行业机构、社会组织、平台企业、技术机构、重点商圈形成合力、协同开展转型，加大政策支持力度，促进供需对接、生产与消费对接，打破行业壁垒，释放数据要素的行业赋能价值，广泛开展新应用，结合服务业行业发展实际，分行业、分类别打造一批转型标杆示范主体、示范场景、示范行业，推广共性经验和发展成效。

（二）选好数字化转型重点行业

1. 不断挖潜新应用场景

重点聚焦金融、医疗、教育、文化创意、商贸、会展、物流、交通、餐饮、旅游等10个广州服务业主要行业，以行业大型企业、大型机构、行业集聚区为引领，夯实应用软件、智能装备、平台网络、安全等技术基础支撑，带动产业链供应链上下游中小企业、消费和使用终端用户群体共同应用，拉动行业的整体数字化转型，培育壮大新模式新业态，塑造服务业行业数字化生态体系。

2. 释放数据要素潜能

努力发挥广州超大城市数据资源优势，实施数据开放"负面清单"制度，明确数据开放边界和范围。加快公共服务领域数据的共享和开放，推进政务数据平台与社会化数据平台对接，特别是政府公共数据、市场主体经营数据，机构行业数据的开放对接，打破行政壁垒、平台企业垄断壁垒，大力发展数字交易、数据服务行业，推动数字应用场景创新，建立数字交易、流通平台，在安全可控的条件下，大力发展数字贸易，盘活基于数据要素的庞大市场。促进粤港澳数据资源的共享共用，对符合条件的港澳机构、市场主体开放数据资源，释放数据赋能实体经济发展的巨大潜能。

（三）完善数字化转型基础支撑条件

1. 建设高水平的算力基础设施

要前瞻布局与城市经济社会发展需求相适应的数字化基础，特别是算力基础设施、通信基础设施。广州要发挥信息枢纽城市基础优势，在综合评估能源供给能力、市场需求、气候环境等支撑条件下，构建以超算中心、国家级算力枢纽为核心，以边缘计算中心、智能计算中心为支撑的算力设施布局架构，大力提升数字化信息基础设施的服务广州、服务粤港澳大湾区的能力，建设国家算力枢纽城市。创新运营模式和监管评估机制，释放国家超级计算广州中心的赋能经济社会发展的活力；科学评估在从化、增城、花都等市内区域，或以清远、肇庆等广州都市圈内城市为基地，创新合作、运营和经营模式，布局大型或超大型数据中心，服务广州及"数字湾区"建设。由政府部门牵头，整合市内已有数据中心资源，激发市场主体活力和算力资源的服务效能。培育数据中心运营主体，引导市场主体组建数据中心合作联盟。

2. **大力发展软件与信息服务业**

服务业数字化转型必然需要数字软件支撑服务企业的业务运营，在企业内部、与关联企业之间、与消费者之间建立起基于数字技术软件的生产链和消费链。广州要发挥软件与信息服务业优势，培育壮大一批软件企业，面向服务行业新模式新应用，大力发展基于区块链、人工智能、大数据、云计算、边缘计算、物联网等核心数字技术和网络技术的行业软件，大力建设消费者、服务提供商、运营商共同参与的虚拟服务平台，促进线上线下资源的智能化、高效率配置。

第三节　优化现代服务业发展营商环境

市场主体是现代产业发展的主体力量，营商环境是市场主体生存发展的土壤。深化放管服改革、优化营商环境是激发市场主体活力和发展动力、释放全社会创新创业创造动能的关键之举。推动现代服务业出新出彩，关键举措之一在于优化营商环境，千方百计把市场主体保护好，为经济发展积蓄基本力量，对标国际一流水平，为各类市场主体投资兴业营造稳定公平透明、可预期的营商环境，增强企业投资经营、生存发展的信心，保护和激发市场主体活力。

第六章 广州推动现代服务业出新出彩的策略

广州营商环境总体水平在国内处于领先地位，但在市场化、法治化、国际化、便利化等方面与国际先进地区和城市相比，仍有发展空间。现代服务业的高质量发展必然需要高标准的营商环境予以保障，好的营商环境就是城市的生产力、竞争力，进一步优化营商环境，有助于提高现代经济体系包括现代服务业的竞争力，其重点是要持续深化改革、促进制度创新，现代服务业的发展除了产业链、产业技术等自身体系的构建外，制度供给同样是产业发展的核心竞争力，而优化营商环境是一场深刻的体制改革和制度创新，是一项基础性、系统性工程，任重而道远，持续优化市场化法治化国际化营商环境同样是广州现代服务业出新出彩的重要举措，也是健全政府管理体系、推进城市治理体系和治理能力现代化的重要内容，更是进一步扩大开放、发展更高层次开放型经济的重要保障。

一、打造国际化市场化法治化的商务环境

（一）对标营造高标准的商务环境

各行各业的发展都离不开优越的营商环境支持。法治是最好的营商环境，要紧抓广州作为国家营商环境改革试点城市机遇，世界银行营商环境指标体系在全球范围内都具有较强的权威性，广州也正在集中力量对标推进营商环境改革，营造国际化、市场化、法治化的营商环境，这显然有助于塑造现代服务业高质量发展的环境。特别是与现代服务业紧密相关的部分指标体系涉及的改革环节需优先推动改革（见表6-3）。

表6-3 广州对照世界银行营商环境指标体系的改革要点

指标	改革要点
开办企业	全面推行"照、章、税、保、金、银"，全流程半天办结。依托"开办企业一网通平台"，实现无介质一网联发电子营业执照、电子印章、电子发票。深化证照分离改革，简化涉企生产经营和审批条件，聚焦市场准入多头审批、市场主体关注度高的行业，研究实施"一业一证"改革，实现准入准营同步提速。

新引擎新动能：广州现代服务业的跃升

（续表）

指标	改革要点
办理建筑许可	将社会投资简易低风险工程建设项目政策适用范围扩大，全面推行一站式网上办理，全面推行联合测绘、联合审图，提升审批效率、服务质量。融合工程建设质量安全风险等级和施工单位管理水平两个维度，率先构建"双风险矩阵"，差异化、精准化实施工程质量安全分级监管，提升监管效能。
获得信贷	针对普惠金融服务机构实施差异化激励。运用普惠贷款风险补偿、应急转贷、贷款保证保险等政策工具，加大对中小企业融资支持力度。创新信贷产品和服务，拓展中小企业贷款抵质抵押范围。不断扩大"银税互动""信易贷"规模，推动"贷款+投资""贷款+认股权"等投贷联动服务新模式发展，拓宽中小企业融资渠道。
不动产登记	推广应用电子签章、电子证照，实现企业间存量非住宅转移登记证照在线签发、纸质证书免费邮寄，个人不动产登记业务全程网版。拓展不动产登记"全城通办"业务范围。深化不动产登记与银行等金融机构的协同服务。实现不动产登记与电水气过户线上线下"一窗受理、并联办理"。
纳税	推广应用165项高频办税事项"一次不用跑"和244项涉税费业务全程网上办事项清单。优化企业所得税、城镇土地使用税、房产税、土地增值税、印花税"五税合一"办税服务，加快推进财产行为税一体化纳税申报，简并纳税次数。推广"财税衔接""智能导办"，压减纳税时间。推进发票电子化改革，免费提供增值税电子专票开具服务。推进境外人士"无差别便利办税（费）"服务和"港澳企业及居民税费境外线上办理"服务。
跨境贸易	进一步拓展广州国际贸易"单一窗口"功能，深入实施单证无纸化提交和电子化流转，为企业提供全程可跟踪物流信息服务，以及电子支付、外汇结算、信用保险等金融建成服务。深化"两步申报""两段准入"改革，压减货物滞港时间和物流成本。创新海关监管方式，在确保数据安全的前提下，积极探索推进"远程监管模式""智慧查证""智能审图"。规范公示口岸收费清单，对进出南沙港区国际和国内集装箱班轮引航费按规定标准上限降低15%征收。
执行合同	完善随机自动分案系统，形成"智能识别为主、人工分流为辅"的繁简分流模式，扩大小额诉讼程序适用范围。完善独任制适用激励机制，制定适用独任制的案件标准，对基层法院民商事案件确立以独任制的适用为主、以合议制的适用为辅的审判组织原则。推进审判执行业务全流程网上办理，创新从立案到归档无纸化"一站式方案"。
办理破产	完善预重整规则及配套制度，实现庭外重组与庭内重整有效对接。建立重整投资平台，引入金融机构为有重整价值的企业继续经营提供流动性支持。完善市场主体推出机制，推进个人债务集中清理，建立财产登记、社会保障、征信记录等方面的协调机制。升级智慧破产审判系统，建设破产资产网络信息交互平台，对接破产企业需求与市场要素供给，实现资产快速变现和价值最大化。
保护中小投资者	完善在线纠纷多元化解平台，提供分流推送案件、调解、申请司法确认、电子送达等在线服务。建立诉前调解机制，标的额1000万元以下案件均可适用。完善律师调查令、书证提出令等制度，建立网上申请律师调查令平台，提升中小投资者获取证据便利度。完善中小投资者诉讼绿色通道，组建专业化团队，集中高效审理中小投资者案件。

（续表）

指标	改革要点
劳动力市场监管	逐步建立和完善企业工资监控管理系统，对用人单位动态监管和风险监测预警。实现劳动人事争议调解仲裁全程"网上办"。设立"粤港澳大湾区劳动争议联合调解中心广州琶洲速调快裁服务站"和"粤港澳大湾区劳动争议（广州）创新研究院"，打造与国际接轨的劳动争议速调快裁服务模式。发布就业创业景气指数，搭建灵活用工、共享用工信息平台，开展劳动保障守法诚信评价。

（二）优化政府公共服务环境

1. 持续深化放管服改革

深化市级行政权力事项下放工作，推动放权强区，保障基层对人力、财力的需求，确保服务质量。大力推进政务服务事项全城通办，除去法律法规规定必须到现场办理的事项外，其余事项全面纳入"跨域通办"事项清单。与深圳共建政务服务"广深服务"机制，统一业务标准和办理流程，尽快实现两地互通办理；与省内城市共建政务服务全省通办机制，实现多地联办，建立"湾区通办"机制，涉港澳服务事项在"穗好办"APP、"广东政务服务网"平台同步预约、跨境办理。

2. 建设数字政府

提升数字政府效能，提升"一网通办"用户友好度和服务智能化水平，打响"穗好办"政务服务品牌。建立健全"一网统管"标准体系，建设"穗智管"城市运行管理中枢。优化政务云平台基础承载能力，建设政务区块链基础平台，打造政务"联盟链"，推动各领域政务数据"上云"、"上链"、协同共享。推动电子证照、电子印章、电子签名等"应用尽用"，探索推广电子凭证应用，加快实现政务服务免材料、免表单、免实物章、免手写签名办理。

加速数字应用场景落地。坚持以提升企业获得感满意度为导向，加快政务服务流程再造和模式升级，全面推进涉企事项全程网办。坚持以民生需求为导向，有序推进就业服务、社会保障、教育供给、医疗健康等领域数字化应用。坚持共建共享供给，建设治安防控、应急防灾、生态治理、交通管理、城市管理等社会治理应用场景。

建立供给数据开放利用管理机制。研究建立公共数据采集汇聚、共享交换、开放利用的基础制度和标准规范,提高数据质量和规范性。研究制定数据资源确权、开放、流通、交易相关制度,完善数据产权保护制度。安全有序推进政企数据共享对接与开发利用,构建政企数据共享机制。

推行政策兑现集成服务。全面树立使用财政资金支付的行政奖励、资助、补贴等惠企政策,编制和公布政策兑现事项清单和办事指南。完善惠民惠企政策兑现"一站式"服务模式,试点开展惠企政策分类和标签化管理,加快实现一次申报、全程网办、快速兑现。强化政策精准推送,试行符合条件的企业免予申报、直接享受政策。

二、营造高标准的要素流通环境

(一)进一步推动投资贸易便利化

在投资准入方面,进一步压缩负面清单,以粤港澳大湾区为重点区域,争取放宽港澳企业商事登记投资者主体资格证明文件要求限制,开展穗港澳投资跨境商事登记全程电子化,开展公证文书信息共享。简化涉港澳公证文书,压减注册登记证明文件,推进电子签名互认证书应用。

在服务贸易方面,试行跨境服务贸易负面清单管理模式,放宽境外消费、自然人移动等模式下的服务贸易市场准入限制,争取将天河中央商务区打造成粤港澳服务贸易自由化示范基地。

在跨境贸易方面,要持续提高跨境电商便利化水平,强化广州跨境电商全国领先的优势。推动利用保税进口模式开展跨境电商业务。探索跨境电商分类监管模式,试点保税免税一体化监管运营,建立跨境电商商品流通追溯体系。探索建设中国跨境电商国际枢纽港。深化粤澳跨境电商直通车,建立南沙与澳门之间的陆运快速贸易通道。

在高端专业服务业方面,要努力扩大广州优势,推进与国际标准对接,如在会展业方面,提升国际化服务能力,探索"新业态+会展"模式,推动数字化产业链等新兴产业与会展融合发展。精简国际展览品检疫审批流程,争取对相关展览品免于检验。争取允许展会展品提前备案,以担保方式放行,展后结转进入保税监管场所或海关特殊监管区域予以核销。在平行进口汽车行业方面,推动车辆展品依法留购并给予展示交易便利,深入推进平行进口汽车试点,在南沙区尽快形成国际进口汽车贸易中心,引进保税加工、维修、研发等高端项目,推动境外高端汽车等装备保税维修项目落地。

在口岸服务方面,要发挥广州国际航空航运枢纽优势,进一步提升口岸保障服务能力,重点在于加快大通关建设和口岸智能化建设,进一步推进国际贸易"单一窗口"应用主要项目全覆盖,完善服务贸易、出口退税、结算业务办理功能。加强口岸区域化、国际化协同,深化与省内各区域的国际贸易"单一窗口"合作,积极推进数据安全共享、信息互联互通,助力企业降本增效;探索推进"单一窗口"平台与港澳、"一带一路"沿线国家和地区口岸的互联互通,形成高效便捷的跨境贸易网络通道。推进口岸全天候通关通航,推广内外贸和进出口"同船运输"模式。加强口岸建设与联动发展,深化穗港澳合作,推进锚地资源共享共用。建立大湾区机场协作机制,促进区域机场群优势互补、协调发展。推动海关特殊监管区域多式联运协同发展,构建服务粤港澳大湾区、辐射全国的陆海空口岸体系。进一步提升跨境贸易便利化水平,建设大湾区最便捷出海口。对"国际—国内"和"国际—国际"转机的国际航班旅客及其行李,在满足国际民航组织相关安保措施要求的前提下,积极推进互转航班通程联运。改善通关环境,持续巩固提升口岸公共卫生管理服务能力。

(二)创新金融要素流通环境

金融要素能发挥服务引领实体经济的作用,现代金融服务体系是广州现代服务业的重要组成部分。作为国内经济开放高地和对外链接的重要窗口，广州需要进一步通过体制机制改革，释放制度红利，进一步提高金融资源配置效率，提高金融要素资源在内外循环中的配置效率，促进广州在新发展格局中发挥好重要支撑作用。

争取扩大金融业对外开放合作。放宽银行、证券、保险行业外资股比限制，扩大外资金融机构在穗业务范围。利用"一带一路"国际金融平台拓宽项目投融资渠道，携手港澳建设中国企业"走出去"综合服务基地。推动扩大港澳居民代理见证开立个人银行结算账户业务试点银行机构范围，探索跨境人民币业务创新试点，推动建立跨境理财通机制。探索广东自贸区南沙片区FT账户（自由贸易账户）业务创新，推进贸易融资资产跨境转让业务试点，推动资本项目改革、金融市场开放和本外币合一银行账户体系探索。

争取支持发展金融创新平台。支持金融机构依法为真实合法的大宗商品现货离岸交易和保税交割以及离岸加工贸易、服务转手买卖等各类离岸经贸业务提供更加便利的跨境金融服务。推动现货市场与期货市场联动发展。推动设立粤港澳大湾区国际商业银行、广州创新型期货交易所。争取国家支持开展知识产权金融创新及知识产权证券化试点。与深交所合作共建广州科技金融路演中心，为企业上市创造便利条件和环境。支持区域性股权市场、产权市场及大宗商品交易中心加快发展，推动广东股权交易中心发挥资本市场重要平台作用。推进广州商品清算中心打造供应链金融服务平台。

争取支持金融业务创新发展。在CEPA框架下，争取在广州设立港澳保险公司内地保险服务机构和港资独资证券公司、基金公司等金融机构。争取大湾区飞机租赁业务创新政策试点，携手香港共建全球飞机租赁中心。在符合法律法规及监管要求的前提下，支持保险机构与港澳合作开发跨境机动车保险和跨境医疗保险产品，为跨境保险客户提供便利化承保、查勘、理赔等服务。支持广州金融资产交易中心依法依规开展金融产品交易等业务。建设创投风投集聚地。鼓励与港澳资本联合成立创投基金，建立适应科技成果转化需求的信贷、保险机制。

加强金融风险防控。开展金融领域管理信息共享、监管协作和风险跨境处置合作。加强对金融开放政策措施所涉跨境收支业务数据的采集、监测和运用，排查和防范风险。强化属地监管职责，在有关重大金融风险处置研究、完善金融风险防控机制建设方面开展深入探索，进一步落实中小银行风险化解和资本补充、金融衍生品业务管理、债务管理等方面工作要求，完善相关法规制度，坚决守住不发生系统性区域性金融风险的底线。坚持金融业务持牌经营要求，通过风险提示、风控指标计算、信息报送和信息披露等，加强对金融领域企业风险防控的指导服务。

（三）打造高效便捷的货物流通环境

增强国际航运服务能力。打造黄埔港新贸易创新中心，加快建设现代服务创新区。推动建设邮轮物资配送中心，研究开展国际航运保险等创新型保险要素交易。推动实现南沙与香港快速联检，争取将南沙港作为实施启运港退税政策的离境港，争取在南沙实施国际航运保险免征增值税政策。

提升国际航空枢纽服务便利性。支持白云国际机场申报国家指定进口口岸资格，提升机场保税物流规模。发展机场口岸新型货运方式，探索建设海关多程多式联运监管中心。探索加快完善"生鲜包机"等业务的航空冷链"产业链+物流链"，围绕机场加快布局建设"低温货站"，打造全产业链"国际生鲜港"。

优化物流配套体系。与深圳等重点港口城市深化港口基础设施建设合资合作，探索港口资源优化配置，协同强化港口集疏运体系建设，共同打造国际多式联运中心、全球供应链管理中心、国际物流航运中心。规划建设支撑物流园区合理布局、集约发展的路网体系，结合城市更新和区域产业升级，疏解一批非中心城区功能的物流园区。

（四）优化人才开放流通环境

实施更积极、更开放、更有效的人才政策，深化人才管理服务制度改革，放活人才使用、评估、激励体制机制。对外籍高层次人才投资创业、讲学交流、从事经贸活动等方面提供出入境和停居留便利。符合条件的服务业企业聘用的"高精尖

"缺"外国人才,可享受人才签证、工作许可、社会保障等业务办理便利措施和"绿色通道"服务。

健全境外人才管理服务机制,对广州市引进的外籍高层次人才实施更加便利的出入境和停居留政策措施。非广州市户籍的国内优秀人才,可按规定办理广州市居住证,并申请相应的居住证积分,然后依条件转办广州市常住户口;高端、紧缺急需人才,符合条件的可以直接办理引进落户。探索允许符合条件的境外人员担任法定机构、事业单位、国有企业的法定代表人。

积极争取扩大穗港澳专业服务资格互认范围。探索允许具有港澳执业资格的金融、建筑、规划、专业代理等专业人才,经备案后按规定范围提供专业服务。加快穗港澳工程项目合作,确定若干建筑服务合作具体项目。

(五)规范畅通数字要素流通环境

加强数字安全保护。数据安全保护是数字经济健康发展的基石。要严格落实国家《数据安全法》,重点对数据产权、数据隐私等依法保护,对数据平台、数据治理系统加强技术安全支撑。建立数据安全和管理责任机制,落实企业安全防护主体责任,引导企业建立完善技术防护体系和安全管理制度。支持有能力的企业建设数字安全公共服务平台,建设安全态势感知和综合防护系统。

建立公平竞争的市场环境。着眼于建设健康有序、公平竞争的数字市场竞争环境,完善法律规章,加强市场监管部门、司法机构、行业监管机构以及消费者保护机构等部门之间的合作,形成市场监管保护共识,规范管理对数据的垄断操纵行为,在鼓励和支持发展平台经济的同时,要避免大型企业、金融资本的"赢家通吃"现象,保护中小企业自主、创新、公平成长发展,推进数据开放性和可移植性,加强在线数字平台、软件、程序之间的互操作性。

第四节 深入推进现代服务业国际国内协同发展

当今世界面临百年未有之大变局，经济全球化、贸易自由化的主流趋势不可阻挡。广州作为国家重要中心城市、"一带一路"建设重要枢纽城市、全球城市，其现代服务业价值链产业链的顺畅发展必然需要优化国际国内市场布局，增强联通国内国际双循环能力。

一、拓展"一带一路"现代服务业合作网络

"一带一路"倡议实施以来，我国与"一带一路"沿线国家和地区的全方位联系不断加强，正成为全球最为重要的增长地带，经贸关系正从传统的、单一的货物贸易转向多元贸易。广州具有"千年商都"的传统优势，与"一带一路"沿线国家和地区合作的纵深推进将有助于广州现代服务业进一步拓展开放发展空间。而在现代服务业的细分领域，发展服务贸易、跨境电商较为符合广州特点，可以凭借海外贸易渠道、海外平台对全球优质资源、产业链的垂直延伸，加快现代服务业的国际合作与网络构建，深度融入世界经济体系。

（一）大力发展服务贸易

服务贸易已经是全球贸易的主导领域，服务贸易也正成为广州对外贸易的新增长领域，并在2020年获国家批准为全面深化服务贸易创新发展试点城市。近年来，广州与"一带一路"沿线的服务贸易加快发展，未来可以更加突出软件、通信、外包等重点领域，发展融合数字技术的服务贸易新业态，充分利用大数据、移动互联网、云计算、区块链等新技术推动服务外包、科技服务、文化贸易等新业态扩大出口，扩大咨询、研发设计、节能环保和旅游等服务领域的交流合作，打造国际合作交流网络，开拓"一带一路"沿线的服务外包与技术贸易市场，促进高技术、高附加值的服务业发展，走向全球价值链的中高端，成为抢占国际经济贸易制高点的新

主导方向。

同时,要充分抓住国家赋予广州全面深化服务贸易创新发展试点的机遇和使命,完善促进服务贸易创新发展的管理体制和政策体系,如进一步做强做大国际运输、会展、旅游优势行业,建设一批文化、中医药等出口基地,在数字经济、文化创意、航空航运、融资租赁等领域培育和引进一批重点企业,开拓国际服务网络,在银行服务、法律仲裁服务、离岸呼叫等方面实施更加开放措施。加快构建有利于服务外包发展的开放制度,探索在南沙自贸片区内建立服务外包基地、公共服务平台,推动建立与国际接轨的投融资、贸易结算、商事仲裁等规则体系,以南沙自贸片区为重点区域,打造全球溯源中心、全球优品分拨中心、全球报关服务系统等数字贸易服务平台,针对国际市场,发展离岸服务、离岸贸易等领域的新业态新经济(见表6-4)。

表6-4　广州服务贸易重点发展领域

主要领域	主要发展方向
国际物流	支持国际物流企业参与供应链管理、工程物流、跨境电子商务、国际快递、市场采购、保税物流、汽车进出口、航运金融等业务。
新一代信息技术	以广州人工智能与数字经济试验区为引领,建设一批技术领先的应用场景示范项目,面向国内外推广5G、区块链、人工智能、大数据场景应用。
数字贸易	发展文化旅游、交通出行、商业零售、酒店餐饮、医疗卫生等场景与数字技术融合应用领域的数字贸易,推动与香港及"一带一路"沿线国家和地区的标识解析对接,实现出口物资供应链的可视化管理。
先进技术型服务	大力发展工业设计、工业互联网、咨询、研发设计、定制服务、售后维修等服务及其出口,拓展国际飞机客改货、国际航材分拨、公务机维修改装、飞机零部件再制造等国际业务。
金融服务	以南沙自贸片区为重点,探索发展离岸金融业务,大力发展融资租赁、国际金融后台服务业务等。
文化贸易	以国家级文化产业示范园区、国家文化出口基地、国家版权基地等为重点,大力发展动漫、网游等服务产品,加快拓展国际游戏娱乐市场。
中医药服务	联合港澳中医药科研平台,推进中医药标准化、国际化发展,推动中医药产品和服务出口。

（续表）

主要领域	主要发展方向
国际会展	大力引进国际会展机构、著名展会、知名会展企业，吸引国际论坛、会议、赛事来穗举办或落户。联合大湾区城市，促进会展资源和服务的共建共享共办。
高端旅游	发展商务服务、学术技术交流服务、医养服务、体育服务、美食服务等国际旅游服务。大力发展邮轮跨境旅游。

（二）大力发展跨境电商

持续巩固广州跨境电商优势。要完善和创新跨境电商发展政策体系，广州可以打造富有国际竞争力、吸引力的电商平台，依托综合保税区、自贸区等特殊功能区建设一批功能完善、服务能力强的跨境电商园区，深入推进中国（广州）跨境电子商务综合试验区建设，创新监管方式、金融服务、税收管理等服务政策，如探索实行"网购保税进口+线下自提"等方式的试点；推进广州铁路集装箱中心站建设，推动中欧班列扩量增效，增加跨境电商专列。集聚一批实力强的跨境电商企业，支持电商平台企业"走出去"开拓国际市场，助力有实力企业在"一带一路"沿线重点国家和地区建设一批海外仓，提升国际服务能力。建设广泛的国际市场网络，扩大跨境电商在"一带一路"沿线国家和地区的进出口规模，促进传统国际贸易企业运用电子商务开展转型升级，支持中小企业运用跨境电商拓展沿线国际市场。同时，要大力发挥广州及周边城市产能和服务优势，广泛利用跨境电商平台，推动广州成为"一带一路"沿线国家和地区"买全球、卖全球"的重要枢纽城市。

二、共建粤港澳大湾区现代服务业一体化市场

广州是粤港澳大湾区核心城市之一，现代服务业的中心城市，要强化与大湾区城市产业互补、协同发展，充分发挥现代服务业的带动功能，深入对接国际市场的服务业规则，联手粤港澳大湾区城市打造具有全球竞争力的现代服务业高地，推动

新引擎新动能：广州现代服务业的跃升

广州现代服务业出新出彩。

（一）共建现代服务业产业集群

广州需要携手港、澳、深圳，促进现代服务业的优势互补、强强联合。

在非金融服务业领域，大力发展会计、律师、广告、咨询、金融、养老、科技服务等专业服务业，吸引港澳知名专业服务企业到广州发展，促进生产性服务业高端化、生活性服务业品质化发展。聚焦工业、建筑、广告等设计产业，壮大时尚创意产业，打造"国际设计之都"。以广交会为基础，依托港澳会展资源，引进一批有世界影响的国际会议、高端论坛、展览项目，联合引进国际知名战略品牌和配套服务企业，做大做强会展经济。推动人工智能、云计算、大数据、区块链、物联网等先进信息技术手段在港航业的广泛应用。在金融服务领域，广州要联合香港、澳门、深圳，协同建设国际金融枢纽湾区，推进与港澳金融行业的对接发展，大力发展特色金融行业，促进跨境金融业务合作，在移动支付、个人跨境支付方面提升服务和便利化水平，鼓励符合条件的企业前往香港发行人民币债券，鼓励相关金融机构开展不良资产跨境转让业务等。

另外，要深化广州都市圈的服务业合作，比如要持续促进广佛产业领域的同城化，推动广州现代服务业与佛山制造业的联动，发挥广州生产性服务业的比较优势，在金融服务、融资租赁、商务服务、网络经济、检验检测、研发设计等领域与佛山市场主体对接，高质量建设以发展现代服务业为主导的广佛合作试验区。

（二）共建服务业合作网络与平台

巩固和增强大湾区现代服务业产业集群优势，也必将强化广州现代服务业的能级和竞争能力，可以优先在现代服务业重点领域构建发展网络和打造合作平台，打造互补共促发展的抓手。

如在数字经济领域，以广州人工智能与数字经济试验区为引领，与香港开展战略合作，发挥香港的基础科研优势、专业服务优势、金融综合优势、人才优势，风险管理、资产管理、法律服务等优势，结合广州的市场应用优势和产业转化能力优势，搭建集合"软件＋硬件＋服务"创新生态系统。依托广州完备的制造业产业链体系，推动产业链上下游深度合作，加强研发端与制造端的联动，打造"香港研发＋广州智能制造"二、三产业融合发展产业链，带动广州及周边城市制造业数字化、网络化和智能化转型升级。可以研究与香港共建智能技术关联领域的产业园区，如高端芯片设计及产业化园区、机器人产业园区、区块链园区等。

在金融服务领域，积极争取国家支持，发挥香港国际金融中心优势，以广州期货交易所的组建和运营为试行先例，推进穗港、穗澳互设金融机构，争取合资全牌照证券公司可以落地经营建立穗港澳常态化金融机构交流机制，推动成立粤港澳大湾区金融交流合作联盟，加强与香港交易所、香港中国金融协会等港澳机构的对接交流。

（三）共建服务业市场协同合作机制

推进服务行业准入准营便利化对接。促进大湾区服务业协同发展的关键在于实现行业市场规则的对接和互认互通，需要大湾区城市联动，争取国家支持，紧密对接港澳规则，实现港澳发达的现代服务业资源能够畅通内地准入又准营。比如压减企业投资项目核准和备案办理程序、办理时限，争取省级层面将承诺备案制的实施权限下放到区级。全面实行准入前国民待遇加负面清单管理制度。推行外资商务备案与工商登记"一套表格、一口办理"，实现"无纸化、零见面、零收费"。加快扩大教育、文化、医疗、法律、航运等专业服务市场准入，争取国家允许港澳机构在广州设立独资国际学校，在广州试点放宽外资参股医疗机构的股比限制。

广州要发挥省会城市、大湾区核心城市功能，积极引领粤港澳大湾区协商机制建设，建立广泛覆盖的穗港、穗澳细分行业对接沟通机制，建立与港澳两地粤港澳大湾区工作委员会及各专项小组多层次的沟通合作平台。结合穗港澳三方合作重点，引导相关专业界别、行（商）业协会建立更加紧密的合作机制，建立跨境行业合作联盟、协会，推动三方业界务实合作，打破跨境区域限制，实现大湾区行业资格认定、服务标准、服务政策等方面的一体化、协同化。

实施更加积极、开放、有效的行业人才政策。广州要加强与港澳优势服务行业领域人才合作，引进或共享创新型人才和团队，打造现代服务业人才集聚高地，确保港澳人才同等享受各类人才优惠政策。建立高效服务的人才服务园区，共建粤港澳人力资源服务产业园联盟，积极推动港澳专业人才在穗便利执业。

促进行业要素流通便利化。争取国家支持优化相关企业申办港澳商务备案政策，扩大申领港澳商务签注人员范围，延长签注有效期。在南沙开通口岸签证业务，建设海上智能服务中心，方便境外人员往返南沙及港澳地区。优化车辆往来便利化措施，加快设计简便高效的粤港澳大桥通关监管和服务机制，逐步实现省内城市与港澳之间通车的便利化、自由化。

三、强化服务新发展格局的现代服务业链接功能

我国正加快构建以国内大循环为主体、国内国际双循环相互促进的新发展格局，需要充分发挥我国超大规模市场优势和内需潜力。广州是全国超大城市、现代服务业强市，在构建新发展格局中，可以发挥"超链接"城市功能。显然，释放广州现代服务业的辐射带动作用，推动现代服务业的出新出彩，是一项系统工程，必然需要深化与国内市场的一体化、协同化发展，统筹推进与全国范围内的现代流通体系建设，而不仅仅是推动服务业的发展，在新发展格局中增强现代服务业的链接功能。

（一）释放现代服务业扩大内需的强大带动能力

释放超大城市内需潜能。广州要充分发挥经济强市优势，释放出推动实现老城市新活力、"四个出新出彩"对扩大内需的巨大潜能。城市更新、数字经济与人工智能"双引擎"等领域都涉及众多的现代服务业发展，能够带动大规模的消费和投资，打造成全省全国市场需求的重要源点。要充分发挥广州国际商贸中心功能，进

第六章 广州推动现代服务业出新出彩的策略

一步增强广州支柱产业、主导产业、交易服务平台、展览展示、消费商圈对全省乃至全国产品和服务生产、流通的辐射带动能力，优化供给侧的市场资源配置机制，打通经济循环堵点，破除阻碍要素畅通流动的瓶颈，努力建设成为国际消费中心。

加大对内拓展畅通产业链。不仅要从产业发展的狭义视角，更要从区域发展战略的广义视角，深化区域协同发展，加大对全国范围的拓展合作广度和深度，促进服务业产业链价值链及各类产业的"一盘棋"发展。广州要清晰把握未来一个时期国内市场主导经济循环的特征，把发展的立足点放在省内、国内，发挥好广州省会城市、国家中心城市带动全省、服务全国的功能，进一步加大对内拓展力度。重点是要深化与深圳"双城联动、比翼双飞"引领作用，带动"一核、一带、一区"高质量协调发展，提高广佛同城化、广佛肇清云韶经济圈协调发展质量，促进要素互通、发展成果共享。以粤港澳大湾区高质量的融合发展为支撑，带动更广阔的国内大循环。扩大与京津冀、长江经济带、黄河流域、成渝地区重点城市和区域的务实交流合作，破除地域行政藩篱，畅通产业链供应链，降低要素跨区域流通成本，共同打通链接的堵点淤点。

（二）强化枢纽辐射能力，促进服务要素高效流通

1. 强化交通枢纽促进要素流通作用

广州要运用好交通基础设施这一十分关键的抓手，促进各类要素包括现代服务业发展要素在内的高效流通和集聚，发挥广州作为国际综合交通枢纽城市链接世界、辐射内陆的集聚和辐射功能，重点是提升白云国际机场服务能级，高质量推动广州白云国际机场三期、通用机场建设，积极主动协调珠三角世界级机场群的分工合作。大力提升国际航运中心现代服务功能，发展海洋经济、航运金融、船舶经纪等现代服务业，进一步优化与珠江西岸及上游港口分工合作，积极对接国内货源市场。提升高铁、城际轨道、陆路交通枢纽网络覆盖密度和广度，构建珠三角1小时经济圈、全省2小时经济圈，基本全面实现与东南亚主要城市3小时左右通达、与全球主要城市12小时左右通达。大力提升广州超大城市交通内循环网络密度和微

循环通畅质量，降低人员、货物流通成本，提高城市治理现代化能力，补齐外围周边区域交通链接短板。高度重视信息枢纽未来的重大引领功能，加强数字基础设施建设，强化数字服务、数字交易、数字应用引领功能，努力在全国发展数字经济中走在前列、引领和服务全省全国，为构建新发展格局提供更有力支撑。

2. 提升科技创新枢纽促进服务要素集聚作用

现代服务业诸多细分行业是技术密集型、资金密集型行业，广州是国家科技创新枢纽城市之一，要努力发挥创新资源集聚、人才集聚优势，大力提升自主创新能力，尽快突破关键核心技术，提高供给体系质量和水平，重点是要大力发展人工智能、数字经济、生物医药等新兴产业，大力发展"四新"经济，以市场广泛应用带动技术可持续创新。释放广州高校、高水平创新平台的基础研究、科技创新潜力，支持"双一流"建设高校加强科技创新工作。充分认识人力资源是构建新发展格局的重要依托，推动优化同新发展格局相适应的教育结构、学科专业结构、人才培养结构。提升对广深港澳科技创新走廊的链接能力，高水平推动综合性国家科学中心建设，高质量建设"三城一区"。大力提高产学研合作质量，推动解决和创新科技成果转化制度性瓶颈，优化科研创新价值取向，努力在解决"卡脖子"问题、关系我国发展全局的重大问题上发挥广州链接作用。

（三）深化改革开放破除高质量发展的制度瓶颈

1. 持续扩大开放助力形成现代服务业国际竞合新优势

广州要发挥高水平对外开放门户枢纽城市功能，继续巩固对外开放优势。重点是要进一步提升广东自贸区南沙片区、综合保税区、国家级开发区等开放平台发展质量，高质量对接海南自由港建设，更高标准促进投资贸易便利化，大力发展跨境贸易、数字贸易，促使产业链供应链向东北亚、东南亚、欧洲、北美和"一带一路"沿线国家及地区延伸，创新机制、更大力度集聚国内外创新创业人才和市场主体。持续对接港澳规则，以穗港澳重大平台、重点项目、重要事件的建设和合作为支撑，重点在促进三地人员、货物、资金、数字要素往来上取得更多实质性进展。

进一步提升广交会国际影响力、办展质量、办展模式，大力提升服务贸易的出口、进口功能，为其他国家和城市提供更多的市场机会，成为吸引服务业要素资源的重要引力场。发挥华侨华人和岭南文化重要的纽带链接作用，营造浓厚的国际合作交流氛围，以更大范围、更宽领域、更深层次的对外开放，构建连通内外的服务和贸易网络，更好地集聚全球中高端现代服务业资源要素。

2. 全面深化改革助力形成高质量发展的制度环境

广州要继续用好改革开放这一关键一招，重点是要把营商环境改革作为重大任务来抓，发挥好在全国全省的试点示范作用，对标世行、国际，在投资贸易环境、要素市场化配置环境、法治化环境、粤港澳规则对接环境等重点领域实现系统性、战役性新突破，不断提升营商环境市场化、法治化、国际化水平。主动深入对接深圳综合改革试点成效，支持全省、带动各地。以数字政府改革建设为牵引加快转变政府职能，在安全可控底线下，加快培育数字要素市场，推进政府数据开放共享，提升社会数据资源价值。高质量推动国企改革发展，持续在深化国企体制机制改革、链接市场资源与服务、企业创新发展等方面取得新突破。在投资准入、贸易便利化自由化、金融资本双向流通、国际人才共享、知识产权保护、行业标准认证体系等方面努力实现与国际规则有效衔接，为现代服务业乃至经济社会全局性的高质量发展塑造高标准高水平的制度环境。

参考文献

［1］习近平:《习近平谈治国理政》第 3 卷，外文出版社 2020 年版。

［2］高新民、安筱鹏:《现代服务业：特征、趋势和策略》，浙江大学出版社 2010 年版。

［3］李程骅:《现代服务业推动城市转型研究》，中国社会科学出版社 2017 年版。

［4］乔为国:《现代服务业政策问题研究——实证调研与国际经验》，社会科学文献出版社 2013 年版。

［5］钟旋辉:《广东发展报告（2021）》，社会科学文献出版社 2021 年版。

［6］刘志彪:《现代服务业的发展：决定因素与政策》，《江苏社会科学》2005 年第 6 期。

［7］潘海岚:《关于现代服务业内涵的思考》，《经济纵横》2007 年第 12 期。

［8］张赤东:《发展现代服务业：界定、特征、分类与趋势》，《科技中国》2020 年第 3 期。

［9］余南平:《新冠肺炎疫情下全球价值链结构调整特征与未来挑战》，《国际关系研究》2021 年第 1 期。

［10］王新新:《生产性服务业的特征及发展趋势研究》，《商业时代》2011 年第

34期。

［11］国家统计局：《中华人民共和国2019年国民经济和社会发展统计公报》，2020年2月28日，http://www.stats.gov.cn/tjsj/zxfb/202002/t20200228_1728913.html。

［12］国家统计局：《中华人民共和国2020年国民经济和社会发展统计公报》，2021年2月28日，http://www.stats.gov.cn/tjsj/zxfb/202102/t20210227_1814154.html。

［13］广州市统计局：《广州统计年鉴》，http://112.94.72.17./portal/queryInfo/statisticsYearbook/index。

［14］广州市统计局、国家统计局广州调查队：《2020年广州市国民经济和社会发展统计公报》，2021年3月28日，http://tjj.gz.gov.cn/tjgb/qstjgb/content/post_7177236.html。

［15］广州市人民政府：《2021年广州市政府工作报告》，2021年2月4日，http://www.gz.gov.cn/zwgk/zjgb/zfgzbg/content/post_7067312.html。

［16］广州市人民政府：《2020年广州市政府工作报告》，2020年6月10日，见http://www.gz.gov.cn/zwgk/zjgb/zfgzbg/content/post_5894347.html。

［17］广州市人民政府：《广州市国民经济和社会发展第十四个五年规划和2035年远景目标纲要》，2021年5月19日，http://www.gz.gov.cn/zwgk/ghjh/fzgh/content/post_7288095.html。

［18］广州市统计局：《2020年广州市规模以上服务业运行分析》，2021年2月10日，http://tjj.gz.gov.cn/gkmlpt/content/7/7095/post_7095014.html#230。

［19］科技部：《"十三五"现代服务业科技创新专项规划》，2017年4月14日，http://www.most.gov.cn/xxgk/xinxifenlei/fdzdgknr/fgzc/gfxwj/gfxwj2017/201704/t20170426_132497.html。

［20］广州市人民政府办公厅：广州服务经济发展规划（2016—2025年），2017年4月20日，http://www.gz.gov.cn/zwgk/fggw/sfbgtwj/content/post_6491428.html。

［21］国家统计局：《生产性服务业统计分类（2019）》，2019年4月1日，http://www.stats.gov.cn/tjsj/tjbz/201904/t20190417_1660042.html。

[22]国家统计局:《生活性服务业统计分类（2019）》,2019年4月17日,http://www.gov.cn/gongbao/content/2019/content_5425338.htm。

[23]国家统计局:《新产业新业态新商业模式统计分类（2018）》,2018年8月27日,http://www.stats.gov.cn/tjsj/tjbz/201808/t20180827_1619266.html。

后　记

广州享有"千年商都"的美誉。服务业是广州产业发展的历史"基因",也是广州城市发展的历史"基因"。改革开放以来,广州服务业在全市经济发展中的地位持续上升。迄今,广州已经发展成为较为典型的服务型经济。根据广州市统计局、国家统计局广州调查队发布的《2020年广州市国民经济和社会发展统计公报》,广州第三产业占全市生产总值比重为72.5%,对经济增长的贡献率达到了57.5%,比第二产业的贡献率高出近19个百分点。在广州的服务业中,现代服务业快速发展壮大。2020年,广州现代服务业占服务业增加值的比重达到了65.1%,在服务业发展中占据主导地位。

2018年10月24日,习近平总书记视察广州,对广州做出了现代服务业出新出彩的重要指示,为广州现代服务业发展指明了方向和目标。2021年,《广州市国民经济和社会发展第十四个五年规划和2035年远景目标纲要》做出了促进现代服务业繁荣发展的战略安排,提出了建设现代服务业强市、建设具有全球影响力的现代服务经济中心的新发展目标,标志着广州现代服务业即将进入一个全新的发展阶段。

本书旨在深入学习和领会习近平总书记关于广州现代服务业出新出彩的重要指示,在综合分析广州现代服务业发展的现实背景和发展现状的基础上,立足于世界

新引擎新动能：广州现代服务业的跃升

和全国现代服务业发展大趋势，结合粤港澳大湾区建设重大国家战略的需求，从战略全局的角度，探讨广州现代服务业发展的总体思路、发展重点和主要路径。本书力求做到对广州现代服务业发展的分析有理有据，所提出的广州现代服务业发展设想和建议等具有决策参考价值，发挥好咨政建言和宣传作用。

本书是一项集体研究成果。项目组认真学习了习近平总书记关于广州现代服务业出新出彩的重要指示，从广州老城市新活力和"四个出新出彩"的总体战略布局、广州市国民经济和社会发展第十四个五年规划及2035年远景发展安排，以及实施粤港澳大湾区建设重大国家战略，"一带一路"建设，构建以国内大循环为主体、国内国际双循环相互促进的新发展格局等视角，思考和探究广州如何推动现代服务业出新出彩。课题组在研究和书稿撰写中力求充分体现新发展理念对广州现代服务业发展的指导作用，充分体现出新发展阶段、新发展格局对广州现代服务业发展的影响和要求，充分体现粤港澳大湾区建设、"一带一路"建设对广州现代服务业发展的影响及要求，充分体现新技术革命尤其是数字经济对广州现代服务业发展所产生的重大影响。经过近两年的努力工作，特别是克服了新冠肺炎疫情带来的种种不便，项目组终于得以完成《新引擎新动能：广州现代服务业的跃升》书稿。本书具体的写作分工如下：覃成林撰写卷首语、第一章、第二章第二节和后记；贾善铭撰写第四章；杨霞撰写第二章第一节、第五章第三节；张震撰写第三章、第五章第四节；葛志专撰写第六章；覃剑撰写第五章第一节和第二节。全书由覃成林、贾善铭、杨霞负责总体设计和统稿工作。张震参与了部分统稿工作。全书是在统一思想认识、写作风格及要求的前提下，由项目组成员分工完成的，因此，每章的文责由各撰写人自负。作为本书研究和撰写的负责人，我对贾善铭副研究员、覃剑研究员、葛志专博士、杨霞博士、张震博士表示衷心的感谢！他们是年轻的学者，在工作单位承担了繁忙的教学工作、研究工作、新冠肺炎疫情防控工作、党务工作等，仍欣然地接受了本书的研究和撰写任务，克服了许多工作和生活上的困难，很好地完成了各自的研究和写作任务。

在本书成稿之际，我们衷心感谢中共广州市委宣传部常务副部长，广州市社科

后 记

联党组书记、主席曾伟玉，广州市社科联副主席郭德焱等多位领导的大力支持！衷心感谢中共广州市委宣传部理论处给予的多方面指导！衷心感谢广州市社会科学院原党组副书记刘江华研究员、华南理工大学原党委副书记张振刚教授对本书研究特色、重点和结构等给予的宝贵指导！衷心感谢广州市社科院副院长杨再高研究员、华南理工大学丁焕峰教授、暨南大学顾乃华教授，他们对本书大纲及结构完善给予了及时的指点和无私的帮助！这里，我们还要特别感谢广东省社会科学院副院长向晓梅研究员、暨南大学发展规划处处长顾乃华教授对本书所提出的修改和完善意见！感谢广东人民出版社对本书出版付出的辛劳！我们深知，如果不是得益于这些指导、支持和帮助，本书的成稿及质量提升是不可想象的。所以，我们情不自禁地要再次感谢给予我们指导、支持和帮助的人们。我们期望本书能够起到咨政建言和宣传作用，为广州现代服务业出新出彩尽绵薄之力。

覃成林

2021 年 9 月